本书系国家社科基金项目（12CZW085）成果

接受沈阳师范大学学术文库出版资助

东北区域社会转型研究文丛　　主编丨詹娜

詹娜　著

民间叙事与区域史建构

辽宁民间叙事的文化透视

The Folk Oral Narrative and
the Construction of Regional History:
Taking the folk narritve of Manchu in Liaoning as an example

中国社会科学出版社

图书在版编目（CIP）数据

民间叙事与区域史建构：辽宁民间叙事的文化透视／詹娜著 . —北京：
中国社会科学出版社，2020.4
ISBN 978 - 7 - 5203 - 6089 - 0

Ⅰ.①民…　Ⅱ.①詹…　Ⅲ.①满族—民族历史—研究—辽宁
Ⅳ.①K282.1

中国版本图书馆 CIP 数据核字（2020）第 036798 号

出 版 人	赵剑英
责任编辑	耿晓明
责任校对	夏慧萍
责任印制	李寡寡

出　　版	中国社会科学出版社
社　　址	北京鼓楼西大街甲 158 号
邮　　编	100720
网　　址	http://www.csspw.cn
发 行 部	010 - 84083685
门 市 部	010 - 84029450
经　　销	新华书店及其他书店

印　　刷	北京君升印刷有限公司
装　　订	廊坊市广阳区广增装订厂
版　　次	2020 年 4 月第 1 版
印　　次	2020 年 4 月第 1 次印刷

开　　本	710×1000　1/16
印　　张	18
插　　页	2
字　　数	259 千字
定　　价	85.00 元

序

　　自民俗学产生以来，民间口承叙事作为民俗学研究的源起和开端，一直是民俗学研究的重要视角与对象。我国的民间口承叙事研究多是在西方民间叙事研究理论的引领和借鉴下展开，在理论层面的创新和建构相对较少，这从中国本土民俗学史的发展轨迹上可以明显看到。18世纪末19世纪初，德国浪漫民族主义思潮兴起，民族主义、文化进化学说、太阳神话学说、神话仪式学说等学派先后开启民间叙事研究的先河。20世纪以后，受民俗学、社会学、人类学等学科理论的交互影响，民间叙事研究中出现结构主义、精神分析法、女性主义、形态学等理论视角，先后形成"历史—地理学派"、"地域—年代假设学说"，以及"功能主义流派"和"文化方法论"等研究范式。20世纪中后期，民间叙事研究的跨学科、多元化趋势日渐明显。其中，表演理论、口头程式理论和民族志诗学成为最有影响力和最为活跃的三个流派。与之相应，国内自20世纪初期的歌谣学运动以来，对民间叙事的研究先后经历了文本采录收集、类型学、主题学、故事形态学、文化精神分析、口头程式的展演和建构、对讲述者及讲述空间的关注等多维度的研究拓展。尤其是随着口头程式理论和表演理论的深入探讨与运用，国内学界对民间叙事的研究出现从"文本"向"表演"、向"讲述人"和"讲述背后的情境"过渡的取向和趋势。叙事文本只是露出水面的冰山一角，而对隐藏在水下的巨大冰山底部的关注和开掘越来越成为民间叙事研究的主要审视与阐释对象。这种研究理路的转变不仅体现出民俗学以人为本的学科本质和研究属性，还为研究者考察民间口承叙事、从本质上理解民间文化提供了更为广阔的空间和想象。本书即是基于上述这种现代学术语境，以一种跨学科解读与全视角审视的角度，对辽宁满族民间叙事展开的解析与阐释。

掩卷而思，本书有以下几处可圈点：

其一，以微观、中观推及宏观，建构了满族文化研究的"逆推式"视角。

在以往的满族民间叙事研究中，学者们多已习惯于将东北满族的历史与文化视为一个整体板块予以审视，基于这一视角，对东北满族民间叙事的研究与阐述自然多带有"统而言之""大而化之"的宏观性质。事实上，以居住于辽宁地区的满族来看，由于区域生境、族群历史、人口构成、社会背景等因素制约，辽宁满族在文化建构上与吉林、黑龙江两省以及河北省和北京地区的满族有许多相异之处，区域内的满族民间叙事也与其他区域不同，反映的是辽宁满族民众与区域内"小生境"的磨合适应，带有鲜明的农耕生计及满汉文化融合特点，是对辽宁区域历史的一种全景式展演。再以辽宁境内的满族来看，分布于辽东、辽西两地的满族在文化建构方面也是同中有异，对此，只要将辽东、辽西两地的满族民间叙事作品作一比较，便不难发现其在整体上既有不同于"白山黑水"区域的某些共同特质，同时也存在一些颇有价值的细节性差异。本书的研究特点即在于对满族民间叙事的阐释与解析没有因袭以往"满族文化一统论"的宏观背景，而是将辽宁满族视为东北满族群体中一个有着独特生境与发展历史的族群支系，以微观与中观推及宏观，建构了不同以往的"逆推式"研究视角，从而使本书对辽宁满族及其口头传统的解析研究显现出不同以往的"深描"性质，阐释中时有新见，有效提升了一些相关立论的可靠性。

其二，引入新史学观念，辟建复线性、多元化的区域文化史构架。

20世纪崛起的新史学倡导"总体历史"的观念，认为"历史就是整个社会的历史"，在认识论上既承认历史认识的主观性和相对性，又提醒人们摒弃宏观史学，反对狭隘的政治史，认为历史由论述构成，充满断层，应透过各种论述去还原历史，尽量避免意识形态甚至历史哲学的干扰。新史学还提出，在当下的思想史研究领域，存在着从精英主义向平民主义过渡的必然性，诚如美国学者迈克尔·莱恩所说，"有些有代表性的奇闻逸事抓住了历史的独特性与社会的偶然性，但是它们也提供了通向任何一个历史时期中权力的系统运作的路径"①。事实确乎如此，君不见，在漫长的社会发展进程中，没有握持书写历史权力的普通民众也是历史的经历者，对历史也有深切的感受、看法和评价，他们在历史的和声中也应发出自己的声音。于是，一些历史本文经过时代意识的过滤，经过一代代与其发生关联、对其有所体验的普通民众用心灵去解读和感悟，倾注进他们的情感与道德判断，再通过口口相传，才得以汇聚成"嘈嘈切切错杂弹"的民众心声，产生了犹如恒河沙数、脍炙人口的民间叙事作品。

民间叙事作为社会记忆和历史记忆的手段，是区域史记载的重要工具和策略。新史学观认为历史具有双重属性，既可以是"历史事实"，也可以是"历史故事"。从历史学科的视角出发，历史是真实发生的故事；从叙述历史故事的视角出发，历史可以是从真实发生的历史事实中派生演绎出来的，带有虚构、想象和叙述色彩的历史故事。只有在"历史事实"与"历史故事"之间建立起互文性对话，这种建构和解读才可以构成相对完整的历史。近年来我国的人文研究也已基本形成这样的共识，即：官修正史与民间口头传统都具有记录历史和诠释意义的价值，是言说历史的两种方式。民间叙事是社会民众随性而不规则化口述历史的一种展现，通过对民间叙事隐含的史料价值的挖掘和剖析，可以在一定程度上刻画和复原特定族群的历史及区域发展史。换言之，包括民间文学在内的口头传统之于历史的书写可谓另辟蹊径，是与正史互成合力和分力完成的历史建构与书写。所谓合力，是指民间叙事不断强化正史上曾

① ［美］迈克尔·莱恩：《文学作品的多重解读》，赵炎秋译，北京大学出版社2006年版，第162页。

经发生的事件或情绪，为正史的记录有补充之功，是做加法；所谓分力，是指民间叙事又不断删减或滤出不被社会民众所接受和认可的历史事件与族群情感，为正史的记录有过滤之意，是做减法。正是这种合力与分力、加法与减法的互为补充，才能使人们在走进历史时不至于"误入歧途"，得以窥见比较完整的、多元的、丰富的、接近本原的区域族群历史及区域文化史。

新史学观的上述主张，在本书的研究中多有体现。辽宁满族民间叙事的内容与文化蕴含极为丰富，具有很高的历史文化价值。本书作者以辽宁满族民间传承的各种类型的叙事文本为对象，列举了作品中大量可与正史形成"互释互证"的历史景观与社会生活细节描述，将辽宁满族口头传统与区域文化史的建构相关联，揭示了辽宁满族民间叙事的叙事类型、主题旨向、文化内涵等特质与特征，结合辽宁地方志等文献资料，剖析了这些叙事文本中所描述的辽宁满族的族群建构、生态认知、生计方式及其演化、信仰观念建构和家庭伦理观念等日常生活图景及普通民众的心灵起伏轨迹，多维度地揭示了作为民众历史记忆、知识积累、经验传承的民间叙事，在满族民众个体的成长经历、族群整体的精神滋育乃至辽宁区域文化史的建构中所发挥的多种功用。值得提及的是，作者在展示满族社会普通民众被遮蔽了历史情感和"真实的"历史活动细节的同时，还展开了一种多元的历史记忆，摆脱宏大历史文献的束缚，对与满族社会生存与发展关联的"历史本文"及其衍生的叙事"文本"之间的关系进行了探析，阐释了历史本文怎样经由满族民间文学的创作者创化为艺术叙事，以及满族民间叙事如何在与族群历史语境的互动中彰显出多元的文化史意义，使"历史本文"原本具有的多种对话关系及多种含义得以呈现。上述种种，都为研究辽宁满族文化史乃至东北满族族群史架构了多元化视角，提供了读解历史的多声部言说。

其三，以人为本，打捞潜隐的日常，见人见事见生活。

以辽宁满族民间叙事的"文本生产"来看，很多叙事都不是在一个短暂的历史时段里生成并完善的，大都经历了一个丰富、添加、黏附的过程，因而我们今天所接触到的许多叙事，在其动态的传承历史中，实际上都经历了与一代代区域内听众"蓄积性"反应的研磨，民间叙事的本质及主要内容都是紧扣着辽宁满族的文化传统并符合"在地性"听众的心理期待的，在映照出不同历史时期辽宁满族民众的思想意识及其道德伦理观念的同时，也表述了某些潜隐的日常生活与历史事实。

众所周知，民间叙事作为一种口承文学样式，其基本特征是以人为载体进行传承和流动的，对民间叙事的研究离不开对其载体的研究，尤其是对这一传统的积极携带者——叙事者的研究。平心而论，调动着一代代民间叙事传承人乐此不疲、反复传讲的果真就是那些故事吗？本书将理性的探询目光投向了辽宁满族故事家群体，对这一群体及其代表性传承人予以了分层级的剖析。在对这一群体的研究中，作者既有对辽宁满族故事家群体"森林"的扫描审视，也有对其中代表性传承人"单体树木"的年轮解析。事实上，民间叙事者由于彼此生存环境、经历、信仰、价值取向不同，性别、年龄、文化、个人资质各异，在叙事活动中，无一例外地体现出各自的风格与特点。这一点很像解释人类学的代表学者克利福德·格尔茨所说，"人是悬挂在由他们自己编织的意义之网上的动物"，因而，对"文化的分析不是一种寻求规律的实验科学，而是一种探求意义的阐释性科学"①。作者发现，正是在"森林"与"树木"的相互滋养与交相映衬下，辽宁满族地区才呈现出浓郁的叙事传统和独特的叙事特质。这是因为，文化的一个重要特点，就是人们是以生命的体验作为文化创造的内在驱动力的，不同时代、不同地域、不同民族、不同阶层的民众正是由于各自的生命体验内容和表达形式不同，才构建出了不同特质的文化，形成了种种文化间的差异和趋同现象。以民间叙事者来看，由于他们各自的生命体验内容和表达形式不同，因而他们每个人既是传统的承载者，同时又是文化的

---

① ［美］克利福德·格尔茨：《文化的解释》，韩莉译，译林出版社 1999 年版，第 5 页。

创造者。以往，研究者对民间叙事者的关注，主要因于他们在文本传播中的作用，因而多偏重于对叙事者的传播功能、特点的研究，致使此类研究常常陷于"见事不见人"或"只见森林不见树木"的窠臼。其实，民间叙事者在叙事中传达的并非只是文本的内容，叙事过程还附加着许多与文本相关的特殊意义，只有走进叙事者的生活史并对其讲述的文本进行田野还原，如此的文本诠释与叙事研究才是有效的。

例如，社会底层民众记录历史的立场便多秉承眼光向下的视角，展现他们在历史事件及历史进程中的存在感及心理诉求。这种眼光向下的底层视角，在民间叙事对历史的表述和传播过程中，也往往遵循一定的原则。一方面，在对重大历史事件或英雄人物进行书写和塑造时，底层民众会想方设法将其自上而下拉回到民众的日常生活当中，将重大历史事件融入民众的日常生活，将英雄人物赋予普通人的情感和经历，以此拉近官方及上层社会与底层民众间的距离，增强族群后代对族群英雄或重大历史事件的亲切感和认同感；另一方面，在解释特定区域的风俗习惯及地方风物由来时，底层民众又善于将普通的民俗、风物自下而上提升到重大历史事件或精英人物的人生经历之中，以此建立与英雄人物或上层社会间的关联，从而为风俗习惯的流传、地方风物的普及提供必要而权威的解释和支撑，强化风俗的合法化和制度化依据。正是通过这种有意识地将英雄历史向下拉入民众的日常生活，将风俗习惯向上提升至官方解释的双向互推过程，底层民众的存在价值和表述力量方得以彰显。本书的研究理路即凸显着以人为本的情怀，致力于打捞潜隐的日常，故而也使研究呈现出见人见事见生活的温暖特质。

本书聚焦辽宁满族的独特"生境"，将辽宁满族民间叙事视为辽宁满族日常生活的精神引领与审美表述，对辽宁满族民间叙事的生态定位、族群特征、历史记忆、审美意蕴及其演化变迁等进行了剖析。认为，辽宁区域特有的历史积淀和文化土壤，不仅使辽宁满族民间叙事呈现出开阔的表述空间和灵动的艺术韵味，同时也滋育了一批满族民间叙事大家。辽宁满族民间叙事以满族传统为依托，承载着辽宁满族的历史记忆、生存智慧与文化审美，已经形成自成体系的叙事风格，具有辽宁区域特色和民族特色，对辽宁区域文化史的建构形成了有力的支撑。对满族民间叙事进行研究，可以从一种全新的角度审视辽宁区域的发展历史与发展潜力，为当代社会重构辽宁满族"真正意义上的历史"提供一个别致视角。当代社会应对这笔珍贵的文化遗产及其价值予以重新审视与评估，深入发掘其蕴藏的文化特质与精神内核，使其在当下中国社会的剧烈变迁以及辽宁区域社会的可持续发展中发挥特有的功能与作用。

作为国家社科基金青年项目《民间叙事与区域史建构——辽宁满族民间文学的文化透视》的结项成果，本书带给我们的思考和启迪当不止于上述。此外，作为一部学术读本，本书汲汲于草根气息，鼓振起山野之风，使人阅读时有清新会意，不致感到枯燥无味，这恐怕也是本书的另一特点。

是为序。

江　帆

2019 年元旦

目　　录

绪　　论

第一节　研究缘起

自 20 世纪 80 年代，我国民间叙事的收集与整理工作取得较大进展，尤其是 80 年代中后期，在全国范围内开展了大规模的民间叙事普查、采录活动，各省、市、县"民间文学三套集成"的陆续出版不仅显示了民间文化普查工作的巨大收效，同时也为民间文化研究者提供了宝贵的参考资料与丰富的物质积淀。在辽宁地区，《中国民间文学集成·辽宁卷》，各市、县区资料本及优秀故事家故事集的大量出版寓示着辽宁民间口承叙事的丰富蕴藏及其现实传承状态。然而，由于辽宁境内各区域的生存环境、历史背景、族群文化等因素不同，辽宁民间叙事在区域内部的分布与传承状态存在明显差异。其中，辽宁东部山区的满族民间叙事以传承历史悠久、内涵丰厚、区域与族群文化特征明显、蕴藏量巨大、生命力旺盛、传承人数量众多且质量上乘等文化特质而一枝独秀，成为辽海民间文化园圃中的一枝奇葩。2007 年，"满族民间故事"被列为辽宁省非物质文化遗产保护名录，2008 年正式入选国家级非物质文化遗产保护项目。2010 年，在亲历调研、回访故事家、收集现存民间故事并与原有故事进行比较的基础上完成的百万余字的《满族民间故事·辽东卷》上、中、下三卷本的正式出版，更是彰显着满族民间口承叙事的巨大蕴藏量与顽强生命力。

满族是我国重要的少数民族之一，长期以来，一直以其独特的魅力吸引着国内外诸多学者的关注，有关满族历史及文化的相关成果颇为丰厚。然而，相对而言，对于满族民间叙事的研究却起步较晚，且长期限于对叙事文本的广泛收集、整理的起步阶段。20世纪80年代，《满族民间故事选》《满族神话故事》以及黑龙江、吉林、辽宁三省民间故事卷的出版，使世人对满族民间叙事的存在与价值有了较为充分的了解和认知。但是，一些学者错误地将故事集的出版视为学术研究的终结，而对民间叙事内部蕴藏的文化内涵与价值意义疏于探讨。在数量有限的满族民间叙事研究成果当中，很多学者习惯于将东北满族的历史与文化视为一个整体进行审视，对广泛存在于东北各地的满族民间叙事进行"统而言之"的概论式阐述。诚然，满族作为一个有着鲜明民族特色的民族共同体，族群内在生活习俗、文化传统和民族心理等方面自然有诸多相同或相近之处。但是，大量的史实及生活现实也提醒我们，居住在黑龙江、吉林、辽宁三省的满族各支系，由于各自所处的自然生境与社会生境不同，其文化构成也存在着许多差异。以辽宁满族来看，由于其生存环境、生计方式以及历史变迁等诸多因素的影响，在其具体的文化表象与文化心理等方面，与吉林、黑龙江两地的满族支系有着许多相异甚至相左之处。这无疑会使同为满族支系的辽宁满族在民间叙事的传承活动、文化内涵及思想意蕴等方面表现出明显的区域性特征。

辽宁满族，就其指称范畴而言，通常是指居住于我国东北辽宁省东部地区的满族，即现今生活在辽宁东部新宾、清原、桓仁、本溪、凤城、宽甸、岫岩一带的满族。早在明朝末年，黑龙江、吉林等地的建州女真迫于周边势力试图寻找有利的经济发展环境，便陆续向南和向西迁移。直至15世纪中期，建州女真大多南迁至辽宁东部山区一带，并在此繁衍生息。此后的近四百年间，满族始终是辽宁人口最多的少数民族，全国半数以上的满族人口生活于此。至今，辽宁省仍是我国满族人口最多的省份。辽宁的满族主要聚居于辽宁东部山区，也可以说，辽东山区是满族重要的崛起地与繁衍地，是满族文化生发与传承的重要场域之一。辽宁满族在与辽沈地区的汉、蒙、朝、回等民族杂居共处过程中，在吸取、借鉴、融合其他民族文化的同时，始终保留着许多独具满族特色的生活习惯与文化传统。

辽宁满族民间叙事是辽宁满族在特定的自然环境与日常生活中生发出来的，是在当地民众与自然和社会的多维度对话中建构起来的，其中蕴含着独特而浓厚的文化内涵，并折射出辽宁满族民众对于特定自然环境及本族群发展历史的生态认知与生存体验，体现着满族民众特有的生态思维与哲学思想。作为一种历史记忆与历史讲述方式和手段的辽宁满族民间叙事，自其产生之时起，即以其独特的传承方式不断展示出特定历史发展时期辽宁满族民众的生活风貌及心路历程。与黑龙江、吉林等地的满族民间叙事相比，自然风物传说、动物故事及生活故事是辽宁满族民间叙事中的主要类型。这些民间叙事以其语言的生动性、传承的活态性、内容的丰富性、内涵的深刻性使辽宁满族民间叙事表现出独特的地域性特征，并一直在辽宁满族民众的生活中世代传承，它在影响族群个体心灵建构的同时，也在建构着辽宁满族民众整体的发展史与生存史。

第二节　研究意义

辽宁满族民间叙事是对辽宁满族民众与自然环境抗争、与其他族群杂居融合的生存史的描述，是对区域历史的一种全景式展演，是辽宁满族民众在生存实践中积累起来的文化财富，在其日常生活中具有重要的实践指导意义。与此同时，通过民间叙事普查活动及笔者多次田野调查发现，截至目前，民间叙事依然在辽宁满族民众的日常生活中发挥着较大作用，其讲述与传承活动一直在民间有所延续。然而，面对丰富的研究资料，当下对于辽宁满族民间叙事的深度研究成果少之又少。因此，本书以辽宁满族民间叙事为关注对象，探讨其在辽宁区域文化史建构中的记录、记忆与解说，对这一活态的、传承生命力旺盛的、区域特征明显的民间叙事形式进行多维度文化探析，不论是就非物质文化遗产的保护，抑或是辽宁区域文化史及文学史的建构均具有重大的文化价值和历史意义。

首先，整理和研究辽宁满族民间叙事，对于加强满族非物质文化遗产的抢救和保护工作具有重要的实践意义。辽宁满族民间叙事作为承载辽宁满族民族精神与情感的重要载体，是维系族群统一、区域团结的基础，也是当地民众生存智慧与生存经验的积累。然而，随着经济与社会的发展，传统民俗文化正面临着前所未有的急剧变迁，一些民俗事象因为传承条件与场域缺失而渐失活力，民间叙事亦是如此。此时，对于民间叙事的收集与整理研究，无疑具有重要的抢救性意义，在保护民间叙事传承人的同时也保护了民间叙事的传承空间，使民众知识得以延续，民俗文化得以传承。

其次，整理和研究辽宁满族民间叙事，可以深化和加强区域文化史的建构与探讨，增强辽东地区在当下区域经济发展中的竞争实力。在辽宁各区域民俗中，辽东山区以其独特的自然生态环境、历史文化积淀与族际交往历史等，在辽宁区域文化发展中呈现出鲜明的地域性特征，某些人文景观具有非常重要的价值。尤其是在老工业基地振兴进程中，满族以其独特的地域及文化价值发挥着重要作用。对满族民间叙事进行研究，可以从一种全新的角度审视辽宁区域的发展历史与发展潜力，挖掘促进辽宁区域经济增长的文化传统，增强东部地区在辽宁经济发展中的竞争实力。

最后，深入研究辽宁满族民间叙事，对重构辽宁区域的文化史和文学史具有重要作用。综观过去的史学研究，在相当一段时间内，我国学术界的史学观都未曾脱离旧史学的囿限，习惯于以政治史代替整个社会的历史，以"重大事件"的历史代替日常生活的历史，以农民战争史代替人民群众在一切时间与一切领域里创造的历史。因此，在以往的文化史研究中，民间处于"缺席状态"，民众属于"失语状态"。无疑，这种主体缺失与民众失语的史学研究绝非真正有价值的史学研究。从 21 世纪重构的新的史学观角度来看，真正意义上的历史应该是一部"总体意义上的全民的历史"。民间叙事作为一种民众心路历程的记录方式，在此意义上看，群体的民间叙事可视为人类社会特殊的文化史录，它所带给我们的文化价值远非政治史范畴所能体现。尽管民间叙事内容包罗万象、十分丰富，但它不是个体文化事象的积累，而是一个民族或一个族群的民众主体的整体知识、经验与观念的积淀。只有将民众重新请回历史的舞台，让民众重新发出自己的声音，这样的文化史和文学史才可以说是真正意义上的全民的历史。

第三节　满族民间叙事的相关研究

自 20 世纪 80 年代全国范围内大规模的民间叙事普查、采录、搜集、整理活动以来，满族故事家的不断发现及故事资料本的连续出版使满族民间叙事越来越受到学者和大众的重视。现已公开出版的故事资料集有上百部，颇有代表性的有《满族民间故事选》[①]《满族三老人故事集》[②]《中国民间故事集成·辽宁卷》[③]《满族民间故事·辽东卷》[④] 以及三套集成普查时各省、市、县收集和整理的民间故事集。与此同时，具有史诗性质的满族长篇口承叙事——满族说部也吸引了大量学者对其进行收集和整理。对满族说部的整理早在 20 世纪 50 年代就已开始，80 年代达到繁盛时期，尤其是东北三省民间文艺家协会的建立为收集满族说部提供了更为有力的帮助。现今，公开出版发行的满族说部文本已经有 50 余本，其代表作如《尼山萨满》《天宫大战》《东海窝集传》《雪妃娘娘和包鲁嘎汗》等，这些文本是对满族早期部落生活的记叙，也是对满族早期历史的记录和展现。综观学术界关于满族民间叙事的研究成果，从研究视角及研究内容入手，大致可以将其分为以下四类。

[①] 乌丙安:《满族民间故事选》，上海文艺出版社 1988 年版。
[②] 张其卓、董明收集整理:《满族三老人故事集》，春风文艺出版社 1984 年版。
[③] 中国民间文学集成辽宁卷编辑委员会:《中国民间故事集成·辽宁卷》，中国 IS-BN 中心 1994 年版。
[④] 夏秋主编:《满族民间故事·辽东卷》，辽宁民族出版社 2010 年版。

一 关于叙事内容的文化解析

在叙事学研究领域，母题学、类型学、结构功能主义、符号学、比较学等都曾发挥作用，开辟了民间叙事研究的多重思路与多维视野。满族民间叙事的研究亦是如此，从多种视角切入对满族民间叙事的文化内涵进行解析的研究成果非常丰富。

（一）母题学视角

母题学是民间叙事研究的早期范式，研究者将叙事中可以构成类型的情节要素进行归类分析，为叙事内容的文化解析提供可以操作和把握的视角。满族民间叙事中的母题学研究成果较多，多是对某一特定母题如婚姻母题、英雄母题、洪水母题等内容进行文化阐析，如王宪昭《满族人类起源神话母题探析》指出人类起源神话母题主要包括造人、生人、化生人、变形为人、婚配生人、感生和人类再生等类型[1]；刘雪玉《东北满族英雄故事母题探析》分析了神奇诞生、难题求婚和惩恶除魔等英雄母题的文化逻辑[2]；苏静分析了《东海窝集传》和《金世宗走国》中的"收服英雄"母题；刘雪玉的《满族民间故事神奇婚恋母题探析》探讨了人参婚恋、人鬼婚恋、人妖婚恋以及人与动物的婚恋母题等[3]。此外，刘永江以洪水神话母题比较了《白云格格》和《北极星》两则神话的异同属性；谷颖、吕萍、阎丽杰分析了萨满神话母题文本；隋丽探讨了满族说部中复仇主题所展现的满族民众特有的精神世界等。母题学的研究不仅让人们了解到早期满族对人类起源的解释，对人神关系的界定，还能感受到满族民众独有的不畏艰险、勇于拼搏的民族精神。

（二）类型学视角

满族民间口承叙事文本的丰富使类型学研究成果较为突出，如

---

① 王宪昭：《满族人类起源神话母题探析》，《满语研究》2017年第1期。
② 刘雪玉：《东北满族英雄故事母题探析》，《文化遗产》2015年第1期。
③ 刘雪玉：《满族民间故事神奇婚恋母题探析》，《广西师范学院学报》（哲学社会科学版）2015年第6期。

江帆《中国民间故事集成·辽宁卷》在对 372 篇故事进行主题分类的基础上，指出辽宁民间故事可以分为 27 个故事类型，每一个故事类型都伴随着大量的异文和古老的文化观念。同时这些故事具有鲜明的地域特色与文化特色，为研究提供了珍贵的"活态"材料①；谷颖认为满族人类起源神话主要分为神灵造人、自然衍生、灾难后人类再生三个类型②，民族起源神话分为氏族起源、部落起源、民族起源和民族迁徙四个类型③。江帆、隋丽《满族说部研究——叙事类型的文化透视》更是类型学研究的集大成者，从文化发生学视角入手，对满族说部叙事类型进行宏观审视和微观解析，全面而多层次地剖析了满族早期生活样貌。④

（三）符号学视角

满族民间叙事中有许多特殊的符号，蕴含着早期满族对生活秩序的认知。早在乌丙安的《满族神话探索——天地层·地震鱼·世界树》⑤ 中就分析了神话文本中的天地、鱼和树的符号所指，以及这些符号背后的满族早期社会的信仰特征、生计模式以及生态观念。女神符号在满族叙事不同类型的文本中常有出现，如张丽红《女神神话的移位——满族"说部"女神崇拜叙事的演化轨迹》⑥，张雪飞《满族女神神话与满族母权社会》⑦，贺萍和李吉光《满族说部中女神的崇高魅力》⑧，文钟哲《从满族民间文学作品中的女

---

① 参见江帆《辽宁民间故事及其类型特征论析》，《民间文学论坛》1997 年第 2 期。

② 谷颖：《满族人类起源神话研究》，《长春师范学院学报》2012 年第 5 期。

③ 谷颖：《满族民族起源神话研究》，《东北史地》2012 年第 4 期。

④ 江帆、隋丽：《满族说部研究——叙事类型的文化透视》，中国社会出版社 2016 年版。

⑤ 乌丙安：《满族神话探索——天地层·地震鱼·世界树》，《满族研究》1985 年第 1 期。

⑥ 张丽红：《女神神话的移位——满族"说部"女神崇拜叙事的演化轨迹》，《文化遗产》2013 年第 4 期。

⑦ 张雪飞：《满族女神神话与满族母权社会》，《聊城大学学报》（社会科学版）2006 年第 6 期。

⑧ 贺萍、李吉光：《满族说部中女神的崇高魅力》，《长春师范大学学报》2015 年第 7 期。

性形象看满族人民的妇女观》①等，都分别从女神符号入手，探讨女神形象的存在及功能衍化。朝格查《论满族神话中数字"三"的含义》提出数字"三"的文化含义及其对满族精神世界的隐喻。②汪立珍《当代满族口头文学文本中保留的满语》则是将满语作为一个特定的符号，分析当下满族民间叙事文本中仍然保留的满语称谓及其文化底蕴。③此外，满族早期神话中的符号意象非常丰富，如雪鞋、冰雪、火、神偶，以及神灵体系等，都具有非常鲜明的族群标识的文化内涵。对这些符号背后的文化信息进行探讨，既展现了早期满族先祖的自然观和世界观，也为人们了解早期满族社会的结构关系、生活模式提供了有效的途径和渠道。

（四）结构功能视角

这类研究从文本结构入手，对满族叙事进行深层解读。如江帆《满族说部叙事的隐性主题与文本意义——以〈雪妃娘娘和包鲁嘎汗〉为例》指出说部文本中常常存在以片段的、零碎的方式呈现的隐性结构，这种结构对叙事主题的凸显及文本内涵的呈现发挥较大的建构作用④；阎丽杰《满族民间故事的功利性创作模式》剖析了满族民间故事中较为固定的创作模式⑤；杨朴《"女爱男"神话原型的变体——满族民间故事的结构论研究》分析了爱情主题叙事的类型、结构及其功能。⑥当然，还有学者对满族民间叙事的功能进行探讨，如韩林《辽宁满族民间故事的教育作用》⑦、刘雪玉《满

① 文钟哲：《从满族民间文学作品中的女性形象看满族人民的妇女观》，《满族研究》1994年第3期。
② 朝格查：《论满族神话中数字"三"的含义》，《满语研究》1999年第2期。
③ 汪立珍：《当代满族口头文学文本中保留的满语》，《满语研究》2004年第2期。
④ 江帆：《满族说部叙事的隐性主题与文本意义——以〈雪妃娘娘和包鲁嘎汗〉为例》，《民族文学研究》2012年第4期。
⑤ 阎丽杰：《满族民间故事的功利性创作模式》，《满族研究》2015年第2期。
⑥ 杨朴：《"女爱男"神话原型的变体——满族民间故事的结构论研究》，《吉林师范大学学报》（人文社会科学版）2005年第4期。
⑦ 韩林：《辽宁满族民间故事的教育作用》，《大连大学学报》2017年第1期。

族民间故事中的道德意蕴探析》①、隋丽《试论现代传媒空间中民间故事心理补偿功能的弱化——以岫岩满族民间故事调查为例》②等，从不同侧面论证了满族民间叙事的历史认知、人伦教化、道德意蕴及心理补偿等多种文化功能。恰恰是这些文化功能的发挥保证了满族民间口承叙事在当下的延续和传承，也在潜移默化中影响了满族民众的日常生活。

（五）比较视角

将不同类型或同类型的民间叙事进行跨地区、跨民族对比，凸显民间叙事的属性和特征。从跨国际比较看，杨春风《〈天宫大战〉与中原神话、希伯来神话对比研究》分析了《天宫大战》与西方神话和中原神话的不同，指出满族《天宫大战》是女性神、自然神及动物神的展现③；鲍明、高玉侠《奥都妈妈与奥丁神的比较》将中西方神话中的战神进行比较，指出奥都妈妈与奥丁神之间的同源关系。④从跨民族比较看，苑利《殷商与满族始祖神话同源考》提出殷商与满族虽有相同的起源，但因环境变化而造成差异⑤；景志强《蒙古族与满族天女型族源神话比较——以蒙古族〈天女之惠〉和满族〈长白仙女〉为例》通过对仙女母题叙事的比较，提出不同族群叙事的差异源于族群所处的地理环境、生活观念的不同。⑥在跨民族比较研究中，成果最丰富的还是满族与汉族之间的比较。如谷颖比较后羿射日和三音贝子射日及三仙女造人和女娲造人神话，杨治经比较满族和汉族的化生型宇宙起源神话等，清

---

① 刘雪玉：《满族民间故事中的道德意蕴探析》，《吉林师范大学学报》（人文社会科学版）2015 年第 6 期。

② 隋丽：《试论现代传媒空间中民间故事心理补偿功能的弱化——以岫岩满族民间故事调查为例》，《满族研究》2011 年第 3 期。

③ 杨春风：《〈天宫大战〉与中原神话、希伯来神话对比研究》，《黑龙江社会科学》2013 年第 6 期。

④ 鲍明、高玉侠：《奥都妈妈与奥丁神的比较》，《沈阳师范大学学报》（社会科学版）2012 年第 2 期。

⑤ 苑利：《殷商与满族始祖神话同源考》，《民族文学研究》1991 年第 4 期。

⑥ 景志强：《蒙古族和满族天女型族源神话比较——以蒙古族〈天女之惠〉和满族〈长白仙女〉为例》，《山西高等学校社会科学学报》2013 年第 11 期。

晰地呈现出不同族群间的文化差异。从区域环境及流传时段比较看，朱彦华对比承德与东北满族故事，郭崇林对比黑龙江省内的宁安和阿诚的满族神话和传说，邵丽坤对比原始初民时期的《天宫大战》和母系社会成熟时期的《恩切布库》等，对满族叙事的区域差异及其所反映的主题差异进行细致研究。

（六）口头程式视角

口头程式理论又称"帕里-洛德理论"，主要关注口承叙事中常会出现一些重复使用的主题、情节、对仗、套语等口传文化特征明显的文本形式问题。运用口头程式理论对满族民间叙事进行研究的成果也很多，如斯蒂芬·杜兰特《满族起源神话故事中的重复现象》[1]，郭淑云和谷颖《满族传统说部〈乌布西奔妈妈〉的文学性解读》[2]，庄吉发《〈尼山萨满传〉与满族民间文学》[3] 等都注意到文本中重复出现的词语和语调。这些不断重复的程式既有助于讲唱者的记忆，也推动了叙事情节的铺展。

二 关于传承人的研究

传承人是民间口承叙事创作和流传的重要载体，从对叙事文本的关注转到对传承人的研究是近些年民间叙事研究的重要取向。关于满族民间叙事传承人的研究主要是从传承人的自身文化特质、传承人的传承线路和传承特点入手。如高荷红《关于当代满族说部传承人的调查》[4] 中介绍富育光、赵东升、赵君伟等传承人，认为满族说部传承人不仅能够演唱说部，还能搜集整理和传承说部，并有创见性地提出"知识型"传承人和"书写型"传承人的概念。詹娜、江帆《满族说部传承人的文化特质与叙事旨向》对传承人的文

---

① ［美］斯蒂芬·杜兰特：《满族起源神话故事中的重复现象》，胡冬朵译，《民族译丛》1982 年第 6 期。

② 郭淑云、谷颖：《满族传统说部〈乌布西奔妈妈〉的文学性解读》，《民族文学研究》2011 年第 1 期。

③ 庄吉发：《〈尼山萨满传〉与满族民间文学》，《民族文学研究》1998 年第 1 期。

④ 高荷红：《关于当代满族说部传承人的调查》，《黑龙江民族丛刊》2010 年第 2 期。

化特质进行深入剖析，阐释满族的历史文本与艺术叙事的转换逻辑以及满族说部对满族社会记忆与历史的独特意义。① 汪立珍《"你坐在那儿，我为你讲述"——满族说部传承人富育光讲述传承说部的家族性》从家族传承视角入手，分析富育光家族延续的民族生活对讲述者的记忆和叙事理想起到的重要作用。② 在表演理论影响下，学界关于讲述者、听众、讲述空间的互动研究成果也非常丰富，一方面向我们展现讲述这个表演过程的逻辑与运作，另一方面也向我们彰显传承人在整个讲述活动及叙事传承中的创造性价值和意义。如江帆《民间叙事的即时性与创造性——以故事家谭振山的叙事故事为对象》③、《口承故事的"表演"空间分析——以辽宁讲述者为对象》④，从对故事传承人谭振山的追踪研究入手，探讨讲述场域对传承人及其讲述内容的影响。

三　关于叙事传承的研究

在对传承人及其叙事作品的研究上，关于传承方式及传承路线的探讨也一直是民间叙事研究的重要分支。尤其是对传承线路的追溯，是评定传承人及其讲述风格的重要依据。如富育光和王宏刚《论满族民间文学的传承方式》提出满族民间叙事有萨满传承、宗族传承、文字传承以及歌舞传承四种传承方式⑤；邵丽坤《传统满族说部的传承特征及其传承谱系》指出萨满传承和家族传承是满族

---

① 詹娜、江帆：《满族说部传承人的文化特质与叙事旨向》，《西北民族研究》2013 年第 2 期。
② 汪立珍：《"你坐在那儿，我为你讲述"——满族说部传承人富育光讲述传承说部的家族性》，《民族文学研究》2014 年第 1 期。
③ 江帆：《民间叙事的即时性与创造性——以故事家谭振山的叙事故事为对象》，《民间文化论坛》2004 年第 4 期。
④ 江帆：《口承故事的"表演"空间分析——以辽宁讲述者为对象》，《民俗研究》2001 年第 2 期。
⑤ 富育光、王宏刚：《论满族民间文学的传承方式》，《民族文学研究》1986 年第 5 期。

说部传承的主要方式①；李扬《论满族神话的萨满传承》具体分析了萨满传承的模式，指出萨满对满族文化的创造和保存做出的贡献。② 高荷红《论满族说部的地域及家族传承》《记忆·书写：满族说部的传承》《满族说部历史上的传承圈研究》③ 等就家族传承模式进行研究，提出传承圈的研究思路与范式。此外，邵丽坤《论满族说部传承的危机及其在当代的建构》指出在传承危机越来越突出的当下，可以通过新媒介的利用或数字多感化的方式来改变说部的传播方式。④

在传承研究中，还有一部分学者关注满族民间叙事的传承现状及传承困境，传承人、传承场域及听众的变化给当下满族民间叙事的保护工作带来非常严重的困境。如詹娜《辽宁满族民间故事的讲述历史与现状探析》指出满族叙事的传承链条在当下社会中呈现出不同程度的断裂导致叙事传承陷入困境⑤；于富业《本溪满族民间故事的教育保护与传承》指出传承人、听众以及讲传场域缺失导致的传承困境急需加强对满族民间故事的教育和传承对策。⑥

四　文化史的研究

满族民间口承叙事是由满族人集体创作并流传的，它记录和反映了早期满族社会的历史和社会生活，发挥着口述史的价值和作用。江帆《论满族说部的生成与播衍》从文化发生学视角入手，探

---

① 邵丽坤：《传统满族说部的传承特征及其传承谱系》，《通化师范学院学报》2015 年第 7 期。

② 李扬：《论满族神话的萨满传承》，《青岛海洋大学学报》（社会科学版）1999 年第 1 期。

③ 高荷红：《论满族说部的地域及家族传承》，《贵州民族大学学报》（哲学社会科学版）2017 年第 4 期；《记忆·书写：满族说部的传承》，《贵州民族大学学报》（哲学社会科学版）2016 年第 5 期；《满族说部历史上的传承圈研究》，《社会科学战线》2008 年第 7 期。

④ 邵丽坤：《论满族说部传承的危机及其在当代的建构》，《满族研究》2014 年第 3 期。

⑤ 詹娜：《辽宁满族民间故事的讲述历史与现状探析》，《民俗研究》2011 年第 2 期。

⑥ 于富业：《本溪满族民间故事的教育保护与传承》，《沈阳大学学报》（社会科学版）2015 年第 1 期。

讨满族说部产生的特定族群历史和生存环境①；詹娜《辽宁满族民间文学的史料价值探析》提出民间文学以其独有的生活性、灵活性的记忆特征弥补正史记录中的不足②；杨春风《从"满族说部"看母系氏族社会的形成、发展与解体》从满族说部的婚姻主题变化回溯满族母系社会的变迁③；杨春风、张雪霜《满族神话、史诗形成时期初探》中将文本与历史进行对照，探讨满族早期神话产生的历史环境和文化背景。④ 此外，还有学者对满族三仙女神话的不同版本进行研究，结合历史文献记载印证满族文化的发展轨迹及汉族文化对满族文化的影响。

　　综上所述，有关满族民间口承叙事的研究成果丰富，且研究视角多样，基本涵盖当前民间叙事研究的绝大多数领域，为我们呈现了满族民间叙事的多种样貌和解析形态。然而，在现存的满族民间叙事研究中，跨学科借鉴的研究意识还较薄弱。多数研究局限于对某一叙事类型或叙事主题文本进行分析，很少对整个文本群进行集中而全面的探究。本书拟借鉴新历史主义研究视角，将大众的口承历史记忆纳入文化史的研究范围之内，从区域史的建构角度挖掘民间叙事的记录价值和历史功能。

第四节　研究思路

　　本书以辽宁满族民间口承叙事为关注对象，立足民间叙事的社会记忆功能，将民众口述史与区域史的建构相关联，以辽宁满族民间叙事资料本及田野访谈材料为研究对象，运用民俗学、社会学、历史学及文化人类学的相关理论与方法，全面揭示辽宁满族民间叙

---

① 江帆：《论满族说部的生成与播衍》，《西北民族研究》2010 年第 4 期。
② 詹娜：《辽宁满族民间文学的史料价值探析》，《文艺争鸣》2013 年第 2 期。
③ 杨春风：《从"满族说部"看母系氏族社会的形成、发展与解体》，《社会科学战线》2010 年第 9 期。
④ 杨春风、张雪霜：《满族神话、史诗形成时期初探》，《社会科学战线》2015 年第 6 期。

事的叙事类型、主题内容、文化内涵等区域性特征，并结合辽宁地方志及区域史等相关资料，展现民间叙事中所描述的辽宁满族的族群建构、自然生态认知、生计模式转变、信仰观念建构及家庭伦理观念等多维度日常图景及生活轨迹，揭示作为民众历史记忆、知识积累、经验传承的民间叙事，在满族民众个体的成长经历、族群整体的心路历程乃至辽宁民间区域文化史的建构中所发挥的多种功用。从民众底层视角对辽宁区域文化史的建构做出接近真实的解说与脚注，从而对辽宁满族文化史乃至东北满族族群史的研究提供多元视角与多声部的言说空间。

第五节 研究创新点

本书的创新点可归为以下几点：

首先，研究对象新。本书以辽宁满族民间叙事为研究对象，突出辽宁满族与吉林、黑龙江地区满族的不同之处。打破固有的满族生态、生计、文化统一体的思维，突出辽宁满族的区域特色，研究辽宁满族民间叙事与东北其他地区满族民间叙事的不同及其文化价值。

其次，研究视角新。本书强调区域化的民间口承叙事研究，突出民间叙事记忆历史的功能与价值，将一直处于失语状态的民众重新请回历史的舞台，以民众口传的民间叙事作为探讨区域史建构的立足点和突破点，让民众发出自己声音的同时完成对区域文化史的多元阐释与整合重构。

最后，使用资料新。本书所使用文本不仅有 20 世纪 80 年代以来出版的各种满族故事资料本，更有刚出版的作为国家级非遗项目在重新普查采录基础上完成的故事集。这本故事集所搜录的民间叙事既有传统的满族故事，又有新出现的民俗故事，尤其还有同一故事在不同时期的异文对照，都为本项研究提供充分而有时代感的研究素材。

第一章　辽宁满族的区域生境与
　　　　民间叙事传统

　　辽宁的满族大多居住在辽宁东部山区，其具体范围主要指行政区域划分上的抚顺、新宾、清原、本溪、桓仁、岫岩、凤城、宽甸、丹东等地。就区域生境讲，辽东山区地处长白山余脉，多是山地与丘陵地貌。生计模式以农耕生产为主，兼有传统的采集、狩猎和柞蚕放养。就历史沿革和人口构成来看，辽东地区既有建州女真后代，又有关内移民流入，形成以满族文化为积淀的多民族文化融合特点。如此自然生境及社会文化背景映射在民间口承叙事上，使当地的民间叙事传统明显呈现出有别于"白山黑水"地区的辽东满族民间叙事特质。

第一节　辽宁满族的区域生境

　　文化生态学的研究表明，在一定的生物基础、地理环境、历史沿革、特定族群以及文化心理等基础上共同建构的民俗文化空间，既有纵向时间因素与横向空间概念的外显表现，也有大量显性民俗及更多隐性民俗的内在制约。这个民俗文化空间可以打破行政区域上的划分，直接统称为同一个文化圈。辽宁地区的满族民众主要居住在辽宁东部山区，因为辽宁东部山区有大致相同的地理、生活及文化环境，民众拥有大体相似的生产生活习俗及信仰观念。可以说，辽宁地区的满族大多生活在辽东文化圈内，辽宁满族即是辽东满族。

一 辽东的概念及其沿革

"辽东"这一地域概念古已有之，据《辽东志》记载："辽东，秦名，韵书辽远也，以其远在九州岛之东故名。又兼辽西，而言其分辽东，辽西者以其界乎辽河之东西也。"可见辽的原意为"遥远"，因其远在九州之东，故名辽东。"辽东"这一地理概念经历了漫长的历史演变，既有地理方位的标识，还有行政区划的含义。

早在秦汉时期，辽东就被纳入"九州"的体系之内，当时称为"辽东郡"，是中原王朝首次在东北地区建制。公元前 3 世纪，秦开却东胡后，始置辽东郡。辽东郡主要包括今辽宁大凌河以东，开原市以南，朝鲜清川江下游以北地区。后来，辽东作为地域名称，其包含范围越来越大，范围最大时全部古朝鲜地即大同江流域都冠以辽东。魏晋以后，虽然辽东郡不再管辖朝鲜半岛北部地区，但将这些地区称为辽东的观念还是沿袭下来。此后，"辽东"一直作为行政建制而存在，并一度成为东北的代名词。

隋朝，为消除地方割据势力的存在，三次出兵辽东，征讨高句丽，均以失败告终。

唐代，唐太宗李世民亲率大军征讨高句丽，贞观十九年（645）始克辽东城。唐高宗总章元年（668），唐军又攻陷平壤，高句丽灭亡。唐朝在平壤设安东都护府，676 年，安东都护府迁至辽东城。

明代，东北的行政建制划分为南、北两大行政区。南部行政区辖境北自开原，南达旅顺，西起山海关，东抵鸭绿江畔，明王朝将此地区谓之辽东。明在辽东废州县，立军卫制，修边墙，实行军垦，先后设置辽东卫指挥司、辽东指挥使司、辽东都司，治所设在今辽阳市，辖有二十五卫二州，辖区相当今辽宁省大部。曾设一军镇名为"辽东镇"，被明朝列为"九边"重镇之首，镇守总兵官驻广宁（今辽宁北镇市）。为防止蒙古人入侵中原，明确开始修改辽东长城，其初始目的即是"拒胡"。但随着时间的推移，东北地区逐渐被一新强大起来的族群——建州女真的势力所控制和影响，建州女真对明朝在辽东的统治利益构成新的威胁，因此也迫使明朝不断修补完善辽东长城的防御系统。辽东镇遂成为明朝晚期投入财力、物力与兵力最多的一镇，直至建州女真建立的后金政权越过鸦鹘关、清河堡，攻入辽东镇腹地与明军共据辽东时，辽东长城才逐渐失去它的军事屏障作用。明隆庆元年（1567）辽东镇移驻辽阳，明末废此建制。

明中后期，"辽东"一词又常出现在明朝修建的"辽东边墙"的表述当中。"辽东边墙"始建于明永乐年间（1402—1424），西起山海关，东迄辽宁宽甸县鸭绿江边，与此地明长城连接，全长约980千米，由辽东镇管辖沿线防务。辽东边墙分为三部分，即辽河流域边墙、辽西边墙、辽东东部边墙。辽东东部边墙修筑于明成化至万历年间，从开原镇北关起到丹东鸭绿江畔宽甸江沿台（今宽甸县南境虎山）。东部边墙外有今抚顺市及新宾、清原、宽甸等县区，边墙内有今本溪市及本溪满族自治县、凤城、岫岩等县区。

清代，因辽东系满族发祥重地，被划归盛京特别行政区管辖。为保护"龙兴之地"的风水与资源，清政府在明辽东边墙的基础上，修筑盛京柳条边。将明代不规则的钟形辽东边墙改筑成"人"字形的柳条边。由此，又衍生出"辽东边外"或曰"东边外"这一地域称谓。"辽东边外"，是指盛京柳条边凤凰城、瑷阳、碱厂、旺清四边门以东，鸭绿江西岸的南北千余里之地（即今辽宁省东港市鸭绿江口上溯至吉林省长白朝鲜族自治县的整个鸭绿江西岸地区）。这里原是满族聚居地，随着满族入关，清王朝对东北实施封禁政策，这一地区长期处于地广人稀状态。直到第二次鸦片战争和营口开港，大量汉族农民冲破封禁，促使清政府在当地解除封禁建立设治，这一状况才有所改变。有清一代，由于辽东这一地域称谓与清王朝的"龙兴之地"密切关联，因而"辽东"一词经常出现在清朝社会生活及典籍文献之中。

1949年中华人民共和国成立之后，设辽东、辽西两省，辽东省省会在安东市（今丹东市）。1954年，撤销辽东、辽西两省建制，合并为今辽宁省。这些称谓以"辽东"冠名，是对久已有之的这一地域称谓的继承，其不仅相对清晰地反映出辽东地理范畴的演化变迁，也折射出中国历代社会对"辽东"地域概念的认知与认同。

二 辽东文化圈的历史溯源

辽宁文化历史积淀浓厚，具有辽东"一方水土"独有的文化韵味。与同处辽宁境内的辽西、辽南、辽北相比较，辽东的地理风貌及其人文历史、风土人情、民俗事象等文化蕴含，仍凸显着别具一格的特色与魅力。

首先，辽东文化圈有着悠久的历史发源。据《山海经·海内东经》记载："辽水出卫皋东，东南注渤海，入辽阳。"辽水，意为辽地之水，为我国古代六川之一，是今辽河的古称。在远古时期，广袤的辽河流域曾是中国北方文明的中心。从旧石器时代到新石器时代，辽河流域都有重要的文化遗存发现，诸如本溪的庙后山遗址、营口的金牛山遗址、海城的仙人洞等。而距今 6000—5000 年前的红山文化，更是以牛河梁"坛庙冢"三位一体规模宏大的史前祭祀遗址群，以及彩陶和成组出土的玉礼器为标志，昭示了中华民族祖先从氏族到古国的历程，彰显出文明的第一缕曙光如何在辽河流域冉冉升起。正是辽河流域这些远古文明的绵延迁化，生发成后世辽东文化乃至东北区域文化的原始积层。

其次，辽东文化圈的发展脉络复杂又不平衡。自商周进入文明社会后，辽东文化的主体便集中于以今辽阳为中心的广大地区。从燕国在此设置直至清代，辽东始终是中国历代社会统治东北的政治、经济、文化中心。辽东行政区划的设置及其沿革演变，使这一区域形成政治统一体，也为区域文化的形成与发展创造了条件。然而，在数千年的发展进程中，辽东文化的发展却并不连贯，几度出现间歇与停滞，这也是辽东与其他区域文化发展不同的一个显著特点。诸如唐代高句丽灭亡，及至其后的金亡、辽亡、明亡，连年的战争都曾使辽东文化出现间歇与停滞。历史上，辽东从来都是兵家必争之地。自战国时期燕国在辽东与东胡争雄开始，辽东区域的战争就非常频繁。各朝各代的战争持续时间长、规模宏大，是当地战事的主要特点。

最后，辽东地区多民族聚居的状态使当地的民族矛盾和民族斗争错综复杂，对当地文化的摧残与毁弃影响非常之大。历史上，鲜卑、契丹、女真等北方游牧、渔猎民族崛起时，大多处于奴隶制发展阶段，掠夺性极强。辽灭渤海国，毁灭了渤海国盛极一代的文化；元灭金，大肆杀戮，金代百余年的文化积累在战争中不复存在；明清战争，在清入关前即已进行了 28 年，城镇毁坏，人口减少，物质损失严重，明朝经营的东北乃至辽东区域的物质与文化、文明，多破坏殆尽。此外，历史上中原王朝多次对辽东少数民族进行征伐，如隋唐时期连续对高句丽的讨伐，对辽东文化造成毁灭性的破坏。每次战后，辽东民众都历尽艰辛，投入生活与文化的重建。然而，即使断壁残垣整饬如初，却终难免毁于下次战争。这种恶性循环，周而复始于历朝历代，致使辽东文化发展难以为继，文化积累不能正常进行。

三　辽东文化圈的自然生计及山林文化特色

辽宁省作为山海关以外最南端的东北大省，濒临黄、渤二海，海岸线东起鸭绿江，西到山海关，全长 2100 多千米。全境介于北纬 38°30′—43°26′，东经 118°53′—125°46′之间，长宽相差无几，总面积达 145700 平方千米。[1] 辽河、浑河、太子河、鸭绿江和大、小凌河等几大水系直接哺育了辽河流域各民族的形成及辽河文化的发展。辽宁省位于欧亚大陆东岸，属大陆性季风气候。由于当地气候经常受西伯利亚—蒙古高气压的控制，寒潮的侵袭及北方西北风天气的影响，从每年的 12 月起，辽宁省便进入寒冷而干燥的冬季，最低气温可达 -40℃以下。

辽东地区主要是山林和丘陵地貌，属于长白山余脉，境内有千山、五女山、平顶山、铁刹山等著名山川，有浑河、太子河、汤

---

① 《可爱的辽宁》编委会编：《可爱的辽宁》，辽宁人民出版社 1988 年版，第 3 页。

河、细河、草河等大小不一的多条河流。在辽东民众的口中，他们亲切地将自己生存的这片土地称作"东山里"，在不同的时代环境下因地制宜创造出多种生计方式。

第一，农耕是"东山里"民众近代以来最主要的生计方式。据历史资料记载，轮耕、休田和倒茬三种农作制度都在辽宁地区普遍实施过，并且有时在同一历史时期交叉运用。20世纪70年代以来，由于社会经济结构的改变和生产力的迅速提高，休田农作制普遍改为轮作，而且，在一年一熟变为一年多熟，有一定的技术突破。[①] 目前，辽宁东部地区普遍实施轮种，这样不仅可以有效利用、恢复和提高土壤肥力，还可以防治病虫灾害、消灭杂草，作物产量明显提高。就播种作物品种而言，辽东地区雨水充沛、光照充足、无霜期短，且当地土壤多为残积质或坡积质形成的棕壤土[②]，这既决定当地的农耕生产属于北方旱作农业区，同时又进一步限定其农作物以玉米、高粱、谷子、大豆等旱作农作物为主，间或有少量的水田。其中，尤以玉米播种面积及产量为最高。[③] 在传统社会，几乎大多数农家都要饲养牛、马、骡子、猪等各种牲畜，以备造粪和农耕之用。通常，农民们要在自家地中抽出几分田地种些谷子、糜子、豆子等单产并不很高的农作物，以便为牲口备些饲料。20世纪60年代以后，作物单打一的局面日渐形成，原本即是当地主要农作物的玉米逐渐在大田作业中显示出适应性强、产量高的优越性能。尤其是80年代生产队解体以后，饲养牲口的农户日渐减少，产量较低的糜子、谷子等也逐渐被淘汰，玉米普遍成为辽东山区农耕种植的首要作物。

第二，柞蚕放养是"东山里"民众的另一个主要生计类型。辽宁东部山区柞林资源丰富，向来以放养柞蚕而闻名。柞蚕放养不仅是当地民众为生存发展而做出的适应生态环境的文化选择，同时也

---

① 《本溪满族自治县志》编纂委员会编：《本溪满族自治县志》，本溪印刷厂1983年版，第242页。
② 同上书，第195页。
③ 玉米，辽东地区多称为"苞米"。

是民众创造性地适应生态环境的结果。柞蚕是我国的特产，最早源于山东。据史料记载，17 世纪末 18 世纪初，山东农民来到东北，把放养柞蚕的方法和茧种带到辽宁。由于他们大多是横渡渤海在辽东半岛登陆，所以，辽东半岛上的盖县、岫岩和金复等周边地区成为辽宁最早放养柞蚕的地区。直到清代咸丰、同治以后，政府彻底废弃禁止在东北开垦的禁令，从而，辽东半岛上的柞蚕业逐渐向辽宁东部的宽甸、凤城、本溪、桓仁等地扩展，并以安东（现今的丹东）为中心。① 自清朝嘉庆、道光年间始，辽宁南部和东部的柞蚕放养相继发展较快。目前，从全国范围来看，辽宁地区的柞林资源最为丰富，其柞蚕放养量和蚕茧产量均居全国及世界首位，例如岫岩、本溪、抚顺、宽甸、桓仁等东部、南部和北部山区皆是柞蚕的重要放养区。

第三，传统的渔猎、采集生计在"东山里"一直有所保留。"东山里"山林资源丰富，尤其是动植物资源及矿产资源蕴藏量也非常巨大，如人参、鹿茸、煤、玉石等，人们一直将获取山林中的各种资源视为特色生计方式。

首先是渔猎生计。渔猎是辽东民间久有的传统。清代，辽宁东北部山区曾被划为盛京围场，时称奉天围场或大围场。当年，清朝八旗官兵经常到围场讲武，校猎习兵。每届霜降之后，盛京将军便率领八旗兵丁浩浩荡荡发兵于此，途经西围场头营神树碑庙前（今辽北西丰县松树乡神树村），先杀牲祭拜满族猎神班达玛法（俗称"班达妈妈"），祭毕进行校猎。② 每到农闲之际，人们常常集体进山，围猎狍子、野兔、狐狸、野猪，早期也有哨鹿、猎虎、捕貂的。历史上，辽东抚顺以及辽北开原等地皆设有马市，辽东山民往往携大量动物皮张赴市，与中原汉人进行各种交易，以换家用。辽东民众还传承了充分利用动物资源的传统工艺，如加工鹿血、鹿胎、鹿鞭、熬制"鹿胶"等。

---

① 参见郭文韬、曹隆恭主编《中国近代农业科技史》，中国农业科技出版社 1989 年版，第 560 页。

② 参见靳恩全《铁岭历史与文化》，中国文史出版社 2001 年版，第 58 页。

其次是采集生计。正如史料记载："清代定制，盛京贡品以鹿为主，其数量之多，及进贡次数之频繁，超过吉林与黑龙江两省。"① 正所谓"靠山吃山、靠水吃水"，东山里的满族民众"咬定青山不放松"，将"吃山"发挥到淋漓尽致。

每年春季和秋季都是采摘山货的重要季节，正所谓"春采山菜，秋摘野果"。辽东山区的山菜品类十分丰富，人们经常食用的就达40多种，如蕨菜、猫爪子、刺嫩芽、大叶芹、小叶芹、柳芹、叉芹、黑瞎芹、水芹菜、枪头菜、黄花菜、龙须菜、辣椒秧、明叶菜、杏叶菜、柳叶菜、小根菜、灰菜、紫花菜、刺拐棒、苦龙芽、婆婆丁、驴蹄菜、苣荬菜、柳蒿、牙爪子、水蕨菜、青毛广、红毛广、猫滑叽、空心菜、鞭梢菜、红花菜、野鸡膀子、燕别咕、桔梗、山糜子、山胡萝卜、山豇豆、山韭菜等。山菜的食法多种多样，可以生食、炒食、凉拌、包馅、熬汤，也可以制成干菜、泡菜、咸菜保存到冬天。蘑菇、木耳也是山区民众重要的采集对象，故当地有"雨后拣木耳，雾后拣蘑菇"的说法。到了秋季，正所谓："七月榛子，八月梨，九月核桃不用蜕皮。"从农历七月开始，山杏、沙果、李子、榛子、山楂、山里红、山葡萄、山核桃、栗子、松子等野果相继成熟，人们三五成群，上山采摘。不管夏秋，在山里采回的山货，当地人留足自用外，其余都拿去出售，以补贴家用。此外，中草药也是辽东山林的重要资源，如细参、刺五加、地龙骨、白浮子、黄芩、柴胡、防风等，还有一些产自山林的中草药被移到家中人工栽培种植，给人们带来一定的经济收入。

在辽东地区，除采山货、挖刨中草药，人们还一直沿袭挖山参的特色生计。辽东山区是我国东北的主要人参产地，多年来，人们通过对山参生长地点的观察，对山参生长习性的掌握，对山参采挖技术的积累，对山参药用价值的总结等，形成了丰富的挖参习俗和信仰。尤其是20世纪80年代以后，辽东民众从最开始的对野生人参进行单纯性采集、储存，发展到后来的加工、园林栽培，再到

① 孙文良主编：《满族大辞典》，辽宁大学出版社1990年版，第690页。

"林下参"的种植和培育，无不显示出当地人对山参生长及培养习俗的充分了解和掌握。

在生活习俗方面，辽东是满族聚居地，满族先民有"以木为栅"的居俗，至今辽东乡村仍保留这一古风，一些人家的院子仍以杂木或树枝围作栅栏，民间俗称"夹杖子"。起脊式民居、苞米楼子、柴火垛、桦子垛、木头栅栏，还有以山材编织的各种生产、生活用具，如土篮、抬筐、簸箕、筐箩、盖帘、笊篱等。这些同属"木"科的山林资源，被辽东民众就地取材浑然一体地组织进村落生活空间，无疑构成辽东乡村特有的生活习俗和居街景观。

由上可见，辽东地区特殊的自然生态区域特点决定了辽东地区物产丰富，也决定了辽东区域满族民众具有区别于其他地区满族的生计方式。他们一方面沿袭传统的渔猎采集生计，另一方面将更多的精力放在农耕、放蚕、移栽林下参等劳动上，这些生产经验和生活经历的累积潜移默化地作用于民众的社会心理成长过程，并全方位地投射到当地民众的口承叙事之中。

第二节　族群的历史沿革与文化传统

满族是在我国东北崛起的少数民族，其源流可追溯至商周时期的肃慎，直至明朝时期的女真，特别是辽、金时期的女真人一直被视为当今满族的直系祖先。与东北其他民族相比，辽宁满族的发展历史较为悠久。尤其是明朝时期女真人的分化与迁徙为辽宁满族的发展奠定了最重要的基础和渊源。此后，辽东区域开始了满族崛起、建立政权、迁都入关、移民流入、封禁开禁等一系列历史事件。在与其他族群的磨合互动中，辽东满族民众逐渐发展出自己的族群特色与文化传统。

一　辽宁满族的历史脉络

明朝时期，受自然资源及生存环境的压力所迫，满族群体内部分化为三个大的支系，各支系为了谋生存发展逐渐出现较大的变迁。一是海西女真即史料中记载的扈伦四部——叶赫、哈达、辉发、乌拉部，逐渐移居到吉林以南地区；二是野人女真即史料中记载的东海部（窝集或兀窝集），一部分已迁入海西、建州旧地；三是建州女真即满洲部、长白部从黑龙江、吉林地区南迁至古辽东地区，并在此繁衍生息，成为辽东满族的重要渊源。据明嘉靖十六年重纂的《辽东志》记载，当时的开原、辽阳等地均有女真人活动，并且由渔猎不断向农耕进行转变。[①] 又据明朝人程开祜所撰《东夷努儿哈赤考》记载："开原东北，南抵鸭绿江，委蛇八百余里，环东边而居者，则皆女直之遗种，皆辽之属夷也。"可见，至明代，辽东东部边墙内外主要居住的是建州女真。

伴随着建州女真在辽东崛起，明万历四十四年（1616）努尔哈赤统一女真各部，在辽东赫图阿拉（今辽宁新宾）称汗，建立后金政权；1626年，努尔哈赤殁，皇太极在盛京继任称汗，改女真族名为满洲族（后通称满族）；1636年，皇太极在盛京称帝，建立大清王朝，满族正式登上中国历史舞台；1644年，满族入主中原，开创满族历史上最为辉煌的王朝时代。

自清军入关后，盛京地区一直处于"荒城废堡，败瓦颓垣，沃野千里，有土无人"的残破景象[②]。但自顺治、康熙皇帝鼓励开垦东北荒地，并拨丁屯耕以后，辽宁地区逐渐繁盛起来。清政府在盛京柳条边的东部，设置威远堡、英额、兴京、碱厂、暧阳、凤凰城六座边门，对柳条边进行管理。从吉林、黑龙江等地调拨来大批"八旗"兵民来到辽东这六座边门附近居住，看守边门，同时且守且耕，"占山"落户，实行屯垦戍边，使辽东的满族人口大幅增加。

出于对"龙兴之地"的保护，清政府颁行保护条例，"柳条边"数度封禁、开禁，对辽东、东北乃至整个中国社会生活与历史走向构成重要影响。据资料记载：顺治八年（1651），清朝准许出关开垦，山东、河北、山西等地的汉人陆续来到辽西、辽东开荒种

---

① 金毓绂主编：《辽海丛书》（辽东志，卷一·地理），辽海出版社2009年版。
② 《八旗通志》初集卷，第18页，转引自李林、侯锦邦、朴明范等《本溪县满族家谱研究》，辽宁民族出版社1988年版，第46页。

地。这些汉族人来到辽宁境地，并先后加入满族八旗。随后，清朝政府又连续颁布几道鼓励出关垦荒的官令，如 1653 年颁布辽东招民开垦授官的命令，其中规定招民百名者，文授知县，武授守备；1655 年规定，"凡欲往盛京领地设庄护坟者，若将畿辅分内壮丁地退出，准拨熟地，不愿退出者，以荒地拨给"①；1673 年规定，从北京移住官兵当差及安庄人等，退出畿辅地亩，可以拨给盛京旗地中已开垦的余地，或未垦荒地。清朝政府在正式向盛京拨丁垦荒的同时，还派遣大量的八旗兵丁到东北驻防。

直到嘉庆（1796）以后，禁垦令被迫废除，山东、河南、河北一带居民纷纷涌入，首先渗入辽东半岛和辽河平原，由河北、热河一带迁来的居民，一部分就近定居西部地区，其后北部和东南部广大地区也都得到开发。新来的居民仍沿用过去的耕作习惯，在平原丘陵地区播种高粱、玉米、大豆、棉花等，山区经营林产、果产和放养柞蚕，沿海地区开展渔业生产，草原上原有蒙古民仍然进行游牧，后来朝鲜族逐渐移入，在东部山区又开展水稻种植，于是农业生产方面的基本轮廓大致形成。②

此后，这股移民的浪潮一直延续，并到 20 世纪初期又形成另一个高潮。据史料记载，1919 年，奉系军阀控制东北政权，东北局势日益稳定后，大量的关内移民移入东北。他们不远千里，独自一人抑或举家全迁来到辽东这块有待开发的处女地，"闯关东"一时成为山东百姓寻求活路、实现梦想的一条重要出路。随着关内移民的涌入，他们不仅在人力、物力方面支援东北地区的发展，更为重要的是，熟稔农耕劳作的山东先民还带来当时较为先进的生产技术及农耕知识，使东北地区在农耕技术推广、作物品种改良、化肥使用以及农机推广等方面都有新的发展，从而为当地农事生产的进一步发展做出不可磨灭的贡献。

---

① 《八旗通志》初集卷，第 18 页，转引自李林、侯锦邦、朴明范等《本溪县满族家谱研究》，辽宁民族出版社 1988 年版，第 45 页。
② 孙敬之主编：《东北地区经济地理》，科学出版社 1959 年版，第 24 页。

二 辽宁满族的文化特征

经过不断的发展，辽宁满族在与其他族群的互动交往中延展出自身独特的发展轨迹和文化特色，现将其文化特征归纳如下：

第一，原生满族文化基因保留丰富。长久以来，在清王朝建都200余年的北京，满族文化保留不多，人们普遍认为满族已被汉化。然而，在地处深山腹地的辽东地区，这里既是满族发祥的"龙兴之地"，又有满族民众世代居住，满族文化遗存保留非常丰厚。仅以辽东新宾满族自治县为例，这里除了后金第一都城——赫图阿拉城以外，还有世界文化遗产——清永陵。在日常生活中，人们还保存了大量满族活态文化以及丰富的满族传统民俗，如传统的万字炕、西墙上的祖宗板、用满文书写并绘有祖先古老画像的土布"斡单"（满族家谱谱系图）、会讲满族原始神话故事的民间叙事传承人、满族早期生活特色浓郁的生产用具、生活用品等。这些满族特色浓郁的文化符号在辽东地区随处可见，满族文化由外及内支撑起辽东区域文化的巨大张力。

第二，多民族文化融合汇通。辽东境内除了满族外，还有汉族、朝鲜族、锡伯族，呈多民族杂居、各民族聚居状态。各族民众和睦相处，在文化上坚守的同时，互相采借与交流。以辽东朝鲜族为例，与境内的其他民族相比，朝鲜族的生存史更为复杂坎坷。东北朝鲜族并非古高句丽之遗民，而是比较晚近时期进入中国谋求生存的朝鲜半岛人口。19世纪中叶，朝鲜半岛连年的灾荒与战乱，大批朝鲜边民越过鸭绿江、图们江到中国的东北私垦边地。其间，清政府屡次交涉并进行驱逐均告无效。这些朝鲜民众出于求生的本能来到东北各地定居下来，后来自愿接受中国王朝的法令与管理，成为东北的少数民族。此外，1910年日本吞并朝鲜后，残酷的高压殖民统治也促使朝鲜半岛破产的农民及手工业者纷纷外逃中国东北。尤其是1931年日本侵占中国东北之后，为了实现"满洲农业、日本工业"的计划，制定"朝鲜人指导纲要"，强迫大批朝鲜农民移民中国东北，垦荒种地。据辽宁省《新宾朝鲜族志》记载：

"1939 年，第一批集团开拓民，由朝鲜全罗南道移民 200 户至新宾红庙子一带地区，开拓民都是普通的贫苦农民，他们拖儿带女从朝鲜荣山浦上火车，经 7 昼夜直达南杂木，然后用卡车送到红庙子。"[①] 移居辽东的朝鲜族民众，在文化上仍然保持着本民族的鲜明特色。同处于一个生态区位，辽东的朝鲜族与满族在文化上明显有别，从衣食住行到文化意识，两个民族都各有独特之处。

辽东朝鲜族民居与满族一样多为起脊式木质结构，但满族民居的屋顶是南北两面坡，朝鲜族却为四面斜坡，且多用稻草苫盖。在火炕型制上，与满族的三面炕、两面炕及今天的一面炕不同，朝鲜族人家整个居室的地面都是火炕，也称"地炕"。进屋就上炕，吃饭、睡觉、室内各项活动都在炕上进行。朝鲜族人家的厨房都砌有大锅台，一条通火道上安有多口小锅，做饭时各有所用。地炕与厨房有门相通，南面开门，进屋须脱鞋，席炕而坐。在饮食方面，辽东朝鲜族不似满族以炖菜、炒菜为主，而是精于制作各种泡菜，善于腌制各种咸菜。近年来，东北朝鲜族的饮食喜好已经风靡北部中国，朝鲜族烧烤已成为各族通吃的美食。朝鲜族素以擅植水稻而名扬域内，辽东朝鲜族民众将这一种植技艺悉数传予境内的满族、汉族民众。辽东朝鲜族还保留了本民族的语言文字以及服饰、婚丧、寿诞等特色习俗，"朝鲜族农乐舞（乞粒舞）""朝鲜族花甲礼"已分别列入国家级非物质文化遗产保护名录。

辽东区域的锡伯族人口不多，主要居住于凤城等地。尽管与区域内满族、汉族文化长期交融相汇，但辽东锡伯族仍保留一些本民族的文化遗风，在辽东山区至今仍可见到锡伯族特色文化，如"喜利妈妈"祭祀、正月十五"灯倌秧歌"、正月十六"抹黑节"、锡伯族"六碗汤"等。

综上可见，明清以来辽东地区人口的构成主要以满族和汉族为主，朝鲜族、锡伯族等少数民族为辅。以女真及其后裔满族为主的北方民族与中原王朝在这里反复摩擦、较量，满汉文化逐渐融合，

---

① 新宾朝鲜族志编委会编：《新宾朝鲜族志》，辽宁民族出版社 1994 年版，第 25 页。

使辽东区域成为北方渔猎文明与中原农耕文明交汇的前沿之地。这里既融进了外来的文化因子，又保持了本区域独有的特色，呈现出独具一格的特点，许多带有区域性、民族性标记的文化传统及其事象一直延续至今。

第三节　有别于"白山黑水"的辽东满族民间叙事

辽宁满族聚居于辽宁东部山区，这里地处偏远地带，又有崇山峻岭阻隔，距离中原文化中心较远。世代居住于此的满族、汉族及其他少数民族较少受到中原封建礼教的束缚和影响，在文化塑造和交流过程中有着较为自由、宽阔的发展空间。外加辽东地域广袤，群峦环抱，气候变化四季分明，使辽东地区的文化建构呈现出一种浑厚自然、通俗直白、情感真挚的大俗大雅之气。作为民众记忆历史、传承文化的重要载体，民间口承叙事更是体现出与东北其他地区满族不同的辽东满族文化特质。

一　辽宁满族民间叙事的区域分布

辽宁满族民间叙事主要分布在辽东满族文化圈内，具体包括辽宁东部的岫岩、宽甸、本溪、清原、新宾、桓仁等满族自治县，以及抚顺、开原、铁岭、沈阳东陵等地。就地域范围看，它们大多是以山林和丘陵地貌为主的山区地带。就生计特点看，它们大多产生于满族由渔猎生计向农耕生产的过渡时期，在与汉族文化的密切接触中逐渐形成满汉杂糅的文化特征。就叙事内容来看，既有早期创世神话、英雄人物传说，也有地方特色浓郁的风物传说和生活伦理故事，且以表现农耕、挖参、放蚕等生活内容的故事居多。

从广义上看，辽宁满族民间叙事应该囊括辽宁区域内满族民众创造和传承的所有口承叙事体裁，如史诗、神话、传说、故事、歌谣、谚语、谜语、俗语、说唱等。需要说明的是，在辽宁满族地区，普通民众对叙事体裁的认识并没有明确的概念和区分。不论是长篇的神话、史诗，短篇的传说、故事，抑或是更为短小的诗歌、说唱，也不论是以说为主的散文体叙事作品，还是说唱结合的韵文体叙事，当地民众皆统称其为"古儿""瞎话"，将口承叙事的讲唱活动统称为"讲古""讲瞎话""讲故事"。

　　然而，同样是讲古、讲瞎话在辽宁满族聚居区内，不同体裁的"古儿"和"瞎话"的分布也并不均衡。例如，在原住满族民众比较多的新宾、桓仁、岫岩等地，关于满族先民来源的释源神话、早期部落时期生活及部落之间征战的英雄神话叙事数量比较丰富，例如岫岩的《满族三老人故事集》中有《人的来历》《神农婆与百谷仙姑》《海伦格格补天》《天鹅仙女》等叙事都是对满族先民的史前文化遗迹的记录和传承。还有满族发祥地的新宾也有大量的满族早期的战争及英雄神话叙事，代表性传承人查树源可以讲述大量关于王杲、努尔哈赤的征战传说，而且能说会唱，使长篇叙事讲述带有史诗性特征。

　　与此相对，在本溪、清原、宽甸等满族聚居区，因有一部分关内山东移民"随旗占地"到此，他们愿意放弃原有族属而自觉融入满族共同体当中，还有一部分人在 20 世纪 50 年代以后为了享受少数民族政策待遇而将民族成分更改为满族，这些都使当地的满汉文化融合非常充分。在这些地方，关于满族早期历史及文化溯源的口承叙事保留相对较少，但有大量的反映满族传统习俗、特定地理风貌的风物传说，以及记录满汉融合后的满族生活故事、伦理故事和幻想故事等。如清原县的代表性故事传承人黄振华，其故事主要以山里的精怪传说居多，地域特色非常浓郁。本溪满族自治县地区虽然有关早期满族生活及祖先溯源的口承叙事数量不多，但体现农耕生产、柞蚕放养以及满族家族伦理、道德理念等主题的生活故事非常丰富，如《养蚕姑娘》《日子起来了》《老将撵走丧门神》《蚕姑姑》《刻薄财主》《穷八辈请穷神》《绣花女》《大姑姐偷嫁妆》《年关》等都具有一定的代表性。

二 辽宁满族民间叙事的艺术特征

从文化发生学的角度来看，民间口承叙事是人们的行为和思维在其所直观感知的生活世界的一种构形，人的行为和所处的时空背景相互作用，相互阐释，从而产生民间叙事的价值和意义。从辽宁满族民间叙事所展现的文化空间来看，不是以区域性的山川地理作为自然背景，就是以满族的社会历史、文化传统、岁时节令、人生仪礼以及民间信仰作为叙事的依托。因此，辽宁满族民间叙事中展现的生态景观以及生活图景便体现为一种文化的行为体系，作品所表现的空间也可以视为辽宁满族社会现实生活空间的缩影。① 正如法国文艺学家保尔·拉法格所讲："民间文学是人们灵魂的忠实、率真和自发的表现形式；是人民的知己朋友，人民向它倾吐悲欢苦乐的情怀；也是人民的科学、宗教和天文知识的备忘录。"② 辽宁满族民间口承叙事是当地满族民众在与自然和社会的多维度对话中建构起来的，其中蕴含着独特而浓厚的文化内涵，并折射出辽宁满族民众对于特定自然环境及本族群发展历史的生态认知与生存体验，体现着满族民众特有的生态思维与哲学思想。

受辽东地区特殊的生存环境、历史变化等因素影响，辽宁满族在具体的文化表象与文化心理等方面与吉林、黑龙江两地的满族支系有着许多相异甚至相左之处。在生计方式上，辽宁地区的满族一方面沿袭传统的渔猎采集生计，另一方面又和汉族、朝鲜族、锡伯族交融杂居，逐渐学习并掌握了农耕生产、放养柞蚕等生计模式。与东北其他地区满族相比，辽东满族最早与汉族文化接触，最先完成由渔猎生计向农耕劳作的转变，是经济与文化发展最快的一个满族支系。辽东满族与汉族杂居相处，满、汉文化同化不可避免，这既表现为满族向汉族学习先进的农耕技术，进而引发生产、生活方

---

① 参见江帆《满族民间叙事的文化素质与文本张力——谈〈满族民间故事·辽东卷〉》，《满族研究》2011年第2期。

② ［法］保尔·拉法格：《拉法格文论集》，罗大冈译，人民文学出版社1979年版，第9页。

式上的变化；也表现为满族文化对汉族文化的渗透，众多汉族民众也逐渐程度不同地借鉴、操习满族的生活习俗。

生计模式的转变，带来满族民众生产观念的调整、生活方式的变更，乃至民俗心理的变化。民间口承叙事作为民众生产生活的记录和反映，势必会对民俗系统的变更有所记录。于是，在辽宁满族民间口承叙事的创作和流传过程中，其内容及讲述特点既与整个东北满族的发展历史及民族整体风貌一脉相承，又与未南迁、至今仍生活在白山黑水的满族其他支系迥然有别。现将辽宁满族民间叙事的特征总结如下：

第一，从叙事体裁的分布上看。辽宁满族民间叙事以篇幅相对较短的散文叙事体裁居多，如神话、传说、故事、谚语、歌谣等。其中，尤以传说、故事、歌谣最多，神话相对较少。神话多是表达原始时代早期先民对自然、社会、人类自身以及生产生活中的知识、经验的积累和回答，是建立在一定的原始信仰和早期思维基础之上的。辽宁地区的满族是东北地区的满族南迁至此，其开化程度较高，认知自然与认知世界的思维更为开放，故对于满族早期神话的保留和传承相对较少。神话数量不多，且内容也比较集中，主要集中在满族先祖由来及早期神灵阐释的释源神话，如解释宇宙及人类的起源，《姐弟合婚造人》《海伦格格补天》《人的来历》《神农婆与百谷仙姑》等；解释族群的起源，《三仙女佛库仑吞红果》《库布里雍顺和他的八个兄弟》《天鹅仙女》《三仙女传说》等。"这些神话多是借助于幻想和神化的手法，采用文学的形式表达出来的原始时代的满族先民对自然的奥秘、社会人文状况、人类本身以及人们在生产生活中的原始知识的一种积累和解答，其思想是建立在原始仿生观念、原始宗教观念和原始哲学观念的基础上的。与其他故事类别相比较，辽东满族神话作品的数量并不多，内容也比较瘠弱。"[1]

在传说方面，辽宁满族民间传说主要有人物传说、史事传说和

---

[1] 江帆：《满族民间叙事的文化素质与文本张力——谈〈满族民间故事·辽东卷〉》，《满族研究》2011年第2期。

31

地方风物传说三大类，且以地方风物传说最为突出。人物传说集中在部落早期英雄如王杲、努尔哈赤、完颜阿骨打的传说。关于努尔哈赤的传说数量最多，从努尔哈赤出生、出走长白山、十三副铠甲起兵一直到金戈铁马的战争场面等，民间叙事中都有表现，如《悬龙传说》《罕王出世》《老罕王名字的来历》《罕王学艺》《义犬救主》《乌鸦救驾》等。在辽宁满族民众的口中，努尔哈赤是一位传奇的帝王，他不仅是人物与史事传说的主角，还有许多地方风物传说及满族风俗传说都与努尔哈赤有关，使努尔哈赤成为一个鲜明的"箭垛式"人物形象，如《太子河的传说》《萨尔浒地名的来历》《赫图阿拉城的来历》《索罗杆的传说》《温泉寺的传说》《连枷的来历》《酸汤子的来历》《萨其玛的来历》等。这些地名、风俗的阐释都表现出满族民众对英雄祖先特殊的崇拜和爱戴，同时也从不同侧面表达了辽宁满族民众对自身族群历史文化的认同与模塑。

与之相对，吉林、黑龙江等地的满族口承叙事在体裁上展现更为丰富，神话、传说及篇幅较长、带有说唱押韵的满族说部都有传承和保留。满族早期是渔猎民族，在万物皆有神性的原始宗教观念指导下形成对自然万物较为原始的认知，无论是日、月、星、云、山、林，抑或是风、雨、雷、电、雪、冰等，都被满族先民赋予人格化的想象和神性的思维，大量神话作品记录了满族早期先民的思维历程。与此同时，在吉林、黑龙江地区发现并已出版发行的满族说部文本已经有50余本，代表作有《尼山萨满》《天宫大战》《东海窝集传》《雪妃娘娘和包鲁嘎汗》。这些体裁的叙事文本在黑龙江、吉林地区之所以比较丰富且保留较好，与当地满族还过多地保留传统的生计模式、受外来文化影响相对较少有非常大的关联。

第二，从叙事内容的主题上看。辽宁满族民间叙事中展现农耕生计及农耕观念的生活故事比较突出，也是辽东满族民间叙事与黑龙江、吉林地区的满族叙事最大的不同。地处白山黑水的吉林、黑龙江两地的满族故事，主要以表现采集、打鱼、围猎、挖参生活的作品为主，叙事呈现的满族早期生计及思维特点突出；而在辽宁满族地区，则以表现挖参、放蚕、农耕的生活故事居多。许多叙事作品发生的场域是以农耕村落为背景，通过农耕生活中的常见物象或场景来表现民众渴望征服自然、过上幸福生活的美好愿望，如《枣核儿子》《蛤蟆儿子》《放蚕姑娘》《姑嫂石》《猪妞》等。与此同时，还有大量表现农耕生活及伦理价值的叙事作品，如《耍钱鬼》《耿皮匠得宝》《大姑姐偷嫁妆》《蛤蟆湾的来历》等。这些生活叙事的出现，非常完整地向人们展现了辽东满族民众如何从渔猎生计向农耕生计发生转变，如何开始跑马圈地、开垦造田的农耕生活。辽东地区的满族一方面保留着传统的挖参、围猎习俗，另一方面，他们又积极开垦种田、开矿、制窑、采玉、养蚕、织布，大大推进手工业和其他行业的发展。他们逐渐和汉族人一样，建筑固定的屋舍，穿戴丝织的服饰，尝试营养的美食，培养农耕观念及礼节习俗。辽东满族民众创作与传承的口承叙事，不仅蕴含着独特而深厚的文化内涵，表现出满族早期崇尚勇武的民族精神，同时，更折射出满族民众迁移至此，开始农耕生活过程中对自然环境及社会文化的独特认识与切身感悟。

　　第三，从叙事风格的呈现上看。辽宁满族民间叙事中满、汉融合特色非常浓郁。在辽宁，不论汉族还是满族，有关老罕王努尔哈赤的传说，几乎村村皆有流传，黄狗救主、乌鸦救驾的情节在当地也是人尽皆知。辽东地区很多满族故事传承人讲述的故事都带有明显的农耕文化色彩，而当地的汉族民众也都能讲述一些带有满族原生文化特色的渔猎故事。满族故事家的传承线路中，汉族身份和族群的传承来源非常多见。此外，除满族历史人物传说、满族风俗故事外，辽东区域流传的一些故事已很难确切定位其民族属性，这些故事在讲述风格、故事情节上明显汉化，但语言方面仍保留一定的满族特色，如《三连襟》《笨贼说话》《王尚吾的故事》《庄稼人捡铜佛》《哥俩取宝》《哥俩赶考》等。

　　综上所述，辽宁满族民间叙事的出现是由辽宁满族独特的历史背景与生存环境所决定的，民间叙事的内容与风格既与东北整个满族的发展历史及民族整体风貌一脉相承，又与未南迁、至今仍生活在白山黑水的满族其他支系迥然有别，是整个东北满族民间叙事中发展较快、传承较广、农耕特色及地域特色非常浓郁的一个支系。

第四节 辽宁满族民间叙事的主要类型

类型学研究一直是民间叙事研究的一种路径和方法，早在"AT分类法"提出以来，编制故事索引的工作在各地民间叙事研究领域就逐渐普及开来。我国民间叙事的分类方法及索引研究主要有三部：一是德国学者艾伯华（W. Eberhard）的《中国民间故事类型》；二是美籍华人学者丁乃通的《中国民间故事类型索引》；三是台湾学者金荣华的《中国民间故事集成类型索引》。这三部索引各有所长，为国内学界普遍使用。除此之外，一些国内学者也在故事类型研究上有更进一步的推进，如刘守华主编的《中国民间故事类型研究》一书，虽然大体沿用现有几部故事类型索引的成果，但其将"现有类型按其体裁、内容归纳成几个大的板块和系列，从而由点到面，从宏观上揭示出中国民间故事所建构的优美艺术世界的主要特征"[1]。祁连休的《中国古代民间故事类型研究》对中国历史上各个朝代的民间故事做线性梳理，并将民间传说纳入故事类型的研究范畴。[2] 此外，江帆在《民间口承叙事论》一书中将辽宁省常见民间故事归为27个类型，勾勒出辽宁民间故事的类型版图。[3]现结合国内外民间叙事的类型学研究成果，将辽宁满族民间口承叙事中蕴藏量丰富、讲述特点突出、情节分布广泛、最具代表性的传说、故事依据叙事情节的不同，划分为以下8大故事类型。

一 "罕王"故事

在辽宁满族民间叙事中，罕王努尔哈赤的叙事非常丰富。根据叙事内容可以划归为四类，即"少年脱险""义兽相助""采参发

---

[1] 刘守华主编：《中国民间故事类型研究》，华中师范大学出版社2006年版，第27页。

[2] 祁连休：《中国古代民间故事类型研究》，河北教育出版社2007年版，第50页。

[3] 江帆：《民间口承叙事论》，黑龙江人民出版社2003年版，第33页。

迹""英雄征战"。这四类内容彼此互有交融，如"少年脱险"之后经常连缀着"义兽相助"。其中"少年脱险"类与汤普森母题索引中 M 类"注定的未来"相近，"义兽相助"类故事可归为AT201E·义犬舍命救主型。从四类"罕王"故事的情节呈现及内容塑造来看，在民间口承叙事中，努尔哈赤并不是高高在上的王朝君主，也不是冰冷刻板的历史形象，而是化身成为有血有肉、人性魅力与人性弱点同时并存的普通人物。

1. 少年脱险。主要讲述努尔哈赤少年时代在明朝辽东总兵李成梁帐下当差，李成梁发现其脚下有 7 颗瘊子疑为"浑龙"，遂起杀心，后努尔哈赤成功逃脱，如流传在沈阳东陵满堂乡的《努尔哈赤脱险》、辽阳东京陵地区的《努尔哈赤脚踩七星》等。在这些故事中，努尔哈赤被塑造成为一个背负"天命"的懵懂少年，在仓皇中逃向注定的未来。

2. 义兽相助。主要讲述努尔哈赤在危急时刻被大青马、狗、乌鸦等动物所救，从而化险为夷，如新宾地区的《义犬救主的故事》、桓仁地区的《青马义犬索伦杆》等。这些叙事中的动物化身为救世主，不惜牺牲自己的性命也要保全努尔哈赤。从中可见满族民众对民族英雄的认同，对"忠义"观念的赞许。与此同时，在一定程度上体现满族民众对本民族习俗的溯源与认知，如《满人为什么不吃狗肉》《满族为什么立索伦杆》等。

3. 采参发迹。主要讲述努尔哈赤青少年时代受生活所迫，逃到长白山挖参发迹的过程，如本溪的《罕工放山》、桓仁的《罕王采参》等。人参为东北"三宝"之一，是满族民众梦寐以求的"宝贝"，也是人们脱离贫苦走向幸福的捷径。小罕子被塑造成无数采参人中的一员，并且能够获得大自然的眷顾取得宝参，既反映了满族早期的生活遗迹，也反映出民众对祖先的认可。

4. 英雄征战。主要讲述努尔哈赤起兵后四处征战的经历，如新宾的《努尔哈赤战锁阳》、本溪的《太子河的传说》等。在这些叙事中，"老罕王"一方面英明决断，引领部族对战明朝军队；另一方面也在有意无意间构造许多的"历史细节"，如在《太子河的传说》中他为了鼓舞军队士气斩杀忠厚实在的大太子，这一情节安排折射出民众对封建君王的复杂情感。

另外，还有一些故事将努尔哈赤与地方风物与习俗联系起来，如《努尔哈赤井的来历》《狗儿汤的传说》《酸汤子的来历》等。

二 人参故事

人参叙事是辽宁满族民间叙事中较为传统的叙事类型，情节丰富，既有普通人偶得人参的幸运故事，也有人参姑娘或人参娃娃情系人间的动人佳话。依据情节具体可分为以下几类。

1. "放山"得参。主要讲述挖参人凭借运气挖到人参，篇幅相对短小，情节较为凝练，如清原地区的《做饭的与蛤蟆参》《棒槌园子的由来》、本溪地区的《发山》等。在情节上可将其归入 AT560 – 649 "神奇的宝物"型故事。因叙事大量呈现出挖参行业禁忌，也可归到汤普森母题索引的 "C禁忌"里。这些故事中虽然没有精怪、寻宝等引人入胜的离奇情节，却描绘着多少代采参人"劳有所获"的美好梦想。特别是在过去相对恶劣的生存环境中，每一次"放山"都伴随着巨大风险，甚至有时会付出生命的代价。所以，一方面经验丰富、睿智果敢的"老把头"是人们值得信赖与称颂的对象，另一方面愚钝平庸、运气极佳的普通人则更是大多数人的理想化身。普通民众通过讲述这样的故事来获得辛苦劳作后的心理补偿与精神安慰。

2. 人参精灵。在满族民间叙事中，人参是有灵性的，它们经常化身为可爱的人参娃娃或是美丽的人参姑娘参与民众的日常生活。通常可分为三个类型。

（1）参精报恩成婚。这种类型可看成是动物报恩型故事与"神奇的妻子"型故事的叠加，按丁氏索引即为 AT554 "感恩的动物"（只是人参为植物）+ AT400D "仙侣"的叠加类型。

这类故事主要有两种亚型：一种是"老把头"得知人参成精，遂带领青年帮手准备将其抓获。结果善良的青年多次放跑人参姑娘，最后与其成婚，如岫岩满族女故事家李成明的《三放人花》。

另一种是省去"放山"环节，直接讲男青年遇到人参姑娘，两人克服困难终成眷侣，如本溪的《李发财放山》。还有的故事与"两兄弟"型故事叠加，如李成明讲述的《荷花棒槌》。

（2）参童交友。这类故事主要讲述人类儿童与人参变成的小孩儿一同玩耍（或是自己玩耍），被家长（或其他成年人）发现后，人参娃被抓住或逃脱。如《人参娃》《皇陵里的人参娃娃》即属于前者，天真无邪的人参娃因一时贪玩被"识货"的人抓住；《小猪倌与人参娃》《棒槌孩》则属于后者，人类儿童因为自己的无心之失使人参娃被坏人抓住，后来人参娃惩治了坏人，携其一起隐匿修仙。值得注意的是，这类故事中的"大人"形象虽然都是功利的，但结局并不相同。如桓仁赵光英讲述的《人参娃》中的父母因为女儿与人参娃玩耍而得到宝参，岫岩李成明讲述的《棒槌孩》中的父母则因为儿子帮助人参娃而双双丧命。究其原因，《人参娃》里的父母本分厚道，《棒槌孩》里的父母自私歹毒，可见满族民众崇尚善良正义的伦理观念。

（3）参精惩恶扬善。主要讲人参化成精灵，为民众打抱不平、惩恶扬善的叙事内容。从参精救难的角度可将其归为 AT500 – 559"神奇的帮助者"。这类叙事中常会出现"难题"模式，即疾苦百姓被迫去寻找棒槌（精），经历磨难，最后得到帮助，如本溪满族自治县金庆凯讲述的《棒槌哈达》、岫岩李成明讲述的《棒槌姑娘》等。特别是由这两个故事可以清晰地看出不同性别的故事讲述者在叙事结构、语言风格及文化心理诸方面的差异。《棒槌哈达》带着一股厚重的"史诗感"，塑造了一位正直无畏的青年英雄——那哲里；而《棒槌姑娘》节奏明快、语言活泼，塑造了一个聪慧机敏的棒槌姑娘形象。从中不难看出满族民众对理想的男性与女性人格的向往与追求。

3. 与人参相关的动植物。主要讲述与人参相关的动植物及其和普通民众的关系，如《人参鸟》《人参鸟的叫声》《人参蜜》等。虽然这些故事不以人参为主要讲述对象，但是从另一个侧面反映出"人参"在辽宁满族民众心中的地位。"人参"不仅是辽宁满族民众日常生活与精神生活中的"关键词",也是地域民俗符号与民众集体意识的有机组合。对于他们而言,"放山"挖参不仅是赖以为生的生存方式,更是一种改变命运的大胆尝试,人人都有"得人参、换人生"的美好祈盼。辽宁满族地区流传如此多的人参故事,既是民众希求改变命运的精神诉说,也是他们在自然生态区位下进行自身心理调适与成长的过程。

三 动物报恩故事

在丁乃通《中国民间故事类型索引》中有"160. 感恩的;忘恩的人""554. 感恩的动物"和"480F. 善与恶的弟兄(妇女)和感恩的鸟";在艾伯华《中国民间故事类型》出现在"16. 动物报恩""17. 老虎报恩""18. 蛇报恩""24. 燕子报恩"四个类型中;在金荣华《中国民间故事集成类型索引》中为"156A. 猛虎感恩常随侍""160. 感恩的动物和忘恩的人"两个类型。另外,在丁氏《索引》与金氏《索引》中均列出"156D∗老虎重义气"和"156D∗虎尽子责养寡母"两个亚型。这些类型叙事广泛分布于全国各地,且不同地域有不同的变体和异文。辽宁满族的动物报恩故事囊括了丰富的情节类型与文化意蕴,可分为3个类型。

1. 动物做媒。主要讲述某种动物因为感念恩德,为善良的小伙寻来妻子并助其过上好日子。在叙事类型上体现为AT156"狮爪上拔刺" +AT554"感恩的动物"的复合形态。在这些叙事中,动物成为缔结婚姻的桥梁和民众美满生活的助力者,如《老熊为媒》《老虎做媒》《鸢鸟做媒》等。辽宁满族生态区位中虎、熊等山林野兽居多,当这些动物受伤或是身陷危机时,人们常常会施以人道主义援助。所以在民间叙事中,善良的人们总会得到超值的补偿,这种补偿不仅仅是物质财富,还是幸福团圆的完美姻缘。

2. 动物赠宝。主要讲述某种动物(动物精灵)为报答人类的救命之恩向其馈赠宝物。具体可以分为两类:一是普通动物赠宝,流传较广的有《妯娌俩救燕子》,在丁氏《索引》中被归为"480F. 善与恶的弟兄(妇女)和感恩的鸟",讲述妯娌俩"两人两种品性",善良的老二媳妇得到好的结局;二是动物精灵赠宝,较多的是狐仙报恩,如《狐仙赠宝帽》。这类故事可看作 AT554 + AT566 的结合,善良的人用神奇的宝贝劫富济贫,完成品格的升华。

3. 精灵成婚。主要讲述动物精灵为报答恩情,自己(或遣其女)变成人形与恩人缔结姻缘,可以看成是 AT554 + AT400D 的复合型。在辽宁满族民众心目中,狐狸、蟒蛇、老虎都可以摇身变成美丽贤淑的女子与人间小伙结合,如《狐仙女与八十二》《金鱼姑娘》《桦树姑娘》等。俗话说"滴水之恩,涌泉相报",这种人类的优秀品质在动物身上也有投射。无论是人还是动物,都有基本的生存准则和道德底线。这不仅映射着满族民众的人生观与世界观,也彰显着满族民众和谐的生态观念与积极的生命态度。

四 精怪故事

这类故事是辽东满族极具地域特色的叙事类型,也是数量较多的一类。虽然满族民众的观念中遗留着原始的动植物图腾崇拜观念,但即使是在传统社会,人类与自然生灵的相处也并不总是和谐愉快的。一些动植物会浸染上人类的复杂情感而作祟于人,甚至某些无生物也会如此。于是,就出现精怪"闹事"类型故事。在这些叙事中,"闹事"的精怪大多是狐狸、黄鼠狼等在东北民间信仰中经常"成仙作怪"的野生动物,也有扫帚、笊篱等不起眼的生活物件。在辽宁满族民间叙事中,它们或是无事兴起,或是有利可图,林林总总的各路精怪时常出现,打扰人类的正常生活,普通民众在应对这些"灵异事件"中逐渐增强生存的自信与智慧。精怪"闹事"类型故事在现有的索引中没有明确分类,若只看动物成精"闹事"故事,可划分到 AT150 – 190"人与野兽"类型中。以精怪所闹的"事件"为划分依据,大致可分为四类。

1. 黄鼠狼讨封。主要讲述黄鼠狼为变成人(或成仙)向人讨封,结果被人整治落荒而逃,如新宾的《黄鼠狼讨封》、清原的《嘎秃子好响鞭》等。这类故事经常在后面连缀着黄鼠狼"闹事"

的情节，如《嘎秃子好响鞭》中，想成仙的黄鼠狼把晒干的牛粪顶在头上向长工嘎秃子讨封；《黄鼠狼讨封》中的黄鼠狼则干脆把一筐干牛屎盖在自己身上，情节设置滑稽荒诞，充盈着另类的戏谑感与幽默感。

东北地区普遍存在"保家仙"信仰，辽宁地区供奉较多的是"四大仙族"，即胡（狐狸）、黄（黄鼠狼）、柳（蛇）、蟒（蟒蛇）。究其原因，一方面这四类动物在生活中比较常见，人们容易将自己对未知事物的神秘感与恐惧感附加到它们身上；另一方面这种信仰也与萨满教密切相关。虽然民间信仰在民众的精神世界中占重要地位，但是将其放置在日常生活中，民众对待它们的感情就复杂很多。例如在黄鼠狼讨封类故事中，人们一边对黄鼠狼恶语相向，一边又害怕它的报复，怕它是个"小脸子神"。另外"讨封"本身具有"言灵"性质，黄鼠狼必须经由人口讨来封号才能成仙得道，在一定程度上体现民众自身的优越感。

2. 精怪作祟害人。主要讲述各种生物及无生物变成精怪祸害人类或招惹事端，最终被人制伏。这些精怪有的害人性命，如桓仁沙尖子镇的《蚊子精》、沈阳东陵的《铲除猪精怪》等；有的闹妖作怪，如桓仁古城镇的《猪槽子闹事》、本溪清河镇的《新媳妇尿床》；有的为躲避雷击，如桓仁的《雷劈精怪》、岫岩的《雷打蚰蜒精》等。这类叙事貌似荒诞，却因为其中隐含着浓厚的民间俗信而大量流传。例如，猪槽子、刷帚头、笊篱等无生物之所以会成精闹事，是因为人类不小心将中指血滴到其上，这与人类认为人血、精液、汗、尿、泪等包含人类元气的原始信仰有关。另外，很多精怪是由于人的"不洁"而生成，如《雷劈精怪》中的精怪是没有掩埋的胎盘，对付它需要用女性的阴毛；《雷打蚰蜒精》中精怪手中的法宝是女人的裤裆布。这些故事中的"不洁物"均与女性的生殖器官与生育行为有关，从一个侧面反映出民间的生育习俗与性别观念。

3. 精怪警示复仇。主要讲述由于人类有意或无意的冒犯与过失，精怪用各种方式惩罚人类。这类故事中人与精怪处于矛盾对立之中，而且往往是由于人类的过分行为使精怪心生怨恨从而惩罚人类。例如，清原地区就流传着很多"打狐狸受伤"的故事，如《王门山下套套狐狸》《王祥打火狐》《打狐狸》等。故事中猎手因为要对山中的狐狸赶尽杀绝而遭到报复，有的无子、有的变成残疾、有的甚至付出生命的代价。从叙事的表层来看，这些猎手是由于因果循环而遭到精怪惩罚；从深层文化内涵来看，这些故事中蕴藏着满族民众的生态伦理与生态思维。满族作为渔猎民族，自古拥有极富适应性的生产方式，特别是在狩猎活动中遵循一套"可持续"发展策略。很多围猎故事中都提到"过了腊月二十三就不能上山打猎，因为动物也得过年"的说法，可见满族民众在狩猎中有非常鲜明的保护动物繁衍的生态思维特征。

4. 精怪骗人"飞升"。主要讲述精怪打着"飞升成仙"的幌子吃人害人，如清原的《西关城门上的大蟒》、岫岩的《蜘蛛精》等。这类故事具有"仙话"的特点，只不过所谓的"飞升"只是人们一厢情愿的美梦而已。在民众的认知中，想要不劳而获的人总是会付出惨痛的代价，所以在生活中要学会认清利害关系、不能投机取巧。

精怪闹事型叙事在辽宁满族民间有着深厚的讲述基础与广泛的讲述环境，这要归因于满族民众的传统信仰观念与生存埋念。更为重要的是，由于辽宁满族特有的"生境"和生存观念，他们把身边的一切事物都看作自身生活的"参与者"。于是，他们的民俗文化、民间叙事也都闪烁着灵性的感悟。在叙事情节中，虽然各类精怪常常干扰破坏人类生活，但人们总会积极地寻找解决办法，勇敢地承担应负的责任。这些无一不体现着一个民族长久以来积淀的智慧与勇气，同时也辉映着民族的生态性本原。

五　异类婚故事

无论古今中外，人类对于理想伴侣的向往是亘古不变的，各民族都大量流传着精灵与人类结合的故事。在普通民众心目中，"婚恋"是人生头等大事。人类不仅希望在现实生活中找到完美的婚姻

41

对象，还将这种美好的愿望寄托于自然界的各种事物。在辽宁满族民间就流传很多异类妻子的故事，"她们"或是山林乡野中的花草树木、飞禽走兽，或是生产生活中的各色物件，有时甚至是尘缘未了的孤魂野鬼。在满族民众的奇幻想象中，美好婚姻往往会陷入"人妖殊途"的困境，而有情人终成眷属也都伴随着爱情与人性的考验。在"AT分类法"中将精怪媳妇归为"A. 神奇故事"中的"400－459神奇的或有魔力的丈夫（妻子）或其他亲属"；丁乃通编纂的《中国民间故事类型索引》中主要涉及"异类妻子"的类型为"400丈夫寻妻；400A仙侣失踪；400B画中女；400C田螺姑娘；400D其他动物变的妻子"。在艾伯华的《中国民间故事类型》与金荣华的《中国民间故事集成索引类型》中皆有类似分类。结合辽宁满族民间叙事的区域性和民族性特点，按照异类妻子的"属性类别"将其大致分为三类。

1. 自然生物类。主要讲述动植物变化的精灵为了报答男人的恩情与其缔结姻缘的故事。故事中的异类妻子均是自然界中的动物与植物，如狐狸、梅花鹿、人参、桦树等。无论是狐狸媳妇还是人参姑娘往往都聪慧美丽、善解人意，在人类丈夫身处困境时挺身而出，甚至为爱情婚姻牺牲自我。

（1）动物精灵。这类故事中异类妻子多是辽宁地区常见的动物所幻化。其故事发展脉络可分为报恩、成婚（生子）、受阻、结局四个阶段。故事多以"报恩"为前提展开，按照丁氏《索引》可看作"554＋400D"复合型。婚后，二人的婚姻总是受到男方家长（多是会法术的舅舅）的阻挠，经过一系列斗争，结局基本有两种，一是两人终成眷属，二是精灵妻子逝去或离去，如沈阳东陵区的《狐狸精》、清原红透山镇的《狐狸媳妇》、本溪满族自治县的《狐仙报恩》、桓仁古城镇的《狐仙女与八十二》、岫岩的《狐狸姑娘》《包海尼雅与梅花鹿姑娘》等。辽宁满族聚居地多是山区林地，人类与动物的关系极其亲密，在很多时候动物会"参与"到人类的日常生活中。而很多动物本身富有灵性，它们自然会成为民众情感投射的对象。

（2）植物精灵。这类故事中异类妻子是由山野植物幻化而成。情节上较少涉及"报恩"，但古朴的原始信仰意味更浓郁，如岫岩满族故事家佟凤乙讲述的《红姑娘》、张文英讲述的《渔郎和红姑娘》就十分具有幻想故事的神秘色彩。在这两篇异文中红姑娘均为一棵千年人参，男性求婚者经历了红姑娘的父母——两条蟒精的三道难题考验与红姑娘结合，之后又受到"老道"的阻拦，经过一系列变形斗法，最终幸福地生活在一起。这两篇故事都涉及难题、变形、禁忌、魔术等母题，在难题求婚的表层叙事下依稀可见满族民众获取人参的艰难与坎坷。

2. 无生物类。主要讲述由生活物品等无生物变化成的精灵与人类男子结合的故事。在这类故事中，与人类密切接触的生活物品具有幻化成为俊俏媳妇的能力，进而帮助社会下层男子摆脱艰难寂寞的单身生活，如岫岩满族故事家李成明讲述的《枕头姑娘》、沈阳东陵区满族故事家姜淑珍讲述的《风筝姑娘》等。这类叙事数量不多，但内容精彩、寓意深刻，多是对苦闷现实生活的心理补偿。

3. 鬼魂类。这类故事的"女主角"为死去女子的鬼魂或其魂魄附着的替身。鬼妻出现的情况通常有两种：一种是妻子孤苦困顿而死，变鬼后与丈夫共同生活，如《女鬼缠夫》《鬼媳妇》等，在汤普森《民间文学母题索引》中，这类故事可被划分为 E211 "已死的配偶恶意的归来"；另一种是女鬼附身在纸人等物品上与人类男子结成夫妻，如《纸媳妇》《阴阳界》等。这类故事有时也与其他类型复合在一起，如本溪地区流传的《凤凰大姐》，其情节贯穿两条主线：一条是凤凰大姐为报答小伙子的恩情帮助其寻找阿玛（父亲），并助其与员外小姐成就良缘；另一条是小伙子的讷讷（母亲）因为积劳成怨，变成恶鬼并将其阿玛也迫害成鬼，鬼夫妻二人欲谋害小伙子，最终凤凰大姐牺牲自己将二人救回，使其一家团圆。此故事糅合多个情节元素，但最发人深省的是结尾处的歌谣："当家的走南闯北，屋里人成了懒鬼。锅里无米添凉水，灶下没柴烧大腿。"在生产力低下的传统社会，男人迫于生计走南闯北，家中的女性却在物质与精神都极度贫困的环境中艰难讨生，这类故事恰恰体现出男权话语下女性的哀戚与无奈。

六　鬼育儿故事

母爱是一种本能，更是世间最伟大的力量。辽宁满族民间就有许多描写母子情深的口承叙事作品，"鬼母育儿"型故事十分典型。这类故事不仅讴歌母爱的无私，还成为建构区域文化史的重要组成部分。"鬼育儿"型故事流传地域十分广阔，艾伯华将它划归为两个类型，一是"115. 死去的母亲和她的孩子"，二是"207. 苏堤"。按照汤普恩的《民间文学母题索引》的划分，可将其归为"E323·1·1 亡母归来哺育孩子"。刘守华将这类故事分为两大类，其一为"棺中饲儿"型，其二为"夜来哺乳"型。辽宁满族的"鬼育儿型"故事多数属于前者。而且，其地域和时代色彩突出，这类叙事以母爱为纽带，融入丰富的时代情节与历史信息，借此展现满族民众的价值观念与道德判断，如岫岩的《不漏天俄木特列》、桓仁的《女真人鬼孩的故事》、本溪满族自治县的《王大仙姑》等。《不漏天俄木特列》以近乎史诗般叙事风格描绘了一段满族氏族部落时期的恩怨情仇。猎人阿什赫与妻子沙吉阿妹本是一对恩爱夫妻，巴哈愣贝勒觊觎沙吉阿妹的美貌将阿什赫杀害，抢走了沙吉阿妹。沙吉阿妹吞下鹿胎自尽，尸身被好心的赛格大奶奶埋葬。而她与阿什赫的儿子出生在墓穴中，后被赛格大奶奶抚养，并为其取名叫不漏天俄木特列。俄木特列为给父母报仇苦练本领，并得到仙人的帮助，最后杀死巴哈愣贝勒，将父母合葬。这个故事虽然被视为"鬼育儿"类型，但其核心主题是"复仇"，从而也不难发现故事背后隐藏着的满族部落时代的历史信息与族群风俗。辽宁满族民间流传的"鬼育儿"型故事将离奇的幻想放置到大历史环境的变迁中，不但彰显母爱的光辉，还隐含着丰富的历史文化信息，成为对"正史"的互释互证以及对美善人性的诉说。

七　南蛮子识宝故事

主要围绕神奇的宝物、宝物持有者和有识宝能力的人而展开，属于 AT592A·煮海宝类故事。在辽东满族地区，这类故事具有鲜明的地域性和时代性特点。不识宝物的主人公多是土生土长的山里人，识宝、购宝者则是外来的南方商人。在南方商人的提示下，山里人也成功识得宝物。最终，宝物或是成功取出，或是久藏山里。这类故事具体可以分为识宝购宝、成功取宝和取宝失败三种类型。识宝取宝型故事情节较单纯，主要讲外表平凡的宝物如何被人识出并购买的过程。如满族三老人之一李马氏讲述的《泪滴玉杯》《细玉沟的传说》；成功取宝型故事情节相对复杂，宝物被南方人识别后，被成功取出。但与其他地区的取宝型故事不同，辽东满族民间故事中的宝物虽多被南方人识别，但较少被南方人成功取走，多是宝物主人即当地人了解宝物价值后，巧得宝物，并开启美好生活，如《炸海干》《煮海宝》《金银入裤》《金马驹》等；取宝失败型主要指宝物被南方人识别后，因为看宝人不遵守时间提前取宝导致宝物被永远封存，或是失去宝物，如《哭儿石》等。

八　蚕姑故事

这类故事主要围绕蚕姑的来历及放蚕技术的源起而展开。辽宁东部山区，放养柞蚕是当地人的主要生计方式。尤其是南迁至此的满族人，在关内汉族移民的影响下，逐渐学会放养柞蚕。在生产技术低下的传统社会，关于蚕姑的传说很多，如《蚕姑姑的传说》《蚕姑姑的来历》《蚕姑姑》等。蚕姑的形象也表现多样，或是年轻女性、姐妹俩，或是年老妇女等。此外，还有以放蚕技术的传播为主题的叙事，如《柞树养柞蚕》等。

第二章 辽宁满族民间叙事群体与 代表性传承人

叙事讲述传统的兴盛离不开大量而优秀的故事讲述人。记忆故事最多，又有超拔的讲述才能，叙事风格独特和艺术个性鲜明的民间故事讲述人，是一个民族、一个地区的民间故事的主要负载者和传承者。[①] 在辽宁满族地区，自20世纪50年代以来，尤其是三套集成普查活动之后，大量的民间叙事传承人逐渐被发现和认定。这些传承人，既有故事家群体的"森林"式集体亮相，如著名的岫岩满族三老人，又有代表性传承人的"大树"式个性展现，如会讲"巴图乌勒本"的查树源、故事家里的文化人金庆凯以及善讲精怪故事的黄振华等。正是在"森林"与"大树"的相互滋养与交相映衬下，辽宁满族地区呈现出浓郁的叙事传统和独特的叙事特质，辽宁满族也成为东三省满族民间叙事传统建构的重要组成部分。

第一节 辽宁满族民间叙事的群体风貌

辽宁满族地区，叙事讲述传统悠久而浓郁。自20世纪80年代以来，大规模的叙事采录与民间故事家发掘活动一共有三次。在这三次收集采录过程中，能讲百则以上故事、讲述技艺精湛、传承脉络清晰，依然有讲述能力且还在开展讲述活动的故事家集群性地呈现，他们共同谱写出辽宁满族民间故事家群英谱。

[①] 刘锡诚：《故事家及其研究的文化史地位》，《民俗研究》2012年第2期。

一 辽宁满族地区的叙事讲述传统

在传统社会，东北农村地区的讲古、讲故事之风非常兴盛。无论是漫长的冬闲季节，还是紧张的农忙时期，讲古听故事都是人们最好的消遣方式。不管是田间地头还是热乎乎的农家火炕，人们只要是聚在一处就开始兴致勃勃地讲古聊天，谈天说地。每逢年节，或是谁家婚丧嫁娶等，主事人家都要特意请来说书、讲古的民间艺人，给大家讲上一段儿。原本平和宁静的乡村生活秩序立刻被兴奋活跃的民俗氛围所取代，男女老少团聚一起，听故事、讲故事，高兴得不亦乐乎。多少年来，这种讲古的传统，外加满族民众爽朗的族群个性，以及较优越的生存条件等几大要素共同促成当地人喜欢"讲古儿""听古儿"的兴趣爱好。截至 20 世纪 80 年代以前，当地依然盛行讲故事之风。

> 俺们小时候就爱听故事，大下晚的，整整一屋子人，那我八爷才能讲呢，那嘴都冒沫子地讲呀。俺们这帮小孩就来地下听，那都听到几点也不困，都不回家。再么，茧摘回家了，晚上弄一屋子人扒茧，这我爷就开讲上了，那越听越精神，扒茧也不困。①
>
> 我不大点儿的时候就爱听老人讲故事。俺们小时候，也没有电灯，也没有蜡，就是个小油灯，晚上老头往炕上一坐，围个火盆，炕上都没地方坐，小孩就得来地下蹲着。有时候讲个鬼神呀，吓得人家都走了，自己不敢回家了。我小时候听故事也吃过不少亏，吓着了，那刚听过鬼故事，回家也不敢走。俺家住在靠刘家少那边有个火车道，正好晚上七点到站。有一个瘸子领着瞎子找亲戚，俺们那都是独家独院，就走到俺们院里了。我小时候愿意画画，看着火车上来就画，我来那豆英捆上站着，正聚精会神地看火车过去，瞎子和瘸子过来跟我打听道，吓得

① 被访谈人：詹克玉，男，满族，54 岁，中学文化，本溪市本溪满族自治县草河城镇沙河沟村村民。访谈时间：2005 年 4 月 7 日。访谈地点：本溪满族自治县草河城沙河沟村詹克玉家。访谈人：詹娜。

我"妈呀"一声，就从那捆上掉下来了，十几捆子都压我身上了。当时听完鬼故事还没缓过神，就来俩黑影，这把我吓的。①

　　俺们小时候，七八岁，十来岁，农村老停电，也没有电。到下晚这一群小孩都围着，那时候也没有电视，也没有收音机，就都趴炕上等我爸给讲故事。（我爸）天天讲各式各样的故事……现在一寻思那时候更挺有意思，听那些故事比现在看电视都有意思。②

　　在辽宁地区，如此浓郁的故事讲述传统和当地有一大批故事家群体密不可分。自20世纪80年代民间文学三套集成普查活动开始，辽宁满族地区就涌现出大量优秀的故事家群体及故事传承人个体，这些传承人的发现和存在是推动辽宁满族民间叙事讲述之风盛行的最直接动力，也是满族民间叙事沿袭传承的最宝贵遗产。

二　辽宁满族民间故事家群体的发现与发掘

　　自20世纪50年代以来，对辽宁地区民间故事家群体及民间故事蕴藏量进行大规模挖掘和采录主要有三次。

　　第一次是20世纪80年代初，按照《全国少数民族文学史》的编写要求，辽宁省文化部门承担了《满族文学史》中民间叙事部分的撰写工作，与吉林、黑龙江、河北三省联合组成"满族民间文学调查小组"，在黑龙江省的依兰、宁安，吉林省的吉林以及辽宁的新宾、岫岩、凤城等地采录满族民间叙事，共采录50余万字的满族民间故事、传说和歌谣。从中精选出117篇，编辑出版《满族民

---

　　① 被访谈人：王庆福，男，满族，59岁，大专文化，本溪市本溪满族自治县文化馆副馆长。访谈时间：2009年2月3日。访谈地点：本溪满族自治县文化馆。访谈人：詹娜。

　　② 被访谈人：金丽梅，女，满族，56岁，本溪市本溪满族自治县高官镇泥塔村人。访谈时间：2017年8月29日。访谈地点：本溪满族自治县高官镇泥塔村金庆凯家。访谈人：詹娜。

间故事选》第一卷和第二卷。与此同时，岫岩满族自治县文化馆的干部张其卓、董明在普查时发现满族故事家李马氏、佟凤乙、李成明。他们用三年时间采录三位老人讲述的满族民间故事，其中李马氏 73 则、佟凤乙 115 则、李成明 117 则，合并在一起出版了《满族三老人故事集》①。这一故事集的出版再次证明满族民间叙事的丰富蕴藏量以及民间故事传承人精湛的讲述技艺。

第二次是 1984 年三套集成普查活动开始，辽宁省民间文艺家协会在全省范围内开展大规模的民间叙事普查活动。至 1987 年，辽宁省各县以及部分市区累计出版县、区民间叙事资料本 133 卷，共收录故事 3716 篇，约 1167 万字，代表性的满族叙事资料本有《本溪满族民间故事》《岫岩民间故事集》等。这次普查活动中，在辽宁省境内发现能讲述百则以上的故事家 112 人。在满族故事家中，除了颇负盛名的满族三老人之外，还有姜淑珍、何忠良、白清桂、关昌五、李明吉、彭永发、赵福臣、洪福来、查树源、爱新觉罗·庆凯、富察德生等，每人都能讲述百则以上的故事。其中，姜淑珍、何忠良等人还出版了故事专辑 11 部。②

第三次是 2008 年满族民间故事成为国家级非物质文化遗产之后，辽宁省民间文艺家协会组织的"满族民间故事"项目组到清原、新宾、本溪、桓仁、岫岩、凤城、沈阳东陵区 7 个满族聚居地进行故事采录。这次故事采录的目的主要是了解和掌握满族故事的现实生存状况，三套集成普查时发现的重点故事家的现状及讲述情况，以及新的满族民间故事的创作和流传状况等。7 个项目组分别经历半个多月的调研采录，运用现代影像设备和技术手段，采集700 余则满族民间故事，最终形成《满族民间故事·辽东卷》上、中、下 3 卷，共 120 万字。通过这次采录，一方面看到了三套集成普查时一些老故事家的逐渐离去，有些老故事家虽然健在，但由于年老患病、记忆力减退等原因导致讲述能力明显下降，甚至已经无

---

① 参见江帆《满族民间叙事的文化素质与文本张力——谈〈满族民间故事·辽东卷〉》，《满族研究》2011 年第 2 期。

② 同上。

法讲述；另一方面还发现了詹克书、李凤梅等 60 多岁的故事家群体中的"年轻"讲述者，让人们看到民间叙事的传承后继有人，这也为满族故事的当下传播注入新鲜力量。

三　辽宁满族故事家群英谱

张文英　男，1945 年生，岫岩县岭沟乡西道村张家沟人，原为汉族。在 20 世纪 80 年代岫岩县改为满族自治县时，张文英将民族成分更改为满族。张文英受过一定教育，相当于小学六年级水平。1962 年中学毕业后，任张家沟生产队队长，直至生产队解体。张文英具备故事家的资质，从小就记忆力好，能说会道，爱听故事，也爱讲故事。文娱细胞丰富，相声、快板书样样精通，人称"张铁嘴"。张文英为人和善，做事公正，孝顺父母，家庭关系和睦。在担任生产队长期间，获得村民们的一致推举和好评。村里无论谁家有红白喜事、盖房子装修或是乡邻纠纷等，都会找他帮忙主持、调解。为解决村民外出难的问题，张文英自己出钱给张家沟修建一条通向县城公路的沙子路，这更奠定了他在村里的威望。张文英擅长讲故事，能讲故事、传说、民间笑话等 200 余则，村里很多人都听过他讲故事。他的叙事传承谱系主要是家族传承，几个重要的传承来源分别是：张文英的干爹吕爷爷、表兄董鸿翔、父亲张学文和母亲赵玉荣。张文英的故事主要以地方传说居多，且体现满汉融合的生产生活及伦理特点的故事较多。

富察德生　男，满族，1946 年在桓仁满族自治县古城镇双岭子村出生。祖父是贵族，年轻时在北京读过书，见多识广。祖父 16 岁时，曾祖父被朝廷迫害致死。祖父兄弟几个从北京逃跑，来到桓仁县。当时的桓仁县还处在封禁区，兄弟几个就在新宾暂住一段时间，到 1877 年开禁以后全家迁到桓仁居住。富察德生从小由祖父带大，一直到 13 岁时祖父去世，几乎天天晚上都要听祖父讲故事才能睡觉。1962 年，富察德生初中毕业，在双岭子村生产队劳动两年。人民公社劳动时期，经常给别人讲故事。后来考到财经学院学习财会专业，毕业以后，因介绍信丢失无法参加工作，就按当时的政策下乡。此后，一直在农村居住 23 年。1972 年，到吉林省通化县的大川公社，娶妻安家，居住 5 年。1976 年，又迁回双岭子村。1980 年，回到桓仁县。1990 年，县里一位领导听说富察德生爱好写作，就任命其为拐磨子镇文化站站长。富察德生欣然接受，自筹经费创办文学刊物《野杜鹃》，共出版 10 多期。创办文学创作学习班，组织全镇农民文学爱好者学习文学创作，多次获得省、市、县文化部门的表扬和奖励。后来因腿疾提前退休。1998 年，富察德生完成第一部小说《风雨葫芦峪》。2002 年以残疾人应自强不息为主题，完成报告文学集。2004 年出版《五女山演义》，讲述五女山的神话故事，并多次围绕满族风俗创作满族故事、散文等，堪称一位多才多艺的民间故事传承人。富察德生以讲述满族故事见长，60% 以上的故事都是源自祖父，故事数量多且类型丰富。既有体现满族风俗习惯、地名来历的地方风物故事、女真和满族历史人物的传奇故事、富察世家的家族故事，也有鬼狐和人参成精等奇幻故事，还有生活故事和流传于木匠行业中的行业故事等。故事大多篇幅较长，情节曲折。

洪福来　男，满族，1937 年生于新宾满族自治县新宾镇，是新宾地区百则以上故事传承人。他的祖父是靰鞡匠，父亲年轻时给人打工当伙计。洪福来从 8 岁开始给地主放猪，12 岁念书。16 岁当兵入伍。18 岁转业回家当农民。1957—1958 年，洪福来曾多次出过民工，修桥、修路和修河，到过新宾的很多地方。他的故事来源既有家族亲属，也有社会传承。其社会传承脉络主要源于两个人：一是满族邻居关宝发，他的故事是洪福来在生产队劳动期间和晚上闲聊时听到的；二是苇子峪乡的满族老人，私塾先生翟连波。他的故事是洪福来出民工时在苇子峪听到的。洪福来善讲故事，也乐意讲故事，经常在劳动之余给大伙讲故事。他的叙事以满族故事居多，尤以努尔哈赤传说最多，其次是反映当地风物及满族特色的地方传说。

赵玉贵　男，满族，1929 年生于新宾满族自治县蜊蛄河村，祖籍山东，早年丧父。赵玉贵的祖父和父亲都是农民，祖父曾开过大车店。他从小听过二伯父赵宝元讲《大小西唐》《精忠报国》

《永政剑客》《施公案》等故事。赵玉贵 10 岁时搬到新宾县木奇小洛村。12 岁上私学馆，因家庭贫困，13 岁辍学，随后务农。1963年，搬到新宾下营子东韩家村。赵玉贵农闲时还赶大车、做瓦工，平时善于交往，村中红白喜事多找他帮忙操办。他口才好，喜欢讲故事，晚上或农闲时节，村中老少多到他家听故事，当地人称"赵铁嘴"。他的故事来源有家族传承和社会传承，但主要源于他的祖父赵德才。赵玉贵能讲百余则故事，情节生动有趣。此外，他还能讲中篇叙事，每篇三四万字。

康喜鹏 男，满族，1955 年生于辽宁省清原县，本科学历，高级政工师。1983 年 11 月—1998 年 12 月，先后在清原县苍石煤矿、黏土矿、下大堡金矿、红土庙金矿等地担任党支部书记、矿长、矿党委书记等职务。1995 年被共青团辽宁省委授予"优秀青年企业家"称号。康喜鹏酷爱文学，多利用业余时间从事创作，已有 200 余篇论文、杂文、散文、故事发表在省、市、县各类报纸杂志上。康喜鹏从小就喜欢听故事，其外祖父是当地非常有名的故事家，康喜鹏听着外祖父的故事长大，对民间故事格外感兴趣。康喜鹏知识文化水平较高，颇有文采，讲述故事时逻辑性强，语言幽默、引人入胜。随着传统文化保护热度不断提升，康喜鹏对满族民间故事的热爱与日俱增，为满族民间故事的传承与保护做出许多切实的贡献。

黄士华 男，满族，1928 年出生于新宾满族自治县上夹河黄家堡子，现为新宾县下营子东韩家村农民，能讲述百余则故事。祖父是农民。父亲 12 岁至 14 岁念了三年私塾，曾在县衙里当过差。1948 年，黄士华参加解放军，后参加抗美援朝，1954 年转业回乡务农。他的故事多是从社会上听来，与其他满族故事家相比，叙事的满族特点并不十分突出。

第二节　岫岩"满族三老人"及其学术景观

在辽宁满族故事家群体的森林中，有很多茂盛喜人的参天大树。它们或是独自成荫，或是集群而立，成为叙事家群体森林中耀眼而独特的风景线。其中，20 世纪 80 年代在岫岩地区发现的李马氏、佟凤乙、李成明，因都是满族，都生活在岫岩这一独特的生态情境中，且每个人都拥有丰富的故事蕴含量和高超的讲述技艺，于是，三位故事家一并被冠以"满族三老人"的称谓而加以宣传。如果说辽宁满族民间叙事是一座宝库，那满族三老人就是引宝库之水倾涌流出的"泉眼"。满族三老人的出现彰显了辽宁满族口承叙事的深厚传统与潜在价值，它不仅为中国民间叙事传承人的群体研究增添有力佐证，更为叙事传统和讲述传统的建构做出示范性的推进。

一　这里是"泉眼"

1980 年初，我们开始挖掘满族民间传说和故事时，总是奔着离城镇近的地方，找有文化的老人去采风。结果听到的故事不是《三国演义》，就是《东周列国志》。尽管也接触了几位能讲民间故事的老人，却又讲得搜肠刮肚，故事也支离破碎。记得那是四月的一天，我们走到了兴隆公社的小虎岭，这儿离城十五里路，交通十分不便。我们正愁得不知去向的时候，一个小孩说："李大娘会讲'三个瞎姑娘'。"

我们找到了李大娘家，说："大娘，您给我们讲一个故事吧，听说您会讲'三个瞎姑娘'。"大娘说："那不是瞎话吗？讲它有什么用？"我们说："我们就是来听瞎话的，有用，您讲吧。"于是李大娘就讲了起来。我们一听正对路。①

这是 20 世纪 80 年代，岫岩满族自治县文化馆的张其卓在搜集采录三位满族民间故事讲述家的报告中提到的，这是他们第一次接

---

① 张其卓：《这里是"泉眼"——搜集采录三位满族民间故事讲述家的报告》，收录在张其卓、董明收集整理《满族三老人故事集》，春风文艺出版社 1984 年版，第 577 页。

触到真正的民间故事。李马氏的发现，改变了他们对民间故事和民俗文化的认知，他们收录民间故事的信心也大大增强。就如同打井的人从地面上看到绿树和青草，由此认定地下一定有泉水。果然，继发现李马氏之后，又发现被当地人称为"故事大王"的佟凤乙。在佟凤乙的推荐下，他们又找到李成明。于是，民间叙事的"水"一点点被引上来。李马氏讲述的《滴泪玉杯》，佟凤乙讲述的《山铃铛》《松阿里和小青蛙》等地道的满族民间故事逐渐被收集、采集、整理。最终，李马氏120篇、李成明46篇、佟凤乙52篇，总计218篇民间故事被收录到《满族三老人故事集》，公开出版面世。《满族三老人故事集》的问世是岫岩满族民间叙事、辽宁满族民间叙事乃至东北满族民间叙事的一件幸事，这些故事家的发现、故事文本的保存无疑为民间叙事研究奠定了深厚的基础，也为辽宁满族区域文化史的解读积累了丰富的素材。

二　满族三老人及其后代传承人①

李马氏　女，没有名字，因婆家姓李，娘家姓马，故称李马氏。1902年出生于东沟县的大孤山，2岁时，迁居到岫岩城东15里的小虎岭落户。17岁嫁给近邻李氏为妻，婚后生下三儿一女。李氏属满洲镶红旗。李马氏的父亲常年经商在外，每年只回家一两次。李马氏的故事主要传承脉络是家族传承，即从她的外祖母张邓氏，传承给她的母亲马张氏，再传承给她本人。与此同时，李马氏的娘家哥哥马启贵也是她故事传承的重要脉络。李马氏每天晚上缠着母亲给她讲故事。因为李马氏一辈子在辽东山里生活，基本没有与外界的社交活动，故她的故事多是传统民间故事，以精灵故事、幻想故事为主，对研究早期满族民众的思想、信仰、生活具有很大的资料价值。

李成明　女，1914年出生于岫岩县西北60里的李氏族居地李

---

① 关于满族三老人的介绍资料参见张其卓《这里是"泉眼"——搜集采录三位满族民间故事讲述家的报告》，收录在张其卓、董明收集整理《满族三老人故事集》，春风文艺出版社1984年版，第576—590页。

家堡子。因其父盼望早日得子，故给她起个男孩名字。李氏先祖为蒙古人，康熙二十六年（1687）奉命来岫岩防卫驻守，垦荒种田，于城西北60里的夹皮沟圈地占山。李成明7岁时随父亲迁居到县城东40里的红旗营子二道沟里落户。10岁开始放牛，13岁时，父亲将她许给岫岩城南五里的兰旗堡子的徐氏为妻。14—16岁放蚕，17岁出嫁，嫁给从山东逃荒来的汉族人徐景。丈夫是个憨厚老实的庄稼汉，李成明嫁到徐家后，以她的劳动经验和治家才能支撑着徐家。土地改革时，在全村第一个参加农会，并动员丈夫带领穷人分田地。丈夫因此当上全村第一任农会会长，后又被推举为本区区长。李成明生三儿三女，一直沿用满族惯例，让子女称其为"讷讷"。

李成明的故事传承是家族传承，主要是沿着祖父到父亲再到自己的传承线路。李成明甚至在去给祖父母上坟的路上，还哀求父亲给她讲故事。因她的传承脉络以男性为主，故她的故事也以地方特点浓郁的传说、故事居多，其中既有满族崛起时期的英雄业绩、民族变迁、区域开发的历史，还有当地特殊的风土人情。她的故事既带有男性讲述家的粗犷风格，又揉进女性细腻的思维形象。与此同时，她还提出"三界六景"的说法。所谓三界是：星星、月亮、天神、仙女为上界；人间为中界；鬼灵、阴曹地府为下界。六景是：山中动物精灵为山景；水中龙王、鱼鳖虾蟹为水景；花、草为花草景；还有树木景、禽鸟景、家禽景，将民间故事的内容进行理论上的分析和提升。

佟凤乙　男，满族，1929年出生于岫岩城西20里的佟家沟。佟氏属满洲正白旗，祖先为长白山二道沟人，清初受皇封来岫岩。佟家沟就是佟氏祖先跑马圈地占下的，并因佟氏族居而得名。佟凤乙兄弟姐妹五人，从小家穷，未读过书。7岁放猪，16岁放牛，21岁种地，25岁迁居至岫岩城南5里地的满洲正蓝旗唐氏族居地兰旗堡子，曾两次任生产队长。佟凤乙婚姻不顺，24岁时，与一王姓汉族姑娘恋爱，因父亲遵循佟氏祖先满汉不通婚的训诫，硬是拆散他们的婚姻。直到37岁时，与岫岩苏家堡子比他小11岁的镶黄旗姑娘张世兰结婚。佟凤乙的故事传承线路是他的父母、祖父、外祖父。他7—13岁寄居在姐夫沈家，沈家也是满族人，还从姐夫之父母、姐夫之兄那里听到一些故事。因此佟凤乙的故事主要是沿着祖父到父亲再到自己，和外祖父到母亲再到自己，这两条祖承线路继承下来的。佟凤乙为听故事还曾揪住外祖父的胡子不放，因此挨过母亲一顿打。他讲述的故事情节完整，结构紧凑，语言幽默、精练，长于拟态，注重渲染。

徐丕金 男，满族，1958年生，岫岩县蓝旗堡五间房村村民，满族故事家李成明的二儿子，是李成明故事的重要传承人。从小就爱听故事，记忆力好，表达能力强，能说会唱，受过一定教育，还学过两年东北大鼓，现以算命和看风水为主业。通常，他在给人看风水和算命时，根据具体情况展开故事讲述，将传统的民间故事穿插在看风水和算命的过程之中。他的故事讲述与单纯的民间讲故事不同，其职业特点更为明显。徐丕金讲述故事时生动、传神，善于抓住听者心理。由于他的社会经历丰富，他的故事中传统故事不多，多是在传统故事基础上结合现代生活进行修改和加工、渲染，使传统故事更具时代性和创新性。

三 《满族三老人故事集》引发的文化思考

《满族三老人故事集》的问世不仅是对辽宁满族民间叙事蕴藏及满族故事家讲述技艺的挖掘和彰显，更引发学术界对故事采录及故事传承人的研究和思考。在张其卓收集采录三位满族民间故事讲述家的报告中讲到，从发现李马氏的过程，她们认识到以下几点：第一，在经济发达、现代文明活跃的地区，讲述民间故事这种民俗活动已被其他形式的文化生活所代替；而在偏僻闭塞的山区，这种民俗活动仍在进行，因为那里缺乏精神食粮。第二，民间故事虽然产生于民间，并不是每一个生活在民间的人都会讲述。往往那些有文化的、注重读书本的人不会讲；而那些不识字的、不为人注目的老太太却讲得滔滔不绝，绘声绘色。其原因在于民间叙事是口传文学，即人民的口头创作。不识字的人不读书，思想容易集中在口传心授上。第三，不识字的老人也不一定都会讲故事。即使能讲，大多数也属于转述，讲起来吃力，数量也少。而民间故事讲述家则不同，他们那引人入胜的故事情节，熟练的艺术语言，一开始就会把你抓住，使人感到他们的头脑就是文化财富的海洋。第四，民间故事讲述家在村落里，在左右邻舍尤其孩子们中间是有声望的，孩子们及群众就是民间故事讲述家的推荐人。第五，讲述民间故事不是自觉的文学创作，在民间看来，就如同吃饭、穿衣一样平常，是生活本身的一项有机活动。①

这段思考和结论对 20 世纪 80 年代国内刚刚开始的民间故事采录及传承人挖掘具有非常重要的指导意义。尤其是在中国的民间叙事讲述人研究史上，辽宁的满族三老人同河北的耿村、湖北的伍家沟一同遥相呼应，见证着民间叙事研究由文本文学化整理向寻找优秀故事家转移的研究取向上的飞跃和变革。时至今日，满族三老人在中国民间叙事传承人研究史上仍占有重要位置。

第三节　查树源与他讲述的"巴图鲁乌勒本"

在辽宁满族故事家群中，有一位非常独特的民间叙事艺人。他不仅能讲近百则的满族民间神话、传说和故事，还能讲述长篇的带有满族早期族群生活记忆的"巴图鲁乌勒本"。他就是出生并一直居住在新宾县赫图阿拉老城的查树源。历史上对于讲颂族史家传的长篇叙事，新宾满族民间俗称"乌勒本"。"乌勒本"为满语，意为"族史""家传""英雄传"。乌勒本有别于一般的短篇故事，它是带有满族早期史诗性质的叙事体裁；"巴图鲁"意为英雄。"巴图鲁乌勒本"即由历史上满族民众创作并传讲的反映氏族征战与英雄业绩的长篇散文体或韵文体故事。查树源讲述的"巴图鲁乌勒本"是满族原生态的历史记忆，是弥足珍贵的

---

① 张其卓：《这里是"泉眼"——搜集采录三位满族民间故事讲述家的报告》，收录在张其卓、董明收集整理《满族三老人故事集》，春风文艺出版社 1984 年版，第 577—578 页。

满族口述史，是流淌在历代满族民众口中的活态史诗。这一古老的叙事传统在现在的新宾仍有活态遗存与传承，实为珍贵难得，体现辽东地区满族文化的丰厚蕴藏，具有很高的历史价值与文化价值。

一　新宾县的自然和社会生境

新宾满族自治县地处辽宁省东部山区，东与吉林省通化县搭界，南与本溪满族自治县、桓仁县为邻，西与抚顺县相连，北与清原县接壤。地理位置介于北纬41°14′10″—41°58′50″，东经124°15′56″—125°27′46″之间。全境东西长100千米，南北宽84千米。全县总面积4287.38平方千米，有15个乡镇，180个行政村，总人口30.8万人。1985年经国务院批准撤销新宾县成立新宾满族自治县，成为全国第一个满族自治县。

新宾地处长白山支脉延伸部分，境内峰峦重叠，谷深地狭，沟壑纵横，地势由东北向西南倾斜，平均海拔492米，地貌呈"八山半水一分田，半分道路和庄园"的格局。气候属东亚温带大陆性气候，年均降水796.6毫米，年平均气温4.7℃，全年无霜期128天，四季分明。新宾境内群山绵亘，溪水萦绕，森林覆盖率73.8%，素有辽宁绿色宝库之美誉。苏子河原名苏克素护河，发源于境内分水岭，由东向西，流经红升、新宾镇、城郊、永陵、夏园、木齐、下营子、上夹河、汤图9个乡镇，由上夹河的荒地村出境，辗转流入浑河。苏子河为县内最长河流，境内流长119千米。境内较长的河流还有太子河、富尔江，分别汇入辽河和浑江。[①]

新宾有关外三陵之首、世界文化遗产——清永陵，有后金第一都城——赫图阿拉城。历史上新宾曾是东北区域的政治、经济、文化中心，是清前文化、满族风情、皇家寺庙、森林生态园区和红色

---

① 参见《新宾满族自治县概况》编写组《新宾满族自治县概况》，民族出版社2009年版，第1—2页。

旅游热点。新宾县的自然资源十分丰富，森林是当地一大优势，面积达410万亩，覆盖率61%，是国家级先进林业县；全国唯一的"林蛙之乡"；全国生态环境建设重点县；全国食用菌、人参、药材生产重点县；全国山区资源综合开发示范县；全国秸秆养牛示范县；全国绒山羊生产基地县。

新宾，旧称兴京，是满族发祥地。其名称虽然是在1634年清太宗皇太极通过行政命令确定的，但它的历史渊源非常悠久。明朝时期，建州女真在此生活，其经济、文化相对发达。1583年5月，努尔哈赤以祖、父"遗甲十三副"起兵征讨仇人，在赫图阿拉城开始统一女真各部的宏伟事业。1587年，努尔哈赤基本统一建州三卫，初步站稳脚跟，为进一步招抚远处女真各部，在今永陵镇二道河子村东南启建楼台殿阁。1616年，努尔哈赤的势力北到黑龙江中下游及乌苏里江流域，东至长白山的东麓，南抵宽甸，西达辽东边墙，除相对较远东海女真部落和叶赫部以外，基本完成统一事业。其间，努尔哈赤创建八旗制度，推动女真社会的发展。萨尔浒战役之后，1621年，努尔哈赤从赫图阿拉迁都辽阳，筑东京城。赫图阿拉城仍留有重兵驻守，作为根本之地。1653年，皇太极发布命令，取消女真称号，转称满洲。同时，称赫图阿拉为兴京。1644年，清朝迁都北京后，把兴京视为"龙兴重地"，设官驻兵防守。尽管兴京所辖区域不断调整与变化，但因满族先祖陵墓在此，故兴京的历史地位非同一般，一直是辽东核心。此后，新宾作为满族发祥地的文化辐射效应仍十分明显。1908年，清朝统治者在新宾地区分别设立不同部门，对新宾地区进行控制和管理。兴京在清朝时期是封禁区，所以居民多是满族。据《兴京乡土志》记载，清光绪三十二年（1906）新宾有旗人20685户，144794人；汉人12852户，88017人，汉人占总人数的37.8%。宣统元年（1909），升兴京民府为兴京府，选举兴京府议会议员。1925年，建立新宾县公署。1929年，经行政院批准，改兴京县为新宾县公署。1931年为伪满洲国奉天所辖，设伪兴京县公署。1945年，成立新宾县人民政府。1945年12月17日，辽宁省设立第三行政督察专员公署，新宾为辽宁省三专署所辖。1946 年，辽宁省政府与安东省政府合署办公，新宾县又复归安东省所辖。1946 年 7 月 23 日，组建新的辽宁省，新宾又划归为辽宁省第三分区。1946 年 10 月 14 日，国民党占领县城，成立国民党新宾县政府。1947 年，新宾县解放。1954 年 7 月 23 日，东北行政委员会发布命令，决定以沈阳为中心，将辽西、辽东两省合并为辽宁省，新宾县为辽宁省直辖县之一。1985 年 1 月 17 日，经国务院批准，撤销新宾县，建立新宾满族自治县，享受少数民族补助费。随后几年，修桥、修路，当地的城乡经济交流及民众生产生活得到明显改善。如今的新宾除大部分满族、汉族外还有朝鲜族、回族、锡伯族和蒙古族，各族民众共同在这块土地上，为其发展做出贡献。①

二　新宾地区的"巴图鲁乌勒本"讲述传统

从新宾的发展历史来看，清太祖努尔哈赤在此崛起，自其1559年在新宾县老城赫图阿拉出生时起，到 1626 年去世，努尔哈赤的一生当中绝大多数时间都在新宾和抚顺地区活动。在当地，人们不仅把努尔哈赤看作满族的英雄，更亲切地称他为"老罕王"。一直以来，生活在新宾的满族人都以努尔哈赤为骄傲，人们怀念他、敬仰他，把许多美好的愿望、期待与理想通过民间叙事的形式表现出来。于是，大量关于努尔哈赤的神话、故事和传说在当地流传。据统计，新宾地区的民间叙事中，与努尔哈赤有关的叙事占50%以上，这在辽宁其他满族地区并不多见。在这些与努尔哈赤相关的叙事中，除了直接反映努尔哈赤身世、成长、战争的传说故事外，还有当地的地名、植物、动物、风俗传说等，也大多与努尔哈赤的行踪业绩紧密联系。这种情况恰恰反映出新宾作为努尔哈赤故乡的特殊之处。这些民间叙事不仅保留了比较强烈的民族精神和族群意识，还为我们留下大量的记录历史、记录生活的珍贵文化遗产。民

---

① 参见《新宾满族自治县概况》编写组《新宾满族自治县概况》，民族出版社 2009 年版，第 35—38 页。

间叙事中的罕王形象，为人憨厚纯朴，作战机智勇敢，遇险不屈不挠，待人知恩图报，堪称满族民众的形象浓缩与英雄代表。从一定意义上说，"罕王"形象的塑造融进了满族民众的文化精髓，体现了满族人的族群性格和文化心理，以特有的口头讲述形式满足了满族民众的审美心理与精神需求。

与此同时，在文化研究领域，新宾民众对于努尔哈赤及满族民俗的关注也非常强烈。1982年，新宾县满族文化研究会在新宾满族自治县成立后，升格为抚顺市满族文化研究会。几年中，该研究会和国外建立起广泛联系，德国、日本、意大利等地的满学专家、学者同该学会进行了密切的学术交流，搜集、整理并出版了《新宾满族历史故事选》与《满族姓氏》等作品。①新宾县政府积极响应国家民委关于"抢救、挖掘、搜集、整理民族文化遗产"的号召，陆续出版了《罕王的传说》《荷叶上的蝈蝈》等满族故事集。三套集成普查活动开始以来，新宾的民间故事讲述活动也越来越热烈。中国民间文艺家协会会员、满族民间文艺工作者徐奎生收集整理出版了《徐奎生采录故事集》，越来越多的学者也加入故事的整理与研究当中。当时，新宾地区经常举办故事大赛，一些优秀的民间故事传承人就在这些比赛和普查中逐渐被挖掘出来。例如前文提到满族故事家群体中的查树源、洪福来、黄士华、李英林、李法生等，都是当地鼎鼎有名的故事家。这些故事家的出现无疑是新宾浓郁的叙事传统与故事讲述历史的最好印证。在政府、学者与社会的共同努力下，新宾县又陆续出版了《中国民间文学集成·辽宁卷·新宾资料本一》《中国民间文学集成·辽宁卷·新宾资料本二》《中国民间文学集成·辽宁卷·新宾资料本三》，将民间叙事的收集整理、传承人的挖掘和保护工作推向高潮。

在此，要特别强调的是，在当地搜集到的努尔哈赤传说和故事，大多以短篇、散文体裁呈现，并呈密集型地流布于新宾乃至辽

---

① 参见《新宾满族自治县概况》编写组《新宾满族自治县概况》，民族出版社2009年版，第158页。

东地区。此外，还有一种特殊的叙事体裁是新宾地区特有的，它们篇幅很长，带有说唱段落，保留满语讲述特点，体现满族早期英雄人物成长经历，以散韵结合的文体呈现，当地人称"巴图鲁乌勒本"。在新宾老人的记忆中，会讲巴图鲁乌勒本的民间艺人很多，但至今仍能比较全面讲述且讲唱技艺高超的代表性传承人仅剩一人，那就是当地的百则故事家——查树源。

三 查树源其人及其"巴图鲁乌勒本"传承

查树源，男，满族，1941年出生在新宾永陵老城。可讲述百则满族短篇民间故事，2部巴图鲁乌勒本，讲述质量非常高，现为抚顺市非物质文化遗产代表性传承人。查树源的外祖父刘少朋是中医，擅长讲民间故事。父亲查宝庭是新宾县粮库干部，会唱东北大鼓。母亲刘国英也爱讲民间故事，会讲许多罕王传说和乡土故事。祖辈查步阁，曾在老城当差（武进士），跟随爱新觉罗氏皇太极打天下，立过汗马功劳。查树源6—9岁跟外祖父学习《百家姓》《三字经》《名贤集》等书，并听他讲过一些民间故事。9—17岁，小学、初中毕业，从那时起就爱好文学、曲艺，并经常搜集民间叙事。18—21岁，在新宾县卫生学校学习4年中医。22岁进供销社工作，经常下乡外出。由于职业关系，查树源的社会阅历广，活动范围大，经常接触普通群众，听到很多民间故事。同时，他也特别喜欢给别人讲故事，先后参加过县、市、省各级故事讲述活动或故事讲述大赛，取得好成绩。

查树源受其家族影响，自幼喜欢听故事、讲故事，7岁时曾听当地人称"白大爷"的一位满族老人在当时的"正白旗衙门"里讲述老罕王"巴图鲁乌勒本"。"白大爷"是1870年左右生人，在赫图阿拉老城正白旗衙门当差，时年已70余岁，鹤发银须，气宇轩昂，讲述乌勒本时声情并茂，极富感染力，每天晚上都有五六十人前来听讲，一部《老罕王》可讲半个多月乃至一个月。查树源还在"白大爷"那里见到过一部在泛黄的土纸上以满、汉文字对抄的"乌勒本"手稿，因查树源年幼，手稿主人"白大爷"不让其翻动，故查树源至今不知这部"乌勒本"所记内容。

查树源具有过耳不忘的才能，年轻时就四处传讲巴图鲁乌勒本以及短篇满族故事，至今讲述水平不减当年。据查树源本人回忆他讲故事的经历，是这样讲述的：

> 我们会讲故事的人在村里人缘是很好的，大家伙也都高看咱一眼。村里谁家结婚了，都把我请去讲几段。早前儿（以前）农村结婚，都在家里办事情，地方不大啊，大家吃的都是流水席，先让娘家来的人吃，然后才轮到七大姑八大姨什么的。这个时候，大伙听几段故事，一来活跃活跃气氛，二来也能打发（消磨）等待的时间。人们也可以在一起沟通沟通，放松放松。再比如白事（葬礼）吧，我也去讲故事，人死要守夜啊，讲几段故事就能提提神。人家知道我什么也不怕，我就给死人穿衣服，净脸。再早儿，也没什么电视、半导体，听故事就是消遣了。俺家每天晚饭都得提早吃，天一黑，满屋子人都来听"瞎话"（故事）。有的时候讲鬼故事，小孩吓得不敢回家就直接住下了。再比如，大队开会、谁家来客人、谁家盖新房、打井，一般都把我请去给大家讲讲故事，助助兴。我们这样的人叫"待客"的。①

查树源会讲 2 部巴图鲁乌勒本，分别是《布库里雍顺》和《老罕王》。经采录整理后，《布库里雍顺》六万字，《老罕王》十余万字。其中，《老罕王》巴图鲁乌勒本以类编年史的叙事结构，对清太祖努尔哈赤富有传奇色彩的一生进行艺术性的刻画与勾描。该乌勒本的内容包括罕王出世、罕王名字的来历、小罕子找活佛、小罕子与半拉背、罕王学艺、义犬救主、乌鸦救驾、爪篱姑娘救小罕、罕王脱险、罕王打虎、罕王井的来历、罕王送酒、罕王智取哈达

---

① 待客，当地读音同"待且"，通常指专门接待客人的人。被访谈人：查树源，男，满族，75 岁，抚顺市新宾满族自治县永陵老城人。访谈时间：2017 年 8 月 5 日。访谈地点：沈阳宾馆。访谈人：詹娜。

部、罕王征服乌拉国、罕王三战松山城、罕王大战萨尔浒，以及老罕王为什么葬东陵等内容与情节。从文化史的记录和传承角度看，《老罕王》巴图鲁乌勒本展示了今人无复可见的历史画卷，勾描出辽东区域一段特定历史时期活生生的人文景观，对于明朝与满族先民女真人的交往，抚顺地区马市的交易内幕，满族及其先民女真人各部落之间的争锋角逐，努尔哈赤创建八旗与对女真诸部的分化、流徙、恩威手段等，都有涉及与描述。在这部长篇叙事中，满族民众用最真实的感情，按照本民族的性格，塑造出努尔哈赤淳厚朴实、坚忍不拔、勇敢抗争和知恩重义的形象。

《老罕王》巴图鲁乌勒本传承谱系清晰，其传承人查树源自幼年起便反复聆听新宾地区多位老一辈满族民间艺人讲唱《老罕王》及《布库里雍顺》巴图鲁乌勒本，这些老一辈满族乌勒本传承人当年的讲述活动在当地都享有很高声望，现均已故去。《老罕王》巴图鲁乌勒本的传承谱系如下：

《老罕王》巴图鲁乌勒本的传承谱系

代别	姓名	性别	民族	生卒年	与查树源的关系
第一代	白大爷	男	满族	不详	师爷
第二代	张化云	男	满族	1896—1986	师爷
第三代	丁子荣	男	满族	1907—1976	师傅
	戴师傅	男	满族	1907—1977	社会传承人
	潘玉荣	男	满族	1914—2000	师傅
第四代	查树源	男	满族	1941—今	本人
第五代	王宝玉	男	满族	1958—今	徒弟
	王艳	女	满族	1974—今	徒弟

传统的满族乌勒本讲述全部使用满语，其内容多为说唱一体，韵散结合。至近现代以来，东北满族民间讲述乌勒本时已经全部使用汉语，且逐渐演变为以说为主，少有演唱。查树源讲述的巴图鲁乌勒本基本上因袭传统的讲述风格，讲述时常用三弦、惊醒木、小

鼓、云子板等辅助物品。其思路清晰，语音洪亮，绘声绘色，风趣幽默，讲述中善于运用套语和贯口，并尽可能地保留一些演唱段落，尤为难得。

新宾巴图鲁乌勒本记述了大量未见于正史记载的满族历史与文化事件，蕴含着历代满族民众所累积的带有辽东区域文化与满族渔猎文化印记的生活知识、经验、技艺与智慧。其叙事内容并不是从区域民众生活中抽离出去的"故事"，而是辽东满族实实在在的生活，是他们安身立命的生存背景，是辽东满族民众形成族群认同的依据。从某种程度上看，可视为满族发祥地的"另一种"民间口述史。

第四节　文化人金庆凯及其个性化讲述

金庆凯，满族姓名爱新觉罗·庆凯，男，满族正黄旗人氏，1935 年 7 月生于辽宁省本溪市本溪满族自治县偏岭乡泥塔村台沟屯。在 20 世纪 80 年代的民间文学三套集成普查活动中，因其能讲述的故事类型多样、讲述风格幽默，成为辽宁满族故事家群体中的重要一员。2008 年，"满族民间故事"入选国家级非物质文化遗产保护项目，金庆凯被认定为国家级满族民间故事传承人，代表着满族民间故事的区域传承及讲述技艺的高峰状态，堪称辽宁满族故事丛林中的一棵参天大树。满族民间叙事研究专家江帆教授曾这样评价金庆凯和他的讲述：金庆凯的故事中有大量的满族民俗知识、生活知识。他的故事都带这样的风格，就是很自然地把满族过去的生活，传统的生活这些知识、信息带到故事中。以金庆凯老人当时的讲述水平，他个人对故事的那种独特的表现，他讲述的质量、风格、感染力还有他的讲述活动的影响力，应该说都当之无愧地代表着辽东满族民间故事比较高的这样一个层面、一个水平。[①] 作为故事家中的文化人，金庆凯讲述的故事类型丰富，讲述特色鲜明，尤

---

① 被访谈人：江帆，女，66 岁，辽宁大学教授。访谈时间：2017 年 10 月 19 日。访谈地点：本溪市本溪满族自治县小市镇詹克书家。访谈人：尹忠华。

其是在由自发传承向自觉传承的转变过程中，大量的传统民间叙事得以保留并沿袭下来。

一 "土龙驮泥塔"——金庆凯故事的发生场域

金庆凯出生的泥塔村位于辽宁省本溪满族自治县偏岭乡西部。本溪满族自治县境多长白山余脉，境内多山地丘陵，少平原低地。人口构成上具有满、汉杂居的聚居特征。偏岭乡地处本溪满族自治县城小市镇西北，三面夹山，西靠太子河，南北系平地。其境内多山多水，地势北高南低，依东北走向的山脉形成太子河、五道河、沿龙沟三条走廊，村落分布在各廊道两侧。① 泥塔村由下堡、台沟和头道沟3个自然屯组成。全村共321户，800多人，其中，非农业户约40户。人口构成上，90%是满族，其余皆为汉族。据统计，全村共有耕地2000多亩，旱田占多数，水田约200亩。20世纪90年代以前，当地人多数以耕种为主要生计，生活水平相对较低。90年代以来，乡村生活变得活跃开放，政府积极招商引资，在当地建立洗煤厂和筑造厂。近年来，外出打工的村民越来越多。村民的人均收入也有所增加，年均收入为2000—3000元。②

说到泥塔村，其由来大有讲究。"泥塔"本名为"泥岔""迷岔"，在下堡、台沟和头道沟3个自然屯中，台沟的历史较为悠久。相传在唐朝以前，高丽人曾在此居住，为加强边防，在东南方向最高的山上修建烽火台。因烽火台地势较高，脚下是一道山沟，人称此地为"台沟"。距离台沟周边2里地内有人散居，因其地势比台沟矮，故名"下堡"。垦荒种地时，人们常会从土中挖出些瓦块、瓦罐、米墩子等，后经确认是高丽人所留，足可见当地的开发历史颇为长远。"泥岔"又为何改为"泥塔"呢？据村中老人讲述，太

---

① 参见《本溪满族自治县志》编纂委员会编《本溪满族自治县志》，本溪印刷厂1983年版，第65—66页。

② 据村中会计钟云口述。被访谈人：钟云，女，满族，52岁，中学文化，本溪市本溪满族自治县偏岭乡泥塔村会计。访谈时间：2008年7月20日。访谈地点：本溪满族自治县偏岭乡泥塔村支部。访谈人：詹娜。

子河支流从台沟山后流下，流经此处分成两岔后流入本溪。因此处为河水交汇地，泥、水混杂，故称为"泥岔"。堡子常年受洪水侵扰。后来，他们找来一位南方来的风水先生，风水先生看过地理、河床位置后，说此处河里有妖精，为保太平必须修塔镇妖。于是，全村人出钱出力，在下堡屯的杨大台处修了一座泥塔。可事有凑巧，光绪十八年（1892）时，一次大水又冲走了村里30多口人，并把泥塔冲毁。人们又找到风水先生，先生说，光修塔不行，还得修庙。于是，村里有钱人集资建庙，名为"保安寺"。3年后，汛期大雨连绵，台沟的后山出现山体滑坡，一块大石头从山上滚下正好掉到太子河里。因这块石头十分巨大，掉在河床里后将水向东支去，泥塔就成为一个背水区，再也不受水灾侵犯，村里人相信这多半是保安寺的功劳。渐渐地，寺里香火越来越旺盛。直到1958年大跃进时，有人提议将庙扒掉，在原址上成立大食堂。此后，1960年的大洪水又冲走村里好几十口人。一些人联想到保安寺的被拆除，还有一些人说这地方总出岔，即将"泥岔"改名为"泥塔"。此后，"泥塔"的名字一直沿用到现在。①

关于泥塔村的这段历史，本溪满族自治县民间故事资料本中有一篇名为《土龙驮泥塔》的文本恰好为这一史实做出较好的注解。其故事梗概为：很久以前，泥塔村只是个宽宽的河床。有一年，河神发现，一条巨大的土龙从南边山岭上爬过来要喝河里的水，河神害怕而退到北山脚下。多少年过去了，土龙慢慢地向河神逼近，河神束手无策。因土龙背上长满了草，人们在土龙身上开荒种地，放养牲口。眼看土龙就要走到河边时，经上方神仙指点，当地人修建一座泥塔，镇住土龙并过上太平日子。多年以后，两个阴阳先生破了龙地，泥塔轰然倒掉，河水顿涨，将富庶的村落变成烂河套。村民想起神仙的指点而兴修河道，土龙也决心为百姓做好事。从此以

---

① 据村民金庆凯口述。被访谈人：金庆凯，男，满族，74岁，本溪市本溪满族自治县偏岭乡泥塔村村民。访谈时间：2008年7月19日。访谈地点：本溪满族自治县偏岭乡泥塔村金庆凯家。访谈人：詹娜。

后，泥塔村旱涝保收，土肥地沃，人们在土龙的背上一直过着好日子。①

事实也确是如此，在本溪满族自治县地区，偏岭因地理位置优越，尤其是土壤肥沃，雨水充沛，外加气候条件适宜，当地的农业收成频夺全县之冠。特别是水土好、空气质量好，村里高寿之人非常多。据统计，截至 2008 年 8 月，村中 70 岁以上老人有 40—50 人，其中，80 岁以上老人 20—30 人，百岁以上老人 1 人，因而成为远近闻名的"长寿村"。难怪村里人常说，咱这地方风水好！《土龙驮泥塔》这则故事在一定程度上对当地优越的生产生活环境做出较合宜的解释，后代百姓在回顾此段历史时，无疑加强了对本区域生产及生活环境的认同感和归属感。

在人口构成上，金、马、池、韩是泥塔村的大姓，共占全村村民的 80% 以上。尤其是金姓更是村中第一大姓，人口约占 40%。关于金、韩两大家族的历史，据《东北各官署》档案《京都敬谨亲王府丁差、佃户花名册、地亩册》记载，坐落在本溪满族自治县迷岔里的盛京内务府皇庄旗地的领名庄头金色力、金佛保、金皂宝、金有谟、金有仁、金二、韩有良、讨子等满洲旗丁就是现今居住在泥塔村的满族金氏、韩氏的先祖。另据金、韩二姓族谱记载，金氏本为满洲爱新觉罗氏，其始祖原居北京，后因人命官司逃出北京城，落居于此。韩氏祖先原为宫中神职人员（萨满），后积有银两并受赏赐仆人二名，遂告老还乡路过山海关，遇强贼劫杀。后来，其夫人与儿子来到本溪满族自治县泥塔为内务府当差。② 关于这二姓的由来，村中一些上了年纪的老人大都知晓。此外，据金庆凯介绍，村中温姓、马姓家族皆是从山西、山东闯关东而来，凭借积攒的银两在此买地种田，成为当地老户。

由上可见，偏岭满族乡自然地理条件优越，居民生活舒适安逸，开发历史相对较长，几户满族大姓早年在此定居，人们有着相

---

① 本溪满族自治县民间文学三套集成领导小组：《中国民间文学集成辽宁卷·本溪满族自治县资料本》（上中下），海城市报社印刷厂 1987 年版，第 111 页。

② 参见李林等《本溪县满族史》，辽宁民族出版社 1988 年版，第 54 页。

似的生活经历。正是在这片充满神秘气息的土地上，凭着对历史的追忆以及对生活经验的感悟，促成丰富的民间故事蕴藏以及故事传承人的出现。

二　故事家中的文化人——金庆凯

金庆凯是 20 世纪 80 年代民间叙事普查活动中发现的优秀满族民间故事家。其记忆力超凡，故事丰富，且讲述生动，在当地有良好的口碑和大批听众。80 年代以后，金庆凯曾多次参加本溪市、县各级故事讲述比赛。1990 年 5 月，在本溪满族自治县民间文学讲述活动中荣获个人荣誉奖。按照故事家的个人素质、文化水平、故事来源及讲述风格看，金庆凯应属于民间故事家中的文化人。这既与他丰富的个人经历相关，也受其天生的性格禀赋影响。

首先，从金庆凯的个人经历来看，他阅历十分丰富。1935 年 7 月生于本溪满族自治县偏岭乡泥塔村台沟屯。1950 年高小毕业，曾在丹东机务段当火车司机，后在抚顺矿务局任技术员。在此期间，金庆凯获得过国家二级篮球裁判员证书，在乐队当过乐器手。1960 年以后，回偏岭公社务农，曾任偏岭公社泥塔大队党支部书记。

> 我 9 岁上学，上一年级、二年级，三年级念了九天，就（1945）"八一五"光复了，小日本投降后，就停学了。1948年解放了，共产党来了，土地、房屋都给大伙分了，都有家有业，都定居了，也有政府了，才成立学校。1948 年的冬天我上四年级，念个四年（级）又念个五年（级）。等到 1949 年，因为家庭生活困难，我就出去找工作了。铁路下了招生榜，我报名参加火车司机考试。（1950）4 月 1 号考试，5 月二十几号通知我考试及格了，上铁路开火车，一直开了 13 年，后来回来了。这是在外边工作就这么一段时间。
>
> 这 13 年可就复杂了，又上铁路大学念书，又参加抗美援

朝。1957年、1958年才算正规一些，就光开车，别的就不干了。（这期间）当过国家级的二级篮球裁判员。我是一个篮球爱好者，爱打篮球。

　　搞（从）铁路回来这就复杂了，搞铁路回来一年"文化大革命"就开始了，那阵我这个人也挺愿意讲，也挺愿意参加会议的，老百姓认为金庆凯还是我们这的人物，成立革命委员会就把我选举上了，叫我当革命委员会副主席（副主任）。这个做了2年，后来就给我安排到生产队，来生产队当了三四年队长。当队长期间我这个生产队被评为本溪市和辽宁省的先进模范生产队，我又被调到大队当村主任，就是那时候的大队长。大队长又变为大队党支部书记，这一段时间就长了，连当队长再当书记，再给我调到镇政府，担任保险公司的代办所所长和农牧场的书记，这一段就干了23年。其中当书记的时间比较长，13年。我大概就做了这些工作。到了65岁，从镇里头保险公司退休就回来在家了。这几年身体不好，气管有毛病，心脏有毛病，岁数大了，小慢性病就都上来了。我希望能多活几年，国家把我认定为传承人，一年还给我一些生活补助，这个生活补助对我可起很多作用。①

　　其次，从金庆凯的兴趣爱好来看，其爱好广泛，尤其喜欢听故事。在他成长环境的周围有一群善讲爱讲之人：大爷金衡革、金衡双，当木匠的赵丙辰、宋玉春、景富学，唱大鼓书的荣先生，弹三弦的张锦凤等都是当时堡子里最受欢迎的人。每到冬季傍晚，村里老少就围坐在这些人的周围，听他们讲古、唱曲、唱蹦蹦戏。尽管金庆凯年龄小，但是非常喜欢听，而且记忆力相当好，听完的故事很快就能一字不差地讲给别人听。对于他的这种才能，同龄的小伙伴们最先给予认可，一起放牛、砍柴时，总会让他讲上几个故事，

---

①　被访谈人：金庆凯，男，满族，84岁，本溪市本溪满族自治县偏岭乡泥塔村村民。访谈地点：本溪满族自治县偏岭乡泥塔村金庆凯家。访谈时间：2017年8月29日。访谈人：詹娜。

甚至不惜用自己的劳动成果来交换。后来到了工作岗位，每当工作休息或是有联欢晚会、聚会时，金庆凯同样会成为众人的焦点。在生产队当队长带领村民劳动时，为了消除劳作中的疲劳，他隔三岔五地给队员们讲上几段，惹得大家都愿意跟他一块劳动，尤其是对初入社会网络的农村妇女而言，这样充满娱乐气息的生产劳动也未尝不是一件美事。

　　我那是一小就爱好这个。我在七八岁的时候，住了一个邻居，俺们在一个屋，对面炕，这个人叫金衡革（他是租的这个屋的一铺炕），那阵他40来岁，是一个木匠。这个人有很多爱好，像是东北的二人转、地方戏、唱蹦蹦、唱大鼓书。但是他闲着没有事的时候更爱好讲故事，去几个小孩子到那儿一围，他就讲起来。到晚上吃完晚饭的时候，农闲季节这些庄稼人没事了都拿一个烟袋，拿一个水碗到他家去，那时候没有茶叶，就是利用各种高粱米、大黄米炒一些糊米，糊米冲的水，都拿个碗喝水，他就讲。我条件比别人好，因为我就在那屋住，听困了就在家里炕上睡了，（我）是天天听，成天听。

　　后来，听来听去的，别人也有不少讲故事的，我就跟这些人也都搭勾上了，就听他们讲。我这人听故事跟别人不一样，我今天听一个，我讲了，当时我就记住不少。但是我有一段回忆时间，没睡觉、干点什么就能想起来。第二天我就可以给别人讲，当然不能那么完整，丢三落四的，不过总的还是成形的。你比方说今天晚上听儿个故事，明天我们这拨小孩都十来岁上山去割柴火去了，也习惯了，大伙就问："石头（我小名），昨晚儿你又听故事没"，我说"听了"，"给俺们来两个，你的柴火就不割了，俺们给你割"。这样就给他们讲几个，柴火大伙就给我割了，就类似这样的事，我经常这么讲。我放了几年猪，在山上采菜，在河里抓鱼，一些小朋友在一起坐着没事了，只要围着我转，不是要我什么东西，就是要听两个故事，我就给他们讲故事。①

　　生活中的金庆凯爱好广泛，这与其年轻时多变的职业有关，国家二级篮球裁判员、乐器队成员、火车司机、乒乓球队队员。如今老人赋闲在家，每日作息时间相当有规律。早上4点多醒来，打开收音机，躺在炕上收听这一时间段的评书联播。5点，评书结束，老人起床。先到房前院后的菜园里干上一阵农活，7点吃早饭。农忙时间，吃罢早饭就到田里干活。待农闲时，则和村里一些老头聚至一处打麻将。中午12点休息，吃过午饭后常会午睡一会儿。下午3点起床，或是在园里蹓跶，或是到村头闲聊。晚上7点，坐在电视机前准时收看中央台的新闻联播，随后是辽宁台的新北方。此外，《王刚讲故事》《百家讲坛》、篮球比赛等节目都是老人的常看节目。一旦遇上好看的电视剧，那也是每集必看。在调查期间，正值各地方台热播连续剧《闯关东》，金庆凯看得非常仔细，并一再赞叹剧本写得真实，演员演得精彩。还拿出平时的记录本，上面清清楚楚地记着编剧、导演以及剧中人物扮演者的姓名。

　　金庆凯受过一定教育，他爱看书、爱看诗词、爱写字。在老人的炕边有一个装杂物的小盒子，里面常年放着收音机、老花镜、《新华字典》、几本翻得很旧的笔记本，还有几张零碎的纸片上密密麻麻地记着一些老人非常感兴趣的诗词、随感、俗语、俗谚等。这个盒子可以说是老人的宝贝，即使是最疼爱的孙女也不能随便乱动。每当看电视、听收音机或是听到邻居讲一些有趣的俗语故事，他都随手记下。在他的故事讲述中，常可见信手拈来的随心创作，这难免与其常年的记录习惯有关。

　　此外，每年春节，金庆凯都亲自撰写春条（旧时春节期间书写吉祥词句贴在门楣上的条形春联），多是些发财致富的吉利话或是

---

① 被访谈人：金庆凯，男，满族，84岁，本溪市本溪满族自治县偏岭乡泥塔村村民。访谈时间：2017年8月29日。访谈地点：本溪满族自治县偏岭乡泥塔村金庆凯家。访谈人：詹娜。

一年来的感慨与希冀，此种习惯坚持了四五十年。在儿女各自结婚后，每年春节回来看老人的时候，进屋的头一句话就是"看看老头今年又写什么了"。随后，金庆凯就会扬扬自得地听着子女们的评价和赞扬。几年来，进屋先念春条已经成为儿女们过年拜年的必修课。调查期间，屋内门框上还贴着老人新写的春条："新春佳节又一年　同舟渡过七十三　可叹光阴如似水　往昔岁月千般难　今朝后代兴家业　儿女孝顺满心田"。横批："心满意足。"

三　金庆凯故事类型及讲述特征

在泥塔村，除金庆凯以外，能讲故事之人大约有 20 人，堪称名副其实的"满族故事家群"，金庆凯无疑是这个故事家群中最重要的一员。据调查，金庆凯的故事传承以家庭传承和社会传承居多，其故事传承谱系可归纳如下：

金庆凯故事传承谱系

故事来源	性别	职业	和金庆凯的关系	传承人	二代传承人	三代传承人
金衡革	男	木匠	大伯	金庆凯	金硕（儿子）	金宏浩（孙女）
金衡双	男	郎中	二伯			
赵丙辰	男	木匠、警察	邻居			
宋玉春	男	木匠	邻居			
景富学	男	木匠	邻居			

由于记忆力好、文化水平较高、能讲善写，金庆凯在当地有较好的群众基础和口碑。他的故事讲述特色鲜明，幽默风趣。每当讲起故事来，老人都会神采奕奕，声音浑厚，抑扬顿挫，时不时地还会手脚并用，以配合故事情节需要。用他自己的话说："一讲上故事心情就好，就有精神头，啥烦恼事儿都没了。可要是有闹心事儿

时，那坚决不能讲故事，精力不集中，就得讲得驴唇不对马嘴的。"① 金庆凯擅长讲述的故事主要有两类：一类是生活故事，另一类是民间笑话。归纳起来，其讲述特点主要有：

1. 方言运用生动灵活，地域色彩浓厚。因金庆凯是地道的满族人，从小生活在偏岭乡，中年后又回偏岭务农，对于当地的满族风情及民俗、古迹了如指掌。而且，作为其故事来源的几个主要传承人也都是当地土生土长的老人、木匠，这样的传承谱系必定使其故事的地域色彩浓厚。尤其是当地俗语谚语的使用更使故事讲述幽默感十足，风趣撩人。例如在《哥俩吃鸡》中，称鸡脖子为"长挺儿"、鸡翅为"扇风"、鸡屁股为"粪坑儿"，"马屁股钉掌——离蹄（题）太远"等皆为当地方言俗语，描述形象生动。

2. 故事讲述类型丰富。金庆凯生活经历复杂，少年时期便离家到抚顺、丹东各地参加工作，而且多样的兴趣爱好和职业变动又使其人生阅历比一般农民更为丰富。所以，金庆凯的故事类型相当广泛。在他讲述的生活故事中，既有乾隆、康熙、关公等历史人物故事，例如《康熙和乾隆的一副对子》《关老爷和周仓二人坐大堂》等；还有反映满族民风民俗、劝人行善的地方风物故事，例如《蛤蟆湾的传说》《太子河的故事》《南蛮子占坟》《卖寡妇》等；也有大量的说笑逗乐、反映社会心态的民间笑话，例如《圣贤愁》《三姑爷拜寿》《亲家俩逛城》《笨贼》《阔少爷学日本话》等。

据本溪满族自治县文化馆原副馆长、金庆凯故事的主要采录人王庆福讲述，金庆凯以笑话讲述最为擅长。金庆凯"过耳不忘，故事来源比较杂。他脑袋反应也比较快，他在跟你闹笑话的时候，把别人身上的小毛病变成他的小笑话给你讲出来，作为民间笑话，给你讲出来"②。故事讲述自然生动，地域色彩浓郁。当这些老辈人

---

① 被访谈人：金庆凯，男，满族，74 岁，本溪市本溪满族自治县偏岭乡泥塔村村民。访谈时间：2008 年 7 月 19 日。访谈地点：本溪满族自治县偏岭乡泥塔村金庆凯家。访谈人：詹娜。

② 被访谈人：王庆福，男，满族，68 岁，本溪满族自治县文化馆原副馆长。访谈时间：2017 年 8 月 30 日。访谈地点：本溪市本溪满族自治县文化馆。访谈人：詹娜。

相聚一处时，金庆凯的笑话总能给大家带来独特的笑料。

3. 文学功底突出，有一定的时代感。因金庆凯有一定的文化基础，参加过多种社会劳动，平时又喜欢收听评书、看电视节目，对社会上的新鲜事物及语汇接触较多。所以，他的故事中长篇大段的对仗、对偶词句，文学色彩较突出。例如《圣贤愁》中"耳口王（聖，即'圣'），耳口王，壶里有酒我先尝；臣又贝（賢，即'贤'），臣又贝，壶里有酒我先醉；禾火心（愁），禾火心，壶里有酒我得饮"等。而且，老人尤其擅长将平时所看、所听与民间故事的讲述联系到一起，例如"下榻宾馆""岳父白马跑伦敦、跑纽约"（骑马跑到伦敦、纽约）等词的运用使故事更具一定的时代感。

在20世纪80年代的三套集成普查中，本溪满族自治县故事资料本中共收录金庆凯56篇故事，比较著名的有《太子河的故事》《铁刹山庙会》《南蛮子占坟》《卖寡妇》《老太太坟的故事》等。至今，这些故事金庆凯依然在讲述，历经20多年，多数故事的主题未变，但许多故事的细节发生改变。尽管这些细节的改变看似无意，却也能反映出讲述者多年来的讲述风格及心态性情上的细微变化。

以金庆凯常讲的《卖寡妇》为例，《卖寡妇》① 是一则典型的反映挖棒槌习俗的满族民间故事，以两兄弟故事类型为情节主干，最终贪心奸诈的老大受到惩罚，而憨厚善良的老二得到好报。这则故事不仅真实反映出满族民众的挖参习俗，同时也暗喻了"善有善报、恶有恶报"的生活真谛。此次调查采录的这则故事版本与本溪满族自治县故事资料本中收录的旧文本相比，主要有四处不同，按故事情节发展顺序看：第一，原版本中哥俩上山挖棒槌前分别有两段老大夫妻和老二夫妻的对话，老大两口子奸猾，临走前，老大媳妇告诉老大要长点心眼，有危险的地方让老二上，遇到野兽让老二

---

① 本溪满族自治县民间文学三套集成领导小组：《中国民间文学集成辽宁卷·本溪满族自治县资料本》（中），海城市报社印刷厂1987年版，第111—114页。

在前边打。老二两口子憨厚，老二媳妇对老二说，当小弟的要勤快，带吃的要让大哥先吃饱。这两段对话在新版本中已被删减掉。第二，原版本中，老大把老二媳妇卖给邻村一财主家做通房丫头。新版本中，则是把老二媳妇卖给村里姓王的光棍。第三，新旧版本中，困在砭子下上不来的老二皆是被一条大蛇所救。但原版本中，虚幻色彩较浓，是一条大长虫缠住老二的腰，把他拖到山崖上。新版本中，虚构色彩减弱，老二误以为长虫尾巴是一条绳子而被拽到崖边。第四，结尾处，原版本中因买主有钱有势，得理不让人，结果老大媳妇被抬到财主家做通房丫头，后被老二两口子花钱赎回，老大两口子心生感激再也不生事害人。新版本中删去这一情节，只以老大两口子见老二平安回来，知道得救原因后羞愧难当结束。

纵观《卖寡妇》故事情节的四处不同以及金庆凯讲述故事的其他细节变化，可以观察到带来这些细节变化的原因有：第一，社会环境的改变促使讲述者对某些不符合当下情境的细节进行更合乎于讲述环境的更改。诸如《卖寡妇》中把寡妇卖给财主做通房丫头改为卖给村里的光棍。"财主""通房丫头"是传统社会的产物，在21世纪的今天，这种产物早已被时代淘汰。在当下农村，由于筹办婚礼的费用逐年增高，一些家庭贫困的男青年由于拿不出丰厚的彩礼，到适婚年龄却依然打光棍的现象很多。一些大龄光棍为传宗接代也不得不与寡妇、身有残疾之人相结合。讲述者对这一细节的更改使故事情节更符合当前的社会现实，增强故事的真实感。此外，对于"长虫救老二"这一情节虚构性减弱、现实性增强的细节处理也反映出讲述者为符合讲述环境而做的合宜调整。第二，历经时代的变化、社会现实的熏染，讲述者社会心态的改变也使某些故事情节产生变化。例如《卖寡妇》中对挖棒槌前两对夫妻的对话、结尾处老二赎回老大媳妇情节的删减不难看出，在讲述者内心深处已经隐约意识到像老二夫妻这样憨厚的人在当下这个"讲利益""重金钱"的社会中已经不可能存在了。在与金庆凯的闲谈中，老人对当前社会现状的不满之情屡有流露。从铁路矿务局退休后，每月仅领150元的生活费；耕种5亩地的年收入仅为2000元左右；

多次收集采录故事的过程让老人心力交瘁却拿不到多少实际好处；高昂的医疗费逼得人走投无路；村里儿子、媳妇不赡养老人甚至打骂父母的现象司空见惯；不顾兄弟手足之情、分争财产之事屡见不鲜；年轻媳妇不守本分，与人私奔的情形也常有发生……总之，在现今这个社会里，"一切向钱看"的社会导向迷失了很多人原本善良憨厚的本性，就连金庆凯本人也越来越对人类的善良本性有所怀疑。于是，在故事情节中，他有意无意删去刻意渲染的人性憨厚、淳朴的一面。

4. 由自发传承向自觉传承的转变。金庆凯能读能写，作为民间故事传承人中的文化人，尤其是被认定为国家级满族民间故事传承人之后，金庆凯非常知道自己的角色与使命，在生活中越来越自觉地传承传统文化。金庆凯一直有个想法，就是想把自己能讲的故事都整理出来。由于年事已高，书写水平又有限，记录故事的可能性微乎其微。但他并没有放弃传承传统文化的理念，而是四处收集谚语和歇后语，每次外出都随身携带一个小记事本，想起或听别人说到哪条俗语后立刻记在本上。现今，金庆凯已收集谚语、俗语等近千条。

生活中，金庆凯对子女十分严厉，尤其看不惯儿女吃饭喝酒、挑衅闹事。每次儿女吃饭时说些闲话，他都会用力"啊"一声，随后便鸦雀无声。儿女们向来知道父亲的脾气，从不顶撞。成为国家级民间故事传承人后，在媒体、学者多次到家中采录故事的事情上，儿女们也曾心存不满，但在父亲面前从不敢多说。作为优秀的民间故事传承人，在一次次地看到自己的故事讲述才能被挖掘，看到文化遗产保护前景正旺，而民间故事传承日渐式微的社会现实时，金庆凯深切地感受到自己对民间故事的传承肩负着不可推卸的责任与使命。回忆起多年来的故事讲述经历，金庆凯感慨万千，并将其手写记录如下：

近年来，政府文化部门领导曾多次到我家样（让）我大讲特讲，发扬民间传统故事，加深挖决（掘），永不失传。特别是家乡的大人小孩都愿意听我讲故事，大家都叫我故事家、"大白伙（话）"。市县领导又收集一百多首故事印发在几份书籍中，也多次来家来录音，并受抒（予）我为本溪满族自治县的故事家称号。曾在（19）89 年由市民研协会给予办理会员，（19）90 年 5 月曾荣获本溪满族自治县民间文学讲述个人优秀奖。

（我）现已年过花甲，剩余的时间不多了。但我要在有生之年给下一代二代三代人多多留下一些民间人们爱听爱讲的少数民族、满族故事。[①]

然而，老人对民间文化的自觉传承之心坚持了几年因为身体原因不得不停下来。2014 年，金庆凯出现心脏衰竭的症状，外加此前有高血压、心脏供血不足、肺功能下降、咳嗽不断等问题，让他的心衰症状越来越严重，经常需要住院治疗。此后，他的身体每况愈下，每天都要靠吸氧气才能维持正常呼吸。近一两年来，吸氧的时间越来越长，几乎是除去吃饭以外的所有时间都在吸氧。饭量也日渐下降，主要以流食和青菜为主。外加长期卧床，缺乏活动，身体极度消瘦，几乎就是皮包骨的状态。思维能力和表达能力大不如前，嗓音也低沉无力。他说："我也希望能多活几年，我觉得我最好的就是国家把我讲演的这些故事传承下去。"[②]

这与 10 年前金庆凯身体健壮，讲述能力最巅峰的时候形成非常鲜明的对比。10 年前的金庆凯，身姿挺拔，身高 1.8 米，体重达 200 斤，红光满面，两眼有神，声音洪亮，堪称帅气美男子。现今，老人年轻时的风采已经不再。即便是这样，老人依然牢记自己作为传承人的价值和职责，尽心尽力把民间叙事传承下去。

---

① 括号内文字为笔者所作更正或增补。
② 被访谈人：金庆凯，男，满族，84 岁，本溪市本溪满族自治县偏岭乡泥塔村村民。访谈地点：本溪满族自治县偏岭乡泥塔村金庆凯家。访谈时间：2017 年 8 月 29 日。访谈人：詹娜。

第五节　黄振华故事世界中的山林精怪谱系

黄振华，1942 年 12 月 1 日出生，辽宁省抚顺市清原满族自治县红透山镇下大堡子村上大堡人，满族，镶蓝旗。祖上是闯关东来东北的山东移民，后加入满洲八旗。黄振华是国家级非遗项目"满族民间故事"的辽宁省级代表性传承人，他的故事主要以其生活的辽东山区的自然、文化生态为背景，围绕山林、物候、乡村、邻里、家族、民俗等主题展开，再现出辽东满族日常生产生活的独特风貌。黄振华能讲述的满族民间故事丰富，类型众多，尤其以精怪故事最为突出。精怪故事多以山里或家里的生物、器物成仙成灵为讲述主题，精灵或作祟或作福于人类。这类故事是民众从物质和精神两个维度认知自然生态的反映，也是本族群生态伦理观念建构的展现。

一　黄振华故事讲述的自然场域

清原县位于辽宁省东部，县城距省会沈阳 146 千米。县境东北与吉林省东丰县相接，东与吉林省梅河口市毗邻，东南与吉林省柳河县接壤，南与新宾县相连，西北与抚顺县、铁岭县搭界，北与开原市西丰县相连，全县总面积 3932.96 平方千米。清原是多山地区，属于辽东中山、低山、丘陵地貌区，地势从东南向西北倾斜，呈现出山河相间分布，素有"八山一水一分田"之称。

清原县 1925 年设置，1928 年正式建县，现属辽宁省抚顺市管辖，县人民政府驻清原镇。清原县共有 10 个镇、11 个乡。1988 年，在原有满族镇、满族乡的基础上，又增加了清原镇、斗虎屯镇、草市镇、湾甸子镇、南山城镇、英额门镇 6 个满族镇，大苏河乡、杨树崴子、甘井子、敖家堡 4 个满族乡，1 个朝鲜族乡。县城清原镇，旧称八家镇，位于县域的中部。镇南靠帽山、长岭子，北依北大山、金凤岭。沈吉铁路、公路从境内通过，英额河由镇东向西流入浑河，是全县政治、经济、文化中心。

从人口构成上看，清原县是多民族融合聚居区，有满族、汉族、朝鲜族、回族、蒙古族、锡伯族等，但满族人口最多，汉族人口仅居其次。追溯历史，清原地区是明代女真人活动的重要场所，其南部、东南部浑河流域一带，是建州女真的陈哲部居地，北部、西部，及东部的清河流域、柴河流域、柳河流域，是海西女真扈伦四部的哈达部和辉发部居地。明代以来，这些女真部族同汉族广泛交往，得到迅速发展。15世纪六七十年代，明朝政府修筑辽东边墙，在边墙上开设的关口成为女真与汉人交往和互市的重要场所。清原地区紧邻边墙，由清河谷地可直接进入广顺关，从浑河谷地可直达抚顺关马市。马市交易中女真人主要出售人参、貂皮、松子、蘑菇、木耳、狐皮、鹿皮等狩猎品和采集品，换回粮食、铁器、布匹、食盐等生产生活用品。马市交易非常活跃，交易量很大。频繁的马市交易促进女真社会的发展，农业经济发展迅速，女真社会由渔猎采集经济转向农耕经济。尤其是嘉靖、万历之际，清原地区女真各部蓬勃发展，军事力量增强。万历十一年（1583），努尔哈赤在苏子河畔起兵，开始统一女真各部。征服陈哲部后，其故地，即清原南部浑河流域广大地区便成为建州女真的聚居地之一，也是努尔哈赤统一女真各部的重要发兵地与战场。努尔哈赤称汗建立大金后，进军辽沈，包括清原地区在内的建州故地军民离开原地，但仍留有八旗兵驻守。1635年，皇太极改女真族名为满洲。直至清末，清原地区的旗户、旗人仍多于民户、民人。清原地区满族居民众多，其主要来源有以下几种情形：一是当地土著居民，即满族老户。当初清军入关时，仍有少数满人留居原地。二是祖居长白山的满族迁来此地。三是驻防旗兵的后裔。四是从北京、盛京（沈阳）等地迁来定居者。五是官庄包衣人后裔。六是开垦移民入旗者。

与此同时，从清代前期开始，关内汉人，特别是山东、河北、河南、山西、江苏等地的汉人不断进入清原境内，开荒垦地，务农、经商或经营手工业，加入八旗，使清原成为满、汉杂居地区。入旗汉人长期受满洲八旗影响，其生活方式、风俗习惯以及心理状态均融于满族当中，至今保留满族习俗。清末民初，关内闹灾荒，来清原定居的汉族人越来越多。抗战胜利后，又有山东、河北等地汉族人迁入清原。新中国成立后，关内汉族人不断前往清原居住，尤其是三年困难时期，山东、河北、江苏、安徽等地汉族人大量流入清原，充实了清原各行各业的发展。①

二　黄振华故事讲述的文化场域

清原山高林密，河流密布，山里自然资源丰富，是浑河、清河、柴河、柳河四大河流的发源地。得天独厚的山水资源使清原素有"辽宁绿都""天然药园""四水之源"和"矿藏宝库"之美誉，优越的自然条件在一定程度上为当地民间叙事提供了孕育和滋生的土壤。与此同时，满族的兴衰、汉族的融入、日伪的统治等一段段历史也在此地上演。大量的叙事素材和延续不断的讲述传统相遇，使得这里的民间叙事蕴含量非常丰富。

据调查，清原民间故事的收集整理始于20世纪80年代。1985年，三套集成普查活动开始，在全国范围内开始搜集、整理、编辑和出版民间文学集成，当地新一代民间故事家，如康喜鹏、王星、张贵洲、王守霖等参与了这项工作。1987年，《中国民间文学集成辽宁卷·清原县资料本》出版，收录了140则讲述质量较高的民间故事。2004年，故事家康喜鹏整理自己讲述和采录的200多则故事，先后出版《清原故事》《清原满族故事》。2008年又出版《在清原的土地上》，载有当地民间故事100多则。2009年，康喜鹏根据搜集的民间故事创作出版长篇小说《从英额门走出的和珅家族》，标志着清原满族民间故事的整理工作进入新的阶段。

大量故事集的出版向人们彰显出清原地区浓郁的故事讲述传统，同时，还有讲述质量高、地域特色明显的故事家群。据调查，清末民初出生的民间故事家，有的存活至20世纪八九十年代，人们对他们还有一定的印象。例如于惠、姜兴业就是其中的代表，他们不仅会讲故事，还能唱大鼓书、打霸王鞭。随着他们的离世，大鼓书和

---

① 参见清原县志编委会《清原县志》，辽宁人民出版社1991年版，第10页。

霸王鞭已近失传，但民间故事却大量保留下来。此后，20世纪二三十年代出生的田纯玉、葛连荣、刘恩荣，20世纪五六十年代出生的康喜鹏、黄振华、张贵洲等人更是自觉收集、整理、讲述这些上代人流传下来的民间故事，成为新一代的民间故事传承人。这些擅长讲故事的老人大多分布在清原县的各个农村，他们耳濡目染，将从长辈、乡邻那里听来的故事结合自己的亲历、感受，加工再创作出新的民间故事。就这样，田间地头、房荫树下、热火炕上，大人孩子团坐一处，都留下讲故事、听故事的印迹。

黄振华就是在这样的故事讲述传统中出生并成长起来的。据调查，他的故事传承主要是家族传承和社会传承两部分。家族传承线路中最重要的传承来源是他祖母、祖父和父母。祖母讲述的多是山里的传统鬼故事或是恐怖故事，如《小白鞋》《小吊绳》《漏得漏》《鞭打芦花开》《夫妻状元》《鬼狐传》《绞辊成精》等。祖父不仅会讲故事，其自身经历也颇具传奇性，黄振华将他们编成家族故事《爷爷的马》《爷爷救胡子》等。

社会传承也是黄振华故事的主要传承线路。传承来源主要有四，分别是曹承志、张八爷、于惠和姜兴业。曹承志和张八爷经历相似，都曾经走南闯北，他们的故事内容丰富庞杂。据黄振华讲述，自己能讲300多则满族故事，其中80%都源于曹承志。"因为他（曹承志）这一生净在外头给人家干活了，什么劳工啊，国工啊，他都干过，所以他对生人都有好感。俺俩最大的机会就是在生产队看场院，就是下晚在那看庄稼，这是给俺们俩讲故事的机会。最主要我是爱好这个，他给我讲，我给他讲，俺俩穿插，就是度这一夜工的时间。就这么地，一点一点地学了他的故事。"① 例如黄振华常讲的《谁的命该谁的》《巧儿得宝》《庙后的故事》《山里打猎的故事》《车老板找穴位》《母子连心》《别看我金莲小》《先生也是我儿，后生也是我儿》《狼的故事》《巧大嫂糊嘴》《占坟》

---

① 被访谈人：黄振华，男，满族，75岁，抚顺市清原满族自治县下大堡子村人。访谈时间：2017年10月18日。访谈地点：清原满族自治县红透山镇下大堡子村黄振华家。访谈人：尹忠华。

《买猪的偷钱》《学乖》《半夜哄乌鸦》《三十六郎庄》《好人做到底》《好色夫人》等都是这样听来的。

张八爷，抚顺县章党镇人，是黄振华来到上大堡村之前的重要故事来源。张八爷祖上是木匠，他本人也是子承父业，做了木匠，他一辈子走南闯北，见多识广，还到过朝鲜做木匠活，其故事类型也非常丰富。黄振华的《虎儿》《三十六郎庄》《好人做到底》《为民除害》《烤假火》《妖精沟》等故事即是源于张老八。

此外，于惠和姜兴业也是当地老一辈比较有名的故事家，在三套集成普查活动中收录他们许多的民间故事。这些故事家经历丰富，凭着良好的记忆力和极大的讲述兴趣，记录和传承大量地域特色鲜明的民间叙事。例如姜兴业，一生没有固定职业，打猎、捕鱼、淘金、务农、打工，各种生计都有尝试。他在外出谋生过程中，从采金工人、渔人、猎户那里听到大量的民间故事。黄振华从年轻时就和这些人打交道，他们讲述的传统故事也成为黄振华故事的重要来源。

三　黄振华的精怪故事及其个性讲述

在辽宁，20 世纪 40 年代出生，会讲大量传统民间故事，且到现今依然有较好讲述能力、不断进行讲述活动的故事家数量并不多见，黄振华定属其中的佼佼者。黄振华自称可以讲 300 多则满族故事，现收集、采录的故事就有 100 多则。黄振华的故事类型丰富，有满族历史故事、传统生活故事、动物故事、采参故事、智慧故事等。用他自己的话说，"我会讲的故事太多了，像跑山的，挖山参的，这是一类。再就是打围的：打红围的，打草围的。野鸡、兔子、狍子，这算草围。鹿、老虎、熊瞎子，这都是算红围。连野猪都算草围。再就是仙儿啊，鬼啊，这是一类。再就是狼了，狼精、猴精，我这就是五花八门多种多样。"[①]

---

① 被访谈人：黄振华，男，满族，75 岁，抚顺市清原满族自治县下大堡子村人。访谈时间：2017 年 10 月 18 日。访谈地点：清原满族自治县红透山镇下大堡子村黄振华家。访谈人：尹忠华。

的确，在黄振华的诸多故事中，精怪故事堪称他讲述最多、最擅长讲的类型，代表性作品有《跐拉—扑登》《白老鼠成精》《蝙蝠精》《石头磙子成精》《斗蟒仙》《柳仙烫嗓子》《鹰仙斗蟒》《狼精》《水上吃饭的妖怪》《人和蛇》《打狐狸》《老头种瓜和泥鳅精》《精灵》《妖精沟》等。此外，还有许多关于神鬼的故事，如《风吹孝衫》《张大胆和李大胆》《小白鞋》《狐鬼传》等。

精怪故事是辽宁满族叙事中一个非常重要的类型，这既与满族早期崇拜自然、崇敬生灵的传统信仰有关，也与满族生活的山林树野等自然生境有关。在民众不断接触和认知过程中，与人们密切接触的所有生物和无生物，人们大多赋予它们特定的灵性魅力。然而，黄振华的精怪故事不仅数量多，而且地域色彩和民族特征非常浓郁。他的精怪故事特点主要有三：一是讲述风格自然亲切，多数精怪故事背景皆是他生活的特定场域。南山、北沟、房前、院后、河边、井里、田间、野径……乃至村里的一房一屋、一草一木都有故事。二是叙述情节生动夸张，幻想和传奇色彩突出。例如《跐拉—扑登》讲的是有人怕搅杆丢了，就给它钻个眼，在眼上拴个绳。小孩玩耍，将绳的一头拴只棉鞋。结果长时间不用搅杆了，搅杆成精，拖着棉鞋出来作祸。故事虽短，但描述非常形象，语言生动，让人印象深刻。三是叙述内容信息丰富，传递出大量的传统生存技能和民俗知识。黄振华一辈子生活在山里，各种生活技能样样精通。他的故事常常夹带大量的早期传统满族的生存技能及生存知识，如《柳仙烫嗓子》，讲的是大年三十儿晚上，烧窑人在山上看窑遇到柳树成精、出来祸害人的故事。在故事展开之前，黄振华先是交代过去烧窑的方法、习俗和经验，然后再切入到主题之上。这种代入式的讲述方法，使他的故事有效地记录了民俗知识，具有史料价值。

为何黄振华如此擅长讲述精怪故事，且精怪故事讲述质量又非常之高？抛开满族民间叙事生成的自然生态背景及整体特质，仅从黄振华个人的家族经历、生长环境及其自身性格特点来看，大致可以归纳为以下四点：

（一）传奇色彩浓郁的家族史

俺们老黄家呀，这个家史啊，也很苦呀，也很精彩。据老人传说，俺们家原先住在牛庄，多少口人呢？正好 100 口人。牛庄这年涨大水啊，这大水涨的，那人可淹死老了，光俺们老黄家，100 口人呢，就淹死了 99 口，就剩了一口人。这一口人呢，是刚结婚的小媳妇儿。在老时候结婚都是盘头啊，这个头发得盘起来，弄一个疙瘩鬏。那年轻人头发好啊，涨水，她也被冲走了，冲冲，她就挂在一个树杈上了，就把她挂住了。赶水下去了呢，她在树顶上提溜着呢。后来有人发现了，那提溜的，那身体就特别虚了，后来就把她救下来了。这遇着好人了，这就给她弄家里去了，精心地照料，好容易一点一点健康了，但是她命大，她孩子也命大。刚结婚，都冲走了，最幸运的，她怀了孕。

这个牛庄住不了了，平房什么都没有了。一位刚结婚的小媳妇儿，你说怎么办？娘家人也没有了。她就要饭要到抚顺市哈达乡哈达东沟，就在那儿就住下了。俺们家老黄家老祖宗啊，头一位，就是这女的，她的小孩叫黄长孙，就给起这么个名儿。再往后的事儿啊，这段儿啊，咱就一辈儿·辈儿地往下传，咱就不太了解了。听姥爷说，后来传到哪呢？我知道的我太太（太奶），我太爷死得早啊，就是我太太（太奶）当家。领八个儿子过日子。我太太（太奶）可了不得啊，她是纯满族，骑马射猎之族啊，围枪（打围用的火枪）一直带身上，上哪儿去这枪都不离身。①

这是黄振华讲述的老黄家家史的开头，如此富有传奇性的先祖经历自然决定了黄家后代的不平凡之处。据黄振华讲述，其祖上还

---

① 被访谈人：黄振华，男，满族，74 岁，抚顺市清原满族自治县下大堡子村人。访谈时间：2016 年 10 月 24 日。访谈地点：清原满族自治县红透山镇下大堡子村黄振华家。访谈人：邱雨萱。

有"教皇学的",即给皇子、格格们当老师。后来家里没有能人,可偏偏皇帝信得过黄家,老黄家只能花钱雇别人替自己家当老师。太奶奶为人精明,善于持家。为了防贼,每天晚上必让家人喝小米粥,这样晚上可以轮流起夜,避免失窃。老太太80多岁还能开枪擒贼,颇有满族格格的风范。

到了爷爷辈,一共哥儿八个,个个非同寻常。大爷爷是道士;二爷爷捡着金子连夜跑到吉林辉南,以后失去联系;三爷爷一辈子光棍,为全家持家;四爷爷是当地有名的神枪手,给有钱人家看家护院,人称"黄炮";五爷爷开铁匠炉,以打铁为生;七爷爷年轻时就离家当土匪,后来还成了有名的"胡子头";八爷爷是捡来的干儿子。黄振华的爷爷排行老六,名叫黄启荣,人称黄老六。人好心好枪法好。用黄振华的话说,"是天生的两个鹰眼哪,他眼睛好,那跟正常人眼睛那就(不一样),你看10米他能看20米,你看出100米他能看出200米,能比你加一倍。出去打围,从来没有空手回来的时候。他还会看地势,赶仗的搁这一赶,这一面山上,就知道这玩意儿得搁哪儿跑"①。黄老六是个车老板,赶着大车到处做买卖,见多识广,阅历丰富。在赶车途中,路遇土匪,死里逃生;为将一走失的小孩送回家,花费半年时间才回到自己家;10年后,小孩长大成人,还成了搭救他性命、赠予他金钱的胡子头目。

再说黄振华的父亲,名叫黄志明。在黄振华眼里,父亲是老黄家的骄子。"我爹生来呀,是个骄子。小时候我爹书没少念啊,什么《论语》《孔子》《孟子》,这些都念过。会干啥呢?会算卦。你生辰八字一报,就知道你这个人能活多大岁数,搁算盘就能打,搁杨树杆儿也能算,前后都不差3天。不过60岁他不给算,人寿命是活的,你积善,积德,寿命可以延长。但是我爹他自己就算他活到68岁。那时候住后边儿这小房,来炕头坐着算,算完了算盘'叽'一下撇高高的,我说:'爹,你干啥呢?怎的了又?''怎么

_____

① 被访谈人:黄振华,男,满族,74岁,抚顺市清原满族自治县下大堡子村人。访谈时间:2016年10月24日。访谈地点:清原满族自治县红透山镇下大堡子村黄振华家。访谈人:邱雨萱。

算怎么今年活不过去。'我说:'你借寿呢?''借不了。'他这个了不得呀。"

黄振华的父亲除了会算卦,还会针灸。在黄振华的描述中,父亲的针灸技艺堪称一绝,治好村里许多人的疑难杂症。尤其是父亲针灸技艺的来源,更是充满神奇色彩。"我爹 18 岁,得了伤寒,病得稀里糊涂就做个梦。说来个黑胡子老头,黑胡子老头长得挺凶啊。说:'走,你跟我走!'他稀里糊涂就跟人走了。走到一个高山的一个谷洞,走到洞门口,正好遇着我叔叔(父亲的弟弟,从小夭折)来那背个药篮子,拿个镐头,去采药刚回来。就问,'哥你怎么来了呢?'他说:'这老头让我来的。''不行,你来了爹妈怎么办呢?你得回去。不行,我得找那白胡子老头去。'他就找白胡子老头,说:'那个,师父你看,我来了就行了呗。师叔把我哥也弄来了,把我哥弄来我爹妈怎么办呀?你得叫他回去。''行啊,叫他回去。''他依旧也来了,把他这个伤寒病也治一治。治好病再回去,不然回去他也治不了。''那好吧。'告诉我叔,'你领他上后洞,那有水,有药。'把这给他吃三丸,再给他拿三丸。小红丸,有豆粒儿那么大,在那儿吃了三丸。墙上淌水,下边儿有个石头窝,这么大个窝,就这窝里那点儿,趴着就喝了,把药就吃了。吃完了,白胡子老头说:'那你依旧也来了是吧,你呀得积善,你不积善你寿命不行。你活不了多长时间。我教你针灸吧,针灸回去救人,救了人吧你不许要钱,要钱就折你寿。''啊。'就这么的,石床上趴着个石头人,石头人穿着衣服,各个穴位隔着衣服,叫他扎。告诉他怎么扎,这什么穴,那什么穴。你看,他这一梦啊,也就记个八成。这个学完了,药也吃了,那三丸药也拿着了,揣兜了。黑胡子老头来了:'既然你不该来这儿,让你走,你怎么还不走呢?你找打!'黑胡子老头拿个棍子,举棍子就打过来。(我父亲)吓得一激灵,醒了,是个梦。自个儿啊也觉着这个事儿蹊跷啊,别的都是扯淡,他给我拿的药是真的。药拿来没有?他就翻哪翻哪,一翻,来枕头底下呢。真有,三丸药,跟他吃的那个一样。回来第二天,这三丸药也吃了,他拄棍儿就能下地了,搁那边一点一点就将养好了，就开始给人针灸。"①

黄振华祖上的真实情况我们无从得知，但显而易见的是，黄振华先天具有一种叙述的能力，他熟谙民间叙事的讲述技巧和传奇叙事的结构逻辑，能非常巧妙地将其祖先的人生经历转换成情节丰富、引人入胜的叙事情节。这里有写实，有虚构，还有夸张放大之处，但目的只有一个，即向我们凸显黄氏先祖不同寻常的家族历史。

（二）经历丰富的个人生活史

黄振华从小就和爷爷、父亲上山打猎、挖参、采窑、放牲口，掌握了不少丰富的劳动经验和知识技能。父亲赶大车，走南闯北，会医术给人治病，而且从来不收取财物。母亲更是为人厚道，心地善良，善于持家。不仅针线活好，磨米、磨面、点豆腐等各种家里农活样样做得都非常好。还专门和别人学过炸麻花、做月饼、炸各式面果，开过果瓢铺。所以，虽然旧时社会环境不好，但因为母亲会持家，黄振华小时候家里的生活过得还算不错，没有吃过太多苦。

黄振华虽然书念得不多，但社会阅历丰富。成年后，先在村里采石队工作三年，负责采石打眼放炮，后来到镇里水壶机械制造厂当过工人。生产队时期，一直在上大堡生产大队担任生产队长，组织带领村民一起劳动。在村中还组织过满族秧歌队，非常受村邻的喜爱和拥戴。

（三）满族民俗文化的绝好承载者

在学术界，以往对传承人的认定只关注他们的技艺表达部分，很少看到技艺之外的其他部分。然而，这种对传承人的认知是很有限的，经过大量的田野发现，每位传承人的背后都有一个庞大的文化传统和文化体系在作支撑，每个传承人除了自己掌握的技艺之外，还是当地民俗文化的主要承载者。黄振华就是这样的人，他不仅能讲几百则地道的满族民间故事，而且，他还会唱二人转、讲评

① 被访谈人：黄振华，男，满族，74岁，抚顺市清原满族自治县下大堡子村人。访谈时间：2016年10月24日。访谈地点：清原满族自治县红透山镇下大堡子村黄振华家。访谈人：邱雨萱。

书、做红白喜事的主持者、做邻里杂事的裁断者，从小打猎、挖参、下窑、种地、放羊……乡村各项生活技能样样精通。黄振华绝大多数故事都是以辽东满族自然及文化生态为讲述空间，尤其是他擅长的幻想故事、精怪故事更是以他居住的上大堡子村的山野土地为主要背景。但凡涉及辽东满族民众的生产、生活、礼仪、信仰等方方面面的知识和信息，黄振华都了如指掌，相当熟悉，堪称辽东满族文化的绝好承载者。像黄振华这样的"精英型传承人"是区域文化代表的精英，他们不仅掌握民间工艺技术的技艺传承，还是区域文化史的载体和代表。在他们心里，储藏着大量有关区域史、民族史和文化史的重要信息。①

（四）能讲好说、不服软不认输的张扬个性

黄振华爱说爱笑，模仿能力极强，讲故事、扭秧歌、唱大鼓书、讲评书都有独特的风格，他博闻强记，听过的故事大都能绘声绘色地讲下来，而且爱好表演。用他自己的话说就是，"嘴不能闲着，就好这个"。"我能讲故事啊，到哪儿都能跟外边有一个很好的沟通。你比如说这次上沈阳回来，我一个人坐那儿也寂寞啊，白话呗，讲呗。讲点小笑话，旁拉儿（旁边）人都去听了。我坐火车那都没少讲啊，有回搁沈阳上车，那人啊，你来过道里站着，俩脚抬起一个，再想落下没地方了。人多没座儿，那也讲故事，就站那地方搁那儿白话。'唉老师傅，你上哪呀？'我说：'我上泰安，路过济南。我下一站就下车。''我这座给你。'你要不相处，你就过道待着吧。哪有人给你倒座儿啊？这一白话，座都有了。人家去打水去，人多啊，那挤一趟打水不容易啊，'你在这儿坐着，缸给我，我给你把水带来。你坐着不用动了。'那会讲故事不一样，老受尊敬了。"②

　　每次讲到自己因为讲故事的才能受到与别人不同一般的待遇，黄振华的自豪之情都显露无遗。而且，从黄振华的闲谈及讲述中能清楚地看到，他有一种不认输、不服软的倔强心理，对看不惯的事情不仅仗义执言，还用实际表现来证明自己的水平和能力。他还给我们讲述过面对一位不相信他故事讲述能力的省里文化部门的领导，他毫不客气地反击回去。"那领导头一次下来采访，进屋了挎个包，把包往那一撂，说：'就这山沟能有什么好故事，能有什么好作品。'当时我坐那儿，就有点儿反感，我说这个同志说话怎么这个态度呢。然后，她问我：'你都会讲什么啊？你讲讲我们听听。'当时我有点儿反击的意思，'你想听什么吧？你想听什么我就给你讲什么'。'你能讲多少？''少说三天三夜我不带重茬的。'就这么地，我就开始讲，一下把她给镇住了。"① 这种争强显胜的个性在他的故事中也常有表现，尤其在精怪故事里，面对作祸或是作祟于人的各种精灵鬼怪，人都会想办法占据主动地位，通过机灵的头脑和积淀的智慧，最终将精怪制伏。

　　　　在咱们这个满族地方，清原满族自治县红透山镇上大堡村下大堡组，就这片山区，故事有的是，说不清，道不完，多如牛毛啊，我这才讲那么点儿啊，有的是，往后还有，讲不完，哪一个山沟都有故事。靠山吃山，靠水吃水。这故事能讲完么？讲不完的故事。咱们这就是清朝满族的发源地，属于满族的生活，都在山间，都在山区里头。你要细考察、细研究，有的是。这片地儿住的人、住的老百姓，风俗习惯、风俗民俗、婚丧嫁娶，都有特色。讲不完得讲，我也爱讲，我也会讲，我也想讲，我也能记得住，我也能讲得出。希望

① 被访谈人：黄振华，男，满族，74 岁，抚顺市清原满族自治县下大堡子村人。访谈时间：2016 年 10 月 24 日。访谈地点：清原满族自治县红透山镇下大堡子村黄振华家。访谈人：邱雨萱。

大家都喜欢，都过来看一看，走一走，听一听。我就希望这些故事传留后世。①

　　从黄振华的自述及其人生经历来看，故事讲述是其记录历史、体验生活、理解生活，甚至是张扬个性、证明自己存在价值的一种重要工具和手段。我们知道，传统的乡村社会是同质性强、异质性弱的关系社会，每个个体之间并没有非常明显的差异。想在这样的社会背景下摆脱平庸、受到别人的好评和善待，必须要有不同于一般人的独特之处。在传统乡村社会中，这种独特之处还必须符合普通大众的接受和认可，符合大众的审美和心理需求。于是，传统技艺的掌握和展演就成为在乡村社会中可以从普通大众中脱颖而出的一件利器。

---

　　①　被访谈人：黄振华，男，满族，74 岁，抚顺市清原满族自治县下大堡子村人。访谈时间：2016 年 10 月 24 日。访谈地点：清原满族自治县红透山镇下大堡子村黄振华家。访谈人：邱雨萱。

第三章　辽宁满族叙事对族群源起及区域历史的聚焦与散录

　　"天造皇清，发祥大东。山曰长白，江曰混同。"这四句诗出自清高宗《御制全韵诗》之首，字面看来简单朴实，却非常精确地概括出满族与长白山的关系。如今的辽东山区，都在长白山的地理范围之内。1616 年正月初一，清太祖努尔哈赤在赫图阿拉城举行即位仪式，建立后金政权，宣告着满族这一个新的民族共同体的诞生。在后世的满族民众生活中，对族群渊源的记忆和区域历史的发展，除正史的记录以外，普通民众也有底层的传承方式与记忆路径。本章仅以在辽东满族地区流传最为广泛的三仙女叙事与罕王传说为例，剖析满族民众对族群源起及先祖英雄的共同记忆和构想刻画，展现口承叙事记忆历史的逻辑与脉络。结合地方性传说与区域历史现实，揭示口承叙事在区域社会发展史中的记录价值，以及其与正史互为印证的史实补充和强化功能。

第一节　三仙女神话与满族始祖溯源

　　"从民族起源的研究视角来看，共同的社会记忆对于一个民族或族群的孕育与形成，具有突出的凝聚作用，而这种共同记忆主要体现在对祖先及族源的构想上。"① 保罗·康纳顿指出："具体说到社会记忆，我们也许会注意到，过去的形象通常会使现存的社会秩

---

① 江帆：《满族生态与民俗文化》，中国社会科学出版社 2006 年版，第 192 页。

序合法化。这是一个隐含的规则，即任何社会秩序下的参与者必须具有一个共同的记忆。对于过去社会的记忆在何种程度上有分歧，其成员就在何种程度上不能共享经验或者设想。因而，可以说，我们对现在的体验，大多取决于我们对过去的了解；我们有关过去的形象，通常服务于现存社会秩序的合法化……有关过去的形象和有关过去的回忆性知识，是在（或多或少是仪式的）操演中传送和保持的。"① 在族群起源建构中，这种对过去的形象和回忆作用发挥得非常鲜明。以东北地区的鄂温克、鄂伦春、赫哲等民族为例，他们虽然与满族同属肃慎古族后裔，且都信仰萨满教，主要以狩猎生计为生，但在有关族群起源的解释上却呈现出明显差异。鄂伦春、鄂温克族、达斡尔族等的族源神话中，大多讲述的是人和母熊结合，繁衍出后代，成为后来的鄂伦春、鄂温克、达斡尔人。可见，他们对于过去的回忆、对祖先的想象多与"熊"相关。这种族源记忆和祖先认同在他们后世的生产生活、信仰仪式中始终延续并时常表现。然而，满族有关祖先及族源的社会记忆与他们有很大不同，无论是史料记载，还是民间传说，都与"三仙女吞红果"的神话密不可分。

一 三仙女与满族源流

在满族社会，"三仙女佛库仑吞朱果"的叙事一直被视为族群起源的权威版本，得到满族民众的高度认可。这种历史记忆和社会解释不仅在民间流传广泛，在上层社会的正史典籍中也有记录。其最早的记录见于《旧满洲档》的《天聪九年档》中的一段文字：

> 彼布勒霍里湖有天女三人，恩库仑、哲库仑、佛库仑，前来沐浴。时有一鹊，衔来朱果一，为三女中最小者佛库仑得之，含于口中吞下，遂有身孕。生布库里雍顺，其同族即满洲

---

① ［美］保罗·康纳顿：《社会如何记忆》，纳日碧力戈译，上海人民出版社2000年版，第8页。

部是也。①

短短 70 个字，将满族先祖布库里雍顺的诞生说得非常清楚。后来在《满洲实录》中被作为开篇文字载入，且在情节上附会更多细节，内容更为丰满详尽。《满洲实录》中是这样记载的：

> 长白山高约二百里，周围约千里。此山之上有一潭，名"他们"，周围约八十里。鸭绿、混同、爱滹三江俱从此山流出。鸭绿江自山南泻出，向西流，直入辽东之南海。混同江自山北泻出，向北流，直入北海。爱滹江向东流，直入东海。此三江中，每出珠宝。长白山山高地寒，风劲不休，夏日环山之兽俱投憩此山中，此山尽是浮石，乃东北一名山也。
>
> 满洲源流。满洲原起于长白山之东北布库里，山下一泊名布儿湖里。初，天降三仙女浴于泊，长名恩古伦、次名正古伦、三名佛古伦。浴毕上岸，有神鹊衔一朱果置佛古伦衣上，色甚鲜妍。佛古伦爱之不忍释手，遂衔口中。甫着衣，其果入腹中，即感而成孕。告二姐曰："吾觉腹重，不能同升，奈何？"二姐曰："吾等曾服丹药，谅无死理，此乃天意，俟而身轻，上升未晚。"遂别去。
>
> 佛古伦后生一男，生而能言，俟而长成。母告子曰："天生汝，实令汝为夷国主，可往彼处。"将所生缘由，一一详说，乃与一舟，顺水而去，及其地也。言讫忽不见。
>
> 其子乘舟，顺流而下，至于人居之处，登岸，折柳条为具，似椅形，独踞其上。彼时长白山东南鳌莫慧（地名）、鳌朵里（城名）内有三姓夷酋争长，终日互相杀伤。适一人来取水，见其子举止奇异，相貌非常，回至争斗之处，告众曰："汝等无争，我于取水处遇一奇男子，非凡人也，想天不虚生

---

① 关嘉禄、佟永功译：《旧满洲档·天聪九年五月初六日》，天津古籍出版社 1987年版。

此人，盍往观之。"三酋长闻言罢战，同众往观，及见，果非
常人，异而诘之，答曰："我乃天女佛古伦所生，姓爱新觉罗，
名布库里英雄，天降我定汝等之乱。"因将母所嘱之言详告之，
众皆惊异，曰："此人不可使之徒行。"遂相插手为舆，拥捧而
回。三酋长息争，共奉布库里英雄为主，以百里女妻之，其国
定号"满洲"，乃其始祖也。[①]

这则史料记载与最早的 70 字记录相比，增加几条重要的文化
信息要素。首先，明确指出满族生成的族源地——长白山，使长白
山成为族群认同和族群凝聚的重要标识。清朝官方史书都认为长白
山一带是建州女真（满族）始祖所居之地，是清朝发祥重地。长白
山自古以来就有"神山"之称，其名称多次变化，周秦以前称为不
咸山，汉朝称单单大岭，魏朝称盖马大山，南北朝称从太山，唐朝
称太白山，金朝始称长白山。其次，布库里雍顺"乘舟，顺流而
下"并非凭空想象，而具有一定的现实基础和历史依据。长白山是
松花江、图们江、鸭绿江的源头。其中，图们江发源于长白山东
麓，向东流入海，应是叙事中布库里雍顺随流而下之处。更有历史
学者实地考察发现，在长白山东偏北约 27 千米处有一圆池。圆池
东南有一山峰名为赤峰，海拔一千多米。在圆池周围及其附近长满
苍松翠柏，结着樱桃大小的红果，可以食用，这里的地貌方位与传
说中的情节非常类似。[②] 再次，布库里雍顺乘着小船流到长白山东
南地区，凭借非同常人的能力平定三酋长之争，成为英雄始祖。既
揭示出满族早期为争夺生产资料，部落间战争频繁、不断迁徙的历
史，又使先祖布库里雍顺成为建构族群历史、形成族群认同的又一
文化要素。最后，情节上不仅宣告了满族始祖系天女佛库伦所生，
还渲染了始祖布库里雍顺的"天生圣人"。这是在宣告满族获得王
权的合法性，同时还折射出远古社会的母神崇拜痕迹。三仙女沐浴

---

① 《满洲实录》卷一，中华书局影印 1986 年版，第 1—3 页。
② 参见李燕光、关捷主编《满族通史》，辽宁民族出版社 2001 年版，第 54 页。

吞红果而孕属于人类社会早期频繁出现的"无夫而孕"母题。"无夫而孕"母题的产生和流传与民众早期的母神崇拜心理有关。满族自古信仰萨满教，女性神在满族先民文化中占有崇高地位。在满族著名的创世神话《天宫大战》中创世女神阿布卡赫赫辖天，地母神巴那姆赫赫辖地，布星女神卧勒多赫赫辖众星。她们手下有三百女神，天神最先造女人后造男人。正是在如此浓厚的母神崇拜背景下，满族先民创造出三仙女吞红果而孕生下满族始祖的神话。①

在满族后世的族群观念中，这种对祖先及族源的社会记忆得到多数民众的认同和接受，如辽东满族地区的《天鹅仙女》《布库里雍顺和他的八个兄弟》等叙事文本，对"仙女误吞朱果"这一文化信息保持较高的叠合和传承。当然，同要受到执政者意志或社会主流价值取向制约的正史记载相比，民间叙事具有更为本能和强烈的发挥力和想象力，使其对历史的记忆和理解展现出不同于官方记载的底层性与多元性。

如岫岩县著名故事家李成明讲述的《天鹅仙女》，主要情节为：天上住着三个仙女，老大恩固伦、老二正固伦、老三佛库伦。三个仙女变成天鹅到人间游玩，在天池沐浴时被三个猎人兄弟拿走了衣服。于是，三个仙女就嫁给三个猎人，生下三个儿子后返回天上。三个孩子的后代后来分成三姓，他们生性好斗，结下深仇。三仙女佛库伦知道后非常着急，赶紧返回人间，在天池沐浴时吞喜鹊所含的红果，生下男孩，赐姓爱新觉罗，起名布库里雍顺，令他去平息三姓的争斗。布库里雍顺乘木筏来到三姓人住地，平息他们之间的争斗，成为部落长，被视为满族祖先。②

这则民间叙事的信息量更大。情节上不仅保留三仙女吞果而孕的传统母题和官方记载，还增加了猎人通过窃取三仙女衣服而得妻的母题。"窃衣得妻"母题在以汉族为代表的口承叙事中表现最为突出，此时，仙女不再是神圣不能染指的对象，已经开始由母神身

---

① 参见漆凌云《性别视角下的满族三仙女神话》，《文艺争鸣》2013 年第 1 期。
② 夏秋主编：《满族民间故事·辽东卷》（下卷），辽宁民族出版社 2010 年版，第 3—6 页。

份向仙妻身份转变。此时的男子已经摆脱昔日的失语地位，可以通过窃衣的方式娶到三仙女，在婚姻中窃据主动。这说明当时的婚姻制度已经由传统的女性为中心的对偶婚转变为以男娶女嫁为中心的抢婚制。① 可见，从时间上看，此文本的出现应晚于正史记录。而且，普通凡人通过窃衣与仙女结合也极大地彰显社会大众的存在价值，是普通民众对祖先族源的底层认知和理解反馈。

再如《布库里雍顺和他的八个兄弟》，虽然情节主题是讲先祖布库里雍顺的诞生，并且也认同官方的仙女误吞红果的族群起源解释，但在具体的情节设计和安排上还有更丰富的文化内涵。这则叙事的开篇是这样讲的：

> 远古时候，天神阿布卡恩都里受玉皇大帝之命，开天辟地创世纪，功成后，玉皇大帝把自个儿小姨子女娲娘娘赐给他当媳妇，还加封阿布卡恩都里为东天王，权位只比玉皇大帝小一点儿。恩都里是满语天王或至高无上的天神的意思。
>
> 阿布卡恩都里和女娲婚后，生有二男三女：巴颜图和萨颜图，恩古伦、正古伦和佛库伦。
>
> 巴颜图哥儿俩神武英俊，恩古伦姐儿仨美貌无双。玉帝老爷听信宦官神荼谗言，打算选恩古伦姐儿仨进宫为妃。这姐儿仨为逃避选妃，私下凡间，来到兀拉山落脚，又义渡五精灵得道成仙，镇守兀拉山。后人为纪念五位仙女，改名兀拉山为"五女山"。

随后三仙女到长白山天池洗澡。佛库伦误吞红果怀孕，留在长白山边待产。大姐恩古伦算出这孩子是一代英主，需要有人扶持，就立刻回到五女山操持给招收的五位女精灵比武招亲之事。阿布卡恩都里派两个儿子下界寻找妹妹。哥俩到五台山帮助五位女精灵除掉妖魔后，分别与其中的两位精灵成婚。佛库伦怀胎整一年，和哥

---

① 参见漆凌云《性别视角下的满族三仙女神话》，《文艺争鸣》2013 年第 1 期。

哥们娶的两位精灵在一天生产。佛库伦辰时生个男孩儿，落草就会说话，见风就长，巴颜图为外甥取名布库里雍顺。两位女精灵则分别生下四个粉色大肉球，哥俩一看是怪胎，把八个肉球倒在天池里。肉球裂开，蹦出八个小孩。巴颜图给八个小孩起名：佟佳、瓜尔佳、索察、马佳、富察、叶赫那、齐佳、钮祜禄。

> 巴颜图兄弟夫妻与佛库伦共同扶养布库里雍顺等九个孩子。一转眼，十年过去了，九个小孩儿都长成了英俊的小伙儿，他们自小聪明伶俐，学啥会啥，过目不忘，到了十岁，个个文武双全。巴颜图兄弟与佛库伦商定：让九个孩子走出深山，闯荡天下。
>
> 巴颜图和萨颜图，从后山伐倒一棵巨松，掏空木心，做成一个小船儿，放在天池北出水口上，叫九个孩子坐上去，告诉他们：你们的名字就是姓氏，要永世团结，共同打天下坐江山。
>
> 后来，布库里雍顺的后代努尔哈赤，果然在八兄弟后代满族八大家的帮助下，建立了后金，努尔哈赤的后代皇太极又建立了大清国。①

这则叙事与正史记载内容相比，明显神圣性和严谨性不足，更具有乡野传闻的民间传说的性质和特点。首先，由结尾"皇太极建立了大清国"可见该叙事产生的时间较晚，在清朝政权建立之后。其次，开篇提到"玉皇大帝""女娲娘娘"，应是受汉族文化的影响。而且，满族原始信仰中最至高无上的天神阿布卡恩都里是受玉皇大帝之命，才开创天地。迎娶女娲娘娘后被加封为东天王，权位仅次于玉皇大帝。这种对于几位神灵之间地位关系的排序无疑说明满族早期的原始信仰在民众生活中的影响力越来越弱，取而代之的

---

① 夏秋主编：《满族民间故事·辽东卷》（上卷），辽宁民族出版社 2010 年版，第5 页。

是汉族的信仰和理念。在汉文化影响越来越大的宗教生活中，满族的本地崇拜神只有纳入汉族的信仰体系当中才能更好地彰显其存在的合法性和权威性。再次，这里不仅有仙女下凡意外怀孕的情节，还有哥俩留在人间与精灵结合的说法，最后是巴颜图兄弟夫妻与佛库伦共同扶养九个小孩。可见，此时的满族社会已经完成由母系社会向父系社会的演进。同时，八个肉球混在一起，分不清各自的父亲是谁，这种"知母不知父"的记载也可称得上是对早期母系社会的另类记忆和印证。最后，八个小孩就是满族八大姓，他们辅助布库里雍顺走出深山，闯荡天下。而布库里雍顺的后代努尔哈赤，也在八兄弟后代满族八大家的帮助下建立后金。事实上，满洲八大姓是清朝时满族的八个显赫姓氏，分别是佟（佟佳氏）、关（瓜尔佳氏）、马（马佳氏）、索（索绰罗氏）、齐（齐佳氏）、富（富察氏）、那（那拉氏）、郎（钮祜禄氏）八姓。从产生时间上看，它们根本不可能在布库里雍顺时期出现。但民间叙事的优势之处就在于他们不必受正史记载和历史现实所累，完全可以按照记述目的和讲述需求，发挥民众的想象，或幻想或真实地展现。满族八大姓与先祖间亲缘关系的设计，主要是为了给满族后代间相互合作找到血缘上的关联和精神上的支撑，是增强族群认同，提高族群凝聚力的重要策略和手段。

二　神鸟繁衍与"额娘"的由来

在辽东地区，关于祖先来源还有另一种解释，这种解释的传说意味更加浓郁，虽然内容上与正史记载的三仙女吞红果的情节并不一致，但从底层民众的视角印证了满族的族源与文化。如代表性文本《额娘的由来》，其内容如下：

> 在很久很久以前，有这么一天，长白山上有八个猎人正在打猎，突然大地颤抖，响声如雷，雾气腾腾，天暗地旋，长白山变成一片汪洋大海。又过了不多时候，水都退了。八个猎人往山底下一看，所有的村庄房屋，都淹没了，大地也变了样。

没办法，八个猎人只好留在山上。

有一天晌午，八个猎人到山顶上，在天池边歇着。他们突然看到八个姑娘在天池里头洗澡呢。这八个猎人一想，山下的人都死光了，怎么能出来女人呢？她们是从哪儿来的呢？八个猎人第二天早早就来到天池附近观察，想看看这几个姑娘到底是从哪儿来的。可是一连好几天，也没见八个姑娘的影儿，猎人们不死心，还是在天池边上等。

这天又到中午啦，就见从西方的天边，飞来八只雪白的天鹅，落到天池边就变成了八个俊俏的姑娘。这八个姑娘脱了衣服，跳到天池里洗澡。大约洗了半个时辰吧，哈！上岸穿上衣服，又变成了八只天鹅，往西边天上飞走了。这八个猎人光傻愣愣地看着，谁也没敢吱声，等姑娘们变成天鹅飞走了，才从藏身的地方出来，合计一阵子，说好明天再来。

第二天，这八个猎人又悄悄藏在天池旁边，等姑娘们下了水以后，跑过去，一人拿了一套姑娘的衣服又藏起来。姑娘们洗完澡上来一看，完了，衣服没了，哪儿去了？就开始找，这时八个猎人就从树棵楞里出来了，对姑娘们说："这世上，已经没有人了，就剩我们兄弟八个了，你们正好是八个姑娘，咱们结为夫妻吧，繁衍后代，别让人类灭绝。"

一个姑娘说："地上的事，天庭早已知道了，俺们就是天神派来与你们做夫妻的，在这儿等你们好几天了，把衣服还给俺们吧，穿上衣服俺们也不会飞走的。"

就这样，八个猎人把衣服还给了姑娘们，成了八对夫妻。

他们就在长白山建立了家园，辛勤耕种，过上了幸福美满的生活，并且生儿育女，繁衍后代。

猎人们非常感激天鹅，就让子女管妈妈叫"额娘"。这个额还是天鹅的"鹅"。也不知叫到哪一年哪一代，把这个"鹅娘"的"鹅"叫成了额头的"额"。这就是满族人的祖先。

八个猎人，八对夫妻，八个家族，就按照坐落位置又分了八旗，也就是现在说的：正黄旗、正红旗、正蓝旗、正白旗、镶黄旗，镶红旗，镶蓝旗，镶白旗。①

"额娘"，是满族人对母亲的称呼。《额娘的由来》中加入洪水灾难、水滨相会、窃衣得妻等母题，情节基本和汉族广泛流传的洪水神话、天鹅处女故事相似，是两种叙事类型的结合。从叙事内容可见，叙事产生时间相对较晚。因为这则叙事里面已经有很清晰的满族家庭生活图景，男女分工明确，基本上是男人从事耕种、打猎、牧牛等体力活，女人在家纺织、照顾老人。同时，男女自由恋爱结合，也印证了满族早期较为开放、不受约束的婚姻态度。在新宾地区，满族人家的女子都是自主择偶，即使父母反对，也很难将其拆散，所以父母常发出"女大不当留"的感慨。需要重点说明的是，这则叙事中讲到猎人们非常感谢天鹅化身的仙女，就让子女管妈妈叫"额娘"。从"额娘"一词的由来可以看出，底层的满族民众在解释族源时认为其先祖系神鸟繁衍的后代。这种民间的解释和记忆与正史中关于三仙女误吞朱果的记载并不冲突，因为三仙女恰恰是误吞神鹊衔来的朱果而导致怀孕。从这一细节的吻合上可以看出，满族民众是非常崇信鸟类的，这在正史记载和民间信仰中都有明显的印证和表现。

如在清文献《满洲实录》中，记载了一则神鸟救满族祖先的传说：布库里雍顺历数世后，"其子孙暴虐，部属遂叛，于六月间将鄂多理攻破，尽杀其阖族子孙，内有一幼儿名樊察，脱身走自旷野，后兵追之，后有一神鹊栖儿头上，追兵谓人首无鹊栖之理，疑为枯木，遂回。于是樊察得出，遂隐其身以终焉。满洲后世子孙，俱以鹊为神，故不加害"②。

此外，《额娘的由来》这则叙事还讲到满族"八旗制度"是源于和天鹅婚配的八个猎人，这一说法明显是后代民众附会杜撰的结果，但也是对满族这种重要军事制度的底层记忆和传达。清代的八

---

① 夏秋主编：《满族民间故事·辽东卷》（下卷），辽宁民族出版社 2010 年版，第 253 页。

② 《满洲实录》卷一，中华书局影印 1986 年版，第 3 页。

旗制度是军政合一、兵民一体的组织，是清王朝立国、维护国家政权之本。八旗包括满洲八旗、汉军八旗和蒙古八旗。在清代，凡是加入八旗之人，不论是满洲人，还是蒙古人、汉族人，统称为"旗人"。1583年努尔哈赤以"十三副遗甲"起兵，其势力不断扩大。为了适应新形势，他于1601年建立四旗，即黄、白、红、蓝四旗。据《清太祖武皇帝实录》记载："是年，太祖将所聚之众，每三百人建立一牛禄额真管属，前此凡遇行师出猎，不论人之多寡，照依族寨而行。满洲人出猎，开围之际，各出箭一枝，十人中立一总领，属九人而行，各照方向，不许错乱，此总领呼为牛禄额真，于是以牛禄额真为官名。"也就是说，清代八旗制度的建立与满族传统的狩猎文化有关，其牛禄额真原为围猎之首领，到后来八旗制度建立之时却成为八旗基层组织牛禄的官员名称。1615年，努尔哈赤又将四旗增加为八旗，在原来的四旗之上镶边而成。八旗制度贯穿整个清代，所有满族人都被编入八旗，可谓全民皆兵。其中，正黄旗、镶黄旗、正白旗被称作"上三旗"，因为这三旗为皇帝血统。其他五旗被称为"下五旗"，地位比"上三旗"低。[1]

无论是写入正史的官方记载，还是民间口传的底层记忆，历代满族民众都不会怀疑其内容是否符合历史真实。人们之所以不注重叙事内容的真假，是因为叙事内容的真假并不重要，重要的是叙事内容能否为后代答疑解惑，为后代提供认可和认同的价值。所以，无论是官方还是民间，看重的都是记忆在凝聚族群方面的认同价值。正是在正史记载与民间流传的双重传播渠道中，满族社会关于祖先及其文化渊源的社会记忆不断被强化和巩固。

第二节　努尔哈赤传说与辽东满族族群建构

清太祖努尔哈赤，姓爱新觉罗，号淑勒贝勒，后金（清）政权缔造者，我国历史上著名的政治家、军事家、民族英雄。1559年

---

① 参见赵志忠《满族文化概论》，中央民族大学出版社2008年版，第163—165页。

出生在辽宁省新宾县老城——赫图阿拉城一个满族奴隶主的家庭。25 岁，为报父、祖之仇，以十三副先人遗甲起兵，开启戎马生涯。58 岁，建立女真少数民族政权——后金。60 岁，正式向明朝宣战。短短几年间，明朝在辽东辽西的军事重镇大都落入后金军队之手。1626 年，努尔哈赤在宁远战役中遭受重伤，返回沈阳途中病逝，终年 67 岁。

努尔哈赤，清王朝的建基雄主，胸怀大志、英雄无敌、谋略壮志、建功无数。满族后代敬奉努尔哈赤为族群英雄，以他为族群的骄傲和标识，亲切地称他为"老罕王""小罕子"。在努尔哈赤 67 年的辉煌经历中，绝大多数的活动范围都集中在辽宁新宾、抚顺地区。尤其是在辽东新宾一带，流传着大量以努尔哈赤为核心的神话、故事和传说。通过调查发现，在新宾地区流传的民间叙事中，与努尔哈赤相关的叙事占 50% 以上，除了直接反映努尔哈赤身世的传说故事外，还有新宾当地的地名、植物、动物、风俗、生计、信仰等传说，也大多与努尔哈赤紧密联系。人们怀念他、敬仰他，把他传奇的人生经历、族群的建构历史、生计经验的积累、生活知识的传递、人生理想的寄托等都通过口头叙事传达出来。正是这些历史的记忆使群体意识得以凝聚和延续。对民族英雄的记忆与崇拜是本民族文化中最神圣的部分。努尔哈赤开创满族基业，南征北战，奠定统一中国的大业。这段创业历程集中了满族人的喜怒哀乐与悲欢离合，是最能彰显族群凝聚力与集体认同的记忆。本节将能搜集到的罕王传说按照罕王从奇异出生、苦难童年、外出历练到成为一代帝王的生命周期顺序进行呈现，通过纵向罗列，我们会发现，在满族底层民众心里，努尔哈赤不是高高在上的君王，而是和普通人一样历经成长的苦难和波折。但终因坚强果敢、勇武重义的性格，他在神灵的护佑下成长为一代帝王，并一直被后代所颂扬。

一　神奇诞生——神谕命运与弃而不死

按史料记载，明世宗嘉靖三十八年（1559），努尔哈赤出生在辽宁新宾呼兰哈达山下、苏克素护河畔的建州女真村寨。远祖猛哥帖木儿（清朝称为孟特穆），元末曾任女真斡朵里部万户，明朝任命为建州左卫指挥使，后晋封都督，清朝追谥为肇祖原皇帝。16世纪初，猛哥帖木儿后裔的一支定居在新宾满族自治县永陵镇一带。努尔哈赤祖父觉昌安、父亲塔克世就居住在赫图阿拉城。努尔哈赤是塔克世的长子，生母名额穆齐。

正史中对努尔哈赤的出生地和家族史的描述多数限于以上内容，真正有史籍可考的也是在猛哥帖木儿之后，在他之前的家史多是依靠早期传说来记述。然而，真正的英雄必定有不平凡的出生，这就给民间叙事提供巨大的发挥和想象空间，神奇诞生的情节设置就非常符合民众的心理期待。

"神奇诞生"是英雄叙事中最常见的母题，通过对英雄神奇、神圣、神秘的诞生情节设置凸显英雄的卓越超群。如上所述，在满族祖先溯源的民间叙事中有大量的神奇诞生母题存在。这些英雄或是母亲吞红果而孕，或是母亲感天地异象而生，或是由神谕指示而生，或是被遗弃重生。他们诞生之时就具有异于凡人的特质，这实际上也意味着英雄的神圣性，预示着他们会创造出神奇的伟业。在辽东地区流传的关于努尔哈赤出生的传说主要有四种版本，这些版本的叙述情节虽然不同，但主题非常突出一致，即努尔哈赤的出生是不平凡的，他是天降神子，在其出生之前就借神之口谕注定其将是统一部落、成就霸业的一代帝王。这种神谕式暗示是努尔哈赤叙事中特异诞生的重要表现。

版本一：在新宾地区流传的《罕王出世》[1] 和桓仁地区流传的《先祭王杲后祭永陵》[2]，两则叙事内容基本相似。其内容主要为：三位仙女在长白山天池洗澡，三仙女吞红果生下一男孩，男孩坐在木排上顺江而下。正赶上赵姓、王姓两位女性在河边洗衣服。王姓

---

① 夏秋主编：《满族民间故事·辽东卷》（中卷），辽宁民族出版社 2010 年版，第 3 页。

② 夏秋主编：《满族民间故事·辽东卷》（上卷），辽宁民族出版社 2010 年版，第 12 页。

夫妇没有孩子，就将男孩收养。因为是用镐头将男孩乘坐的木排拉到岸边，故为孩子取名王镐。王镐十多岁时爹娘去世，后来到赵家。十八九岁时，赵家老夫妇相继去世，王镐就和赵家大儿子大罕一家共同生活。在王镐和大罕一起上山挖参时，大罕见山神居然给王镐磕头，就问山神原因。山神说，王镐是真龙天子之父，和他睡觉的女人就能怀上皇帝。大罕听后，回家让自己媳妇趁他外出时和王镐睡在一起。后来，两人生了小罕子，就是努尔哈赤。大罕死后，小罕子将他葬在新宾堡子，就是后来的永陵宫。《先祭王杲后祭永陵》的结尾处还特意强调，王镐才是满族人的祖先。王镐的名字，后人逐渐写"王杲"。努尔哈赤打得天下之后，皇家到永陵祭祖，得先祭王杲的陵，再祭爱新觉罗家的陵。

版本二：在桓仁地区流传的《人参仙女额莫齐》①。其内容主要为：王杲是建州卫右卫都督、古埒城城主。他与大福晋娅戛哈骑马巡视领地的村落时，挖到一株三尺长的棒槌，把它藏在珠宝库里。晚上，王杲梦到天神阿布卡恩都里告诉他，那棵棒槌是个能生育一代帝王的人参仙女。王杲醒来一看，珠宝库确实坐着一位美貌姑娘，就想迎娶姑娘。等王杲又睡下后，梦里天神说他与人参仙女只有父女之缘，没有夫妻情分。天亮后，王杲就按照天神的意思，收额莫齐为义女，并为她比武招亲。最后，建州女真左卫都督觉昌安四儿子塔克世娶了额莫齐。两人婚后十年，生三子一女，大儿子就是努尔哈赤，建立后金，成为一代帝王。

版本三：新宾县满族故事家查树源讲述的《罕王传说》②。其主要内容为：明朝末年，南京紫金山观星台启奏京师，说最近有真龙天子将在长白山的老龙岗附近降世。皇帝忙下圣旨，搜捕杀掉，以绝后患。辽东兵备（武官的名称）接旨后，忙命搜捕。官兵挨门挨户查，凡是这半个月内出生的男孩儿都杀掉。这样查过

① 夏秋主编：《满族民间故事·辽东卷》（上卷），辽宁民族出版社 2010 年版，第 9 页。

② 被访谈人：查树源，男，满族，75 岁，新宾满族自治县永陵老城人。访谈时间：2017 年 8 月 5 日。访谈地点：沈阳宾馆。访谈人：詹娜。

三天，杀死不少小孩。随后，京城又传来圣旨：说真龙天子还未降生，他得吃着老龙岗山上的土才能降世。一对给围山官兵送饭的老夫妇恰巧吃了沾上老龙岗泥土的豆腐，老太太生下一个男孩。这时京城又传来圣旨：说真龙天子已经出世，命令把老龙岗山下三十里的百姓全部杀掉，说他们抗旨，窝藏真龙天子。老两口舍不得孩子，想办法把孩子放在梁柁上。孩子幸免于难，取名小罕子。

这三个版本的叙事无一例外都向人们传达了这样的信息：努尔哈赤是神指定的真龙天子，他的命运在其出生之前就已经注定，而这种神的旨意和命中注定首先就要从努尔哈赤不同寻常的出生开始呈现。同时，"神奇诞生"也注定了英雄和普通人之间的差别早已经被神界定。尤其是第三个版本《罕王传说》中，在"真龙天子即将降生"的预言下，明朝皇帝为杀掉小罕，开始大规模屠杀，很多无辜百姓丧生，小罕却能大难不死，侥幸逃脱。足可见罕王与众不同，必成大事。与此同时，满族民众对罕王一致认同和高度崇拜的族群心理也表现得淋漓尽致。

在前两个版本的讲述中，还有一点需要特别注意的就是有三篇叙事都提到努尔哈赤的出生和王杲有关联。王杲是什么人呢？据史料记载，在16世纪中期明朝开始衰落之时，王杲逐渐成为抚顺关外的风云人物。当时，王杲统辖浑河流域的建州女真人，大营设在古勒山城，苏子河下游右岸，即今辽宁省新宾满族自治县上夹河镇古楼村，距离明抚顺关仅15千米，从古勒城沿苏子河可以直达抚顺关。从地理位置上看，古勒城是北方女真人进京和到抚顺马市贸易的必经之路。嘉靖后期，王杲趁明朝边防废弛，曾多次侵袭边内各地，肆行杀掠，与明朝官兵正面宣战。也正是在王杲的带领下，建州右卫女真人以古勒城为中心，迅速成长壮大，扩建军事要塞，为以后建州女真统一各族奠定非常坚实的基础。据《万历武功录》记载："王杲为人聪慧，有才辩，能解番、汉语言字义，具有才能，而且剽悍，建州女真人都听他调度。"据说曾经"奴役数十酋"，自称有数万骑。当时人认为：建州女真从设卫以来，"未有倔强如王杲者"。① 这种官方记载与辽东满族民众对王杲的记忆不谋而合。在桓仁、新宾等王杲经常活动的地带，关于王杲的记忆和传说很多，如《老杲子》《先祭王杲后祭永陵》等。当地满族民众多称王杲为"老杲子"，是一个英勇凶猛、敢于和明军做斗争的女真族城主形象。甚至遇到谁家小孩哭闹，大人就会用"别闹，老杲子来啦"的话语威慑孩子。可见，王杲之性格倔强、剽悍勇武、聪慧才识，无论是在女真人的心目中还是在明朝官府的印象里都是达成共识的。

再有，王杲和努尔哈赤之间到底是什么关系？史料上对两者的关系也没有统一而明确的说法，按清朝史册记载，努尔哈赤的生母额穆齐为喜塔喇氏阿古都督之女，很多研究者根据明朝文献考证，这位阿古都督应该就是建州著名酋长王杲或其子阿台。② 这就说明王杲应该是努尔哈赤的曾外祖父或外祖父，其中，认为是努尔哈赤外祖父的记载居多。如《桓仁建州女真志》中记载，王杲姓喜塔拉氏，明嘉靖八年生于桓仁县五女山下，是《永陵喜塔拉氏谱书》所记载的五世祖显祖宣皇后之父喜塔拉·阿古都督，是努尔哈赤的外祖父。③ 然而，民间的记录却并不与之相同。

版本一《罕王出世》《先祭王杲后祭永陵》中讲王杲是努尔哈赤的父亲，版本二《人参仙女额莫齐》中讲王杲是努尔哈赤的岳父，但对于王杲是努尔哈赤外祖父的描述在民间却并不多见。为什么后来的满族民众一方面相信努尔哈赤的出生与王杲有关，但另一方面又将两者的关系认定为更亲密的父子或丈人女婿的亲子关系呢？即使是在当下对满族民众的访谈中，他们也依然坚信王杲是罕王的父亲。

---

① 参见李燕光、关捷主编《满族通史》，辽宁民族出版社2001年版，第117页。

② 参见孟森《清朝前纪》"显祖纪"、《满洲开国史讲义》"显祖宣皇帝补记"；王在晋《三朝辽事实事》总略"建州"。转引自佟悦《努尔哈赤》，载于顾相奎主编《辽海讲坛·第九辑（历史名人传）》，辽宁教育出版社2012年版。

③ 桓仁建州女真志编委会编：《桓仁建州女真志》，凤城市报社印刷厂2006年版，第186页。

为什么人家讲要先祭王杲后祭永陵呢？因为老罕王的爹根本不是塔克世，而是王杲，王杲给塔克世拉帮套生的罕王。罕王小名叫小罕子，他家那时候非常穷，要不他怎么养活不起他妈呢？（王杲）那个当时就在他家住，还生了小罕子。赶小罕子大了以后，王杲上长白山挖人参，饿死了。当时的人都信迷信啊，他妈就说："你去把你爹、你爷爷的坟给起回来，起回来安置个好地方。你现在也能行了，妈也快要死了。"现在年头久了，究竟他爷爷在哪个地方葬的，咱也不清楚呀。小罕子就去把他爷爷的坟、他爹的坟都起回来了。回来的那天路过永陵，原来叫新宾堡。那地方相当繁华，就在那个地方的一个大车店住下了。但他心想：我背着爹和爷爷的骨头，这玩意儿拿到屋里或放别的地方太不方便了。这时候，他一看这三棵大榆树，榆树中间有个杈，就往这个杈上一搁，心想：第二天我走的时候背起来就走，还不用交住店的住宿费了，（小罕子那时候穷啊）就住我个人就完事了。他当时是这么打算的，就把他爷爷和他爹的棺材房子搁那个树杈上一夹。赶到第二天早上起来之后，一看，这榆树把这两个棺材房子都包里头去了，长上了，拿不下来了，那也就只好这么的了。事后，南蛮子来挑过龙脉，拿着罗盘一看，说这是条悬龙，空中的龙，这个龙脉你根本挑不了，就这么罕王坐地了。为什么说"老罕王坐奉天心满意足"呢？意思就是说在那个时候，他坐地奉天之后就说："我这一生就是满足了。"①

罕王真正的爹叫王杲，到长白山去挖参，时间太长了，饿得走不出来了。路过一个小河套，在那里三天就吃了两个蝲蝲蛄。这个蝲蝲蛄就像现在龙虾那么个东西，现在咱们这儿还能看到，但很少了。罕王怎么找着他爹的？王杲在那儿写了首

① 被访谈人：石常德，男，满族，65岁，本溪市桓仁满族自治县八里甸子镇村民。访谈时间：2008年7月25日，访谈地点：桓仁满族自治县八里甸子镇石常德家。访谈人：李楠。

诗：扁（piān）江过海来挖参，三天吃了个蝲蝲蛄，你说伤心不伤心？有人要寻我的尸和骨，顺着蝲蛄河往上寻。他爹就这么样饿死了，努尔哈赤看见这个诗，就把他骨头捡了。[①]

　　为什么民间百姓会将王杲和努尔哈赤认定为更加亲密的父子或丈人女婿的亲子关系呢？究其原因，不外乎有两种。其一是王杲的征战轨迹为努尔哈赤的崛起打下坚实基础。明朝末年，王杲凭借天然的地理优势，不断向明朝挑衅。1574 年，李成梁率军迎击王杲，在古勒山城开战，王杲受重挫。1575 年，王杲被抓，被送至北京处死。王杲死后，其子阿台再次蓄意反抗明朝。1583 年，李成梁又在古勒城打败阿台，并意外地杀掉努尔哈赤的父亲和祖父，才把努尔哈赤推上真正的历史舞台。努尔哈赤以杀我父祖七大恨起兵后，1593 年又在此发起著名的古勒山之战，这是明代女真各部统一战争史上的转折点，坚实地奠定了统治女真、登基称汗的地位。其二是王杲与努尔哈尔都具有英雄的品质和壮举。据《漠北精英传》记载，王杲是与努尔哈赤并称的首领，堪称努尔哈赤之前女真史中最著名的人物。[②] 若想凸显努尔哈赤的英雄轨迹，势必要凸显其不平凡的英雄出身。在努尔哈赤之前的女真发展史中，族源关系最亲密、活动范围重叠最多、影响力最大的人自然就是王杲。此时亲子关系的建构要比祖孙关系更能有效地传达出努尔哈赤具有和王杲一脉相承的英雄品质和旷世气概，更能凸显一代帝王的特异之处。

　　此外，除了神谕式暗示，民间关于努尔哈赤神奇诞生还有第四个版本的记录和描述，即"弃子"母题。以桓仁县富察德生讲述的《老罕王名字的来历》为例，其内容主要是，王杲为义女额莫齐比武招亲选中塔克世，为他们操办婚事。第二天，塔克世领额莫齐回

---

① 被访谈人：秦玉成，男，满族，61 岁，本溪市桓仁满族自治县八里甸子镇村民；访谈时间：2008 年 7 月 25 日，访谈地点：桓仁满族自治县八里甸子镇秦玉成家。访谈人：李楠。

② 参见李燕光、关捷主编《满族通史》，辽宁民族出版社 2001 年版，第 119 页。

到赫图阿拉老城住。不久，额莫齐怀孕一年多才临产，折腾三天三夜，孩子也没生下来。塔克世的阿玛（父亲）觉昌安听信了萨满婆子说额莫齐是妖怪转世的谎话，命老家奴把额莫齐送到荒郊野外。此时正值寒冬腊月，老家奴不忍心看额莫齐死，就在窝棚地上铺了一张野猪皮，给她盖好被子，自己跳崖而死。随后，额莫齐的孩子出生在野猪皮上，老虎给孩子喝奶，大鹰为娘俩挡雪，二人才存活下来。三天后，额莫齐用野猪皮包着孩子，回到赫图阿拉老城。觉昌安非常后悔，立即斩杀萨满婆子。因为小孩是用野猪皮包裹，就给孩子取名努尔哈赤，即"野猪皮"的意思。

这则故事中努尔哈赤"出生被弃""弃而不死"的母题在满族英雄神奇诞生叙事中经常出现，不仅是努尔哈赤，满族的先祖库布里雍顺在出生时也被迫乘木排顺河而下，最终都成功存活下来，并成长为族群英雄。这种"弃子"与"不死"的结合恰恰凸显出被弃者的天赋神奇与非同寻常。

二 苦难童年——少小离家、自谋生计

据史料记载，努尔哈赤出生在一个没落的奴隶主家庭，他的童年生活并不幸福。努尔哈赤 10 岁丧母，继母纳喇氏时常虐待他和三个弟妹。为谋生计，努尔哈赤自少年时代起，就时常上山打猎、挖人参、采松子，拿到抚顺马市上交易维持生活，补贴家用。从努尔哈赤娶妻生子的年代及相关历史记载分析，努尔哈赤在 12 岁至 18 岁离家在外，独自闯荡。这段经历对努尔哈赤日后勇武坚韧的品格、精明能干的头脑以及统一部落的伟业都产生了直接而重要的影响。

因为努尔哈赤的出生不同于凡人，帝王之命早已注定，所以他处处受到命运之神的眷顾，虽然历经坎坷与危险，但总能化险为夷，转危为安。这在彰显其神圣尊贵身份的同时，也为他日后成就大业积累资本。这些资本既包括物质金钱的储备，也包括生存技能的习得、坚强勇武的磨炼以及锲而不舍的品质。在辽东地区，尤其是新宾，流传着很多"小罕子"童年时期的传奇经历。如《找活

佛》讲述努尔哈赤渴望长大成才，帮助自己和老百姓走出困境的故事。其梗概为：小罕子听说一个活佛很厉害，下决心要找到他，在庙里偶遇一个老道。老道说出活佛的形象，并赠送一个锦囊。结果，努尔哈赤回到家，看到母亲正好与活佛的形象一致，而锦囊里写着"在家孝父母，何必远烧香"。这件事使年幼的努尔哈赤明白好好孝敬父母才是做人做事、建功立业的前提与基础。这则叙事与汉族的"问活佛""找幸福"类型叙事基本相似，主人公在"问""找"的过程中无意中完成自己的心愿，为其向英雄人物的成长起到积极的助推作用。

　　与此同时，还有一类是表现努尔哈赤学习、掌握并提高生存技能的叙事。如《小罕子学艺》《小罕子打虎》《小罕子玩虎》等。其中，《小罕子学艺》侧重描述雄心壮志的小罕子历经千辛万苦学习技艺的过程，故事中讲道：小罕子从小就怀有远大的志向，而且喜好舞枪弄棒，在和几个小朋友玩耍时，别人问他，你长大了想干什么，他说："我想管天管地。"不仅如此，小罕子天生力气大，"他一箭能射死个兔子，他一石头能打死个鸟，他枪、刀都会，我们摔跤四五个人都摔不过他"。① 在佛陀老母的指导下，小罕子花费四年时间学习射箭、兵法和武艺。小罕子在学艺过程中谦虚勤奋、不怕吃苦，学艺结束后，具备超人的本事。最后，老母告诉他学艺的宗旨是为民造福。英雄不仅要武艺超群，更要心怀天下，慈悲人民，这些品质乃是成就大业的根本，也是一个民族英雄最具感召力之处。努尔哈赤历经的苦难童年尤其彰显出少年英雄身上必备的坚忍不拔、锲而不舍的品质。《小罕子打虎》《小罕子玩虎》更是渲染小罕子"英雄出少年"、力量过人、胆识过人的英勇形象。老虎是自然界中力量与勇气的最佳结合，凶恶的老虎不仅被武艺高强的小罕子制伏，而且表现出难得的温顺与臣服。这些叙事的刻画都是对罕王命中注定成为帝王的文化信息的全方位铺垫和注释。在

---

① 夏秋主编：《满族民间故事·辽东卷》（中卷），辽宁民族出版社 2010 年版，第 10 页。

不断强化罕王不同常人的本领的同时，满族民众对罕王的英雄角色和神圣地位的认同和崇拜心理进一步得到巩固。

有一个重要角色和努尔哈赤的童年成长经历密不可分，那就是明朝辽东总兵李成梁。前文已述，努尔哈赤在 12—18 岁外出谋生，究竟去什么地方，正史中基本没有明确记载。但在明朝文献中略有提到，他少时曾在王杲家为佣工，或是为明辽东总兵李成梁当亲兵。① 正是文献中没有明确记载的这段时间，民间口承叙事的流传发挥出很大的想象功能和记忆历史的价值。

在辽东地区，流传最广泛的关于努尔哈赤的传说就是其与李成梁之间的恩与怨。代表性文本有《清马义犬索伦杆》《罕王脱险》《两匹神马》《笊篱姑姑救小罕》《地蜎蚧救小罕》等。这类叙事主要讲述罕王自小在李成梁家做佣工，也有说罕王最初是在王杲家做佣工，但在李成梁攻打王杲部落时才被抓到李成梁的家里。小孩聪明勤快、干活利索，深得李成梁和他小妾的喜爱。因为小罕无意中说出自己脚下有七颗痣而被李成梁发现他正是朝廷要抓捕的真龙天子。于是引来杀身之祸，但在笊篱姑姑、大青马、二青马、黄狗、乌鸦、地蜎蚧等人和动物的帮助下，小罕子奇迹般地脱险。后来，罕王做了皇帝，不忘恩人的救命之恩。"喜兰被封为万人妈妈，家家永世供奉，也就是满族供奉的歪梨妈妈；为纪念大青、二青两匹马救驾有功，取国号为'清'，将两匹神马画到祖谱画上，捏成两个泥马供奉；规定满族人不准戴狗皮帽子、不能吃狗肉，每年拿出一石二斗粮来喂喜鹊老鸹；满族家家过年的时候，在院了里竖个大杆子，上边挂个大笊篱，笊篱上挂两条红布条，纪念笊篱姑姑。"这类叙事在辽宁满族地区流传非常广泛，几乎人尽皆知。叙事不仅延续了努尔哈赤有神护佑的天子命运，还塑造了一个"知恩图报、重情重义"的英雄形象。此时，努尔哈赤的英雄身份越来越突出，伴随着他的逐渐成长，搭救他的不再是仙女、道士、高人、白胡子

---

① 佟悦：《努尔哈赤》，载顾相奎主编《辽海讲坛·第九辑（历史名人传）》，辽宁教育出版社 2012 年版。

老者等神仙，而是民众生活中最为常见的马、乌鸦、喜鹊、地蝲蛄或者是平平凡凡的普通人——喜兰、老婆婆。努尔哈赤虽是神定的真龙天子，但仍然不能脱离养育他的民众、不能脱离他生活的生态地域、不能脱离他成长的社会伦理。在民间的生活哲学世界里，最讲究的就是世道人心，也就是"义"，作为民族英雄的努尔哈赤必然成为民众伦理道德的典范。民间故事是民众经验世界的记录与反映，更是他们对周围生活的认知。在民间叙事中，小罕子的高贵品质就在于他的人性，作为一个有血有肉的、亲切的、怀有情感的人，这样的人必定会受到族人的拥护和敬仰。

三　迅速成长——起兵复仇、壮大威望

19 岁时，努尔哈赤与当地女真佟佳氏姑娘哈哈纳代青成婚，与父亲分家自立门户。继母只分给他少量的财物和奴仆，努尔哈赤仍需靠渔猎采集和到抚顺马市进行贸易维持生计。婚后，努尔哈赤生下长女东果格格和长子褚英。明万历十一年（1583），也就是努尔哈赤 25 岁这年夏天，努尔哈赤的祖父觉昌安、父亲塔克世在明军围剿古勒山城的时候，被明军杀死，史称"古勒寨事件"。这一事件对努尔哈赤造成很大的心理影响，也是导致努尔哈赤起兵复仇的最直接导火索。面对祖父和父亲被害的事实，努尔哈赤无力向明朝复仇，就将怨愤转向为明军做向导的建州图伦城主尼堪外兰。努尔哈赤以家中所存十三副遗甲聚集数十人起兵，攻克图伦城。在一路追杀尼堪外兰的过程中，努尔哈赤夺下萨尔浒城、兆佳城、马儿墩城、翁克洛城。在抚顺城明朝官员拒不收留的情况下，尼堪外兰终于被努尔哈赤杀死。从此，努尔哈赤在建州女真人中的声望越来越高。

努尔哈赤为祖报仇、集甲而起的这段历史，在民间叙事中也有记载。如新宾县查树源讲述的《努尔哈赤与五副甲》①，其内容如下：

---

①　夏秋主编：《满族民间故事·辽东卷》（中卷），辽宁民族出版社 2010 年版，第 14 页。

当年，小罕子被明朝的官兵追赶，他带领六个弟兄，一天一夜，逃到新宾东边的茶壶吊子山里躲藏起来，这时天已经黑了。

为什么明朝官兵要抓他们呢？据说是因为小罕子家违反了明朝法律，要把小罕子家满门抄斩。小罕子当时正好没在家，所以幸免一死。他逃跑以后，朝廷画影图形到处悬赏捉拿他。小罕子带着六个人跑得是筋疲力尽，在茶壶吊子山山脚下躲着，又饥又渴又累，就睡着了。这时来了一个老太太，手里还提着一个灯笼，走到他们跟前，拿灯笼照照，看他们几个人岁数不大，就叫醒他们，问他们是干什么的。

小罕子说："我们是逃难的，官兵要杀我们全家，到处抓我们，我们逃出来了。"老太太说："这些我都知道了，我还知道你叫小罕子。你们起来，跟我走吧。"他们几个就跟老太太走了。老太太把他们带到山上的一个洞里。给他们拿出用黏米做的牛让他们吃，小罕子他们一气儿都给吃了。老太太说："嗯，都吃了？你们这回可都长了牛劲儿了。官兵再撵你们可就更撵不上了。"

小罕子他们听老太太这么一说，感觉浑身都是力气了。老太太又对小罕子说："我祖上留有五副铠甲，送给你吧。"于是，老太太打开一扇门，门里是一个石洞，从石洞里拿出一个里三层外三层的布包，包里有金银铜铁锡五副铠甲，青赤黄白黑五色。他们几个人穿上铠甲以后，杀出了官兵的包围。

后来，小罕子得了天下，被人尊称为罕王。罕王再来茶壶吊子山找这个老太太，却找不着了。罕王为纪念老太太，就把茶壶吊子山封为五副甲。

这则叙事将五副甲的来历设计成救了努尔哈赤一命的老太太提供，五副铠甲不仅来历神秘，功能更为神奇。本来已经被明朝官兵追赶得没有退路，穿上铠甲后却能顺利杀出重围。虽然这些描述与正史记载多有出入，但并不影响传说在民间的广泛流传。相反，恰恰是传说这种幻想性、附会性、传奇性特点为努尔哈赤的英雄色彩披上一层神秘外衣，满族后世在口耳相传的过程中也会加深对罕王的尊崇和认同。除了集甲而起，在辽宁地区还流传着大量努尔哈赤起兵后四处征战、统一部落的故事，代表性文本有《努尔哈赤智取哈达部》《努尔哈赤征服乌拉国》《努尔哈赤劝路王》《努尔哈赤收秦亮》等，从底层视角对正史记录作出很好的补充和注释。

民间口承叙事在族群内部不断传承和拓展的过程中，除了有记录历史、对正史记载进行补充和诠释、凸显叙事主题的功能之外，还能更充分而全面地彰显人物性格、刻画人物形象，使人物性格立体丰满。尤其是对英雄品格的塑造，与其说是英雄的品格，不如说是普通民众自身对人生、对成功、对未来的理性思考与理想界定。所以，在满族民间口承叙事中，我们还能见到努尔哈赤之所以能成为英雄人物，受到族人的认同和推崇，除聪明勇武之外，还有宽厚仁慈、以德报怨、同情弱小、爱护民众的包容情怀。如《努尔哈赤送酒》讲努尔哈赤最喜爱的青鬃烈马身中剧毒，兽医想尽办法马上就要把宝马治好了，但马却被密林深处的几十个难民偷走，并用火烤了吃肉。努尔哈赤知道后，并没有责罚难民，反而让军医给难民送去高粱酒，为难民解毒。后来在努尔哈赤身陷包围圈的危急时刻，这些难民突然出现救了努尔哈赤。在努尔哈赤生活的时代，打仗主要靠的是骑兵，马在战斗中起重要作用，如果没有骑兵或骑兵很弱，战斗就很难获胜。满族人的前身女真族生活在北方的草原、山林之中，马不仅是他们的战斗伙伴，更是他们的交通工具与生活来源，努尔哈赤小时候就在抚顺的马市上交易马匹。马不仅具有矫健的体魄，更具备忠诚的品质，所以马在满族人心目中的地位非常高。在《两匹神马》中也讲到马救小罕子，后来马受到满族人的供奉与纪念。一直到 20 世纪 80 年代左右，满族聚居地的许多农村人家都要养马。正是因为"罕王您真是好罕王，有好生之德"，才使罕王受到普通百姓的热爱。还有《大伙房的来历》《半拉背传说》等也是对罕王大公无私、爱护百姓的优秀品质的弘扬。

四 建功立业——统一女真，创建大金

起兵之初，努尔哈赤的兵将并不很多，根基还很浅薄。然而，凭借智勇双全、谋略超群的才能，一次次的战斗使努尔哈赤的声望大震。仅用三年时间，努尔哈赤就取得附近多座城寨，杀掉对手尼堪外兰，为称雄建州奠定基础。外加当时的明朝政府无力对付建州女真，也给努尔哈赤的初期创业提供了非常有利的外在环境。万历十五年（1587），努尔哈赤在苏子河畔佛阿拉——今天的新宾县二道河子旧老城筑城三层——建立宫室。"定国政，凡作战、盗窃、欺诈，悉行严禁。"当年并吞哲陈部，次年并吞王甲部。与此同时，密切与明朝政府的关系，用女真地区所产人参、兽皮、良马等与汉人贸易。万历十七年（1589），明廷封他为都督佥事。万历十九年（1591），努尔哈赤又吞并鸭绿江部，控制了建州女真的大部分地区。1593 年，自认为比建州强大的海西女真，即叶赫、哈达、乌拉、辉发各部，合称"扈伦四部"，纠集哈达、辉发、科尔沁、锡伯、卦尔察、朱舍里、纳殷组成九部联军，向努尔哈赤发动进攻。存亡关头，努尔哈赤表现得镇定果敢，成功擒杀对方首领，大获全胜。这一战被称为清开国史上著名的"古勒山之战"，使 35 岁的努尔哈赤更是威名大震、雄视诸部。①

此后十几年，努尔哈赤运筹帷幄，逐步征服海西女真，扩大统一事业。在此期间，他还创造满族文字，发明保存人参的"蒸煮晾晒法"，用女真传统物产与明和朝鲜互市交换，创建"八旗制度"。"八旗"是在原有的"牛录"组织基础上改建，三百男丁编成一牛录，五牛录编成一"甲喇"，五甲喇再编成一"固山"（旗），各设"额真"统之。1601 年，努尔哈赤将所属四"固山"，分别以黄、白、红、蓝色旗帜区别。1615 年，因为部族增多，就在原有四种纯色旗外增加四种镶边旗帜，即镶黄、镶白、镶红、镶蓝旗，最后完成"八旗编制"。八旗既是军事组织，也是行政和生产单位，努

① 参见李燕光、关捷主编《满族通史》，辽宁民族出版社 2001 年版，第 136—139 页。

尔哈赤为八旗之主,分领各旗者均为其子侄,这样就使几十年间从各部落聚拢来的女真人形成了新的民族整体。

努尔哈赤创建八旗的这段历史,在民间叙事中也有表现。因为八旗制度是清王朝立国、维护国家政权的基础,又是在早期的狩猎组织"牛录"的基础上改编而成,故民间叙事中多将八旗的来源与祖先溯源放在一起,以增强八旗制度的神圣性,表达和强化普通民众对八旗制度的认同和归属感。如《天池缘》《库布里雍顺和他的八个兄弟》中都有类似情节,即将八旗制度追溯到诞生满族先祖的八个仙女身上,八个仙女的孩子后来成为满族的八旗,仙女衣服的颜色也成为满族八旗旗帜的颜色。从八旗创建的具体时间来看,这种解释具有明显的荒诞性,但从叙事的流传和解释来看,这并不影响民众对它的理解和认同。

在征战统一的过程中,努尔哈赤的光辉高大形象非常突出。然而,努尔哈赤并非圣人,即使是英雄也有世俗的一面。据史料记载,因为担心自己的弟弟舒尔哈齐和长子褚英对自己的威望和地位形成威胁,刚毅果决的努尔哈赤在对二人有不良印象后,立刻下手反击,1609 年,将舒尔哈齐囚禁直至其去世。1615 年,将褚英处死,以绝后患。努尔哈赤的这种心狠手辣,对亲人也毫不手下留情的性格在民间叙事中也有表现。当然民众对努尔哈赤是十分拥护和爱戴的,于是,即使是努尔哈赤亲手杀掉自己的儿子,民众也会以大义凛然、正气坦荡的形象来刻画他们心目中的英雄。如在辽东地区有一则叙事名为《太子河的传说》①,讲的是努尔哈赤分水旱两路攻打明军,水路的第一关是清河城。当时正是三伏天,明军官兵把桥拆了,把船毁了,使努尔哈赤无法攻城。于是,熟读兵书的努尔哈赤想到一个方法,下令让太子去看看河边有没有冻冰。太子心想三伏天怎么会冻冰,看了之后就如实说没有结冰,努尔哈赤立刻命令手下把太子杀掉。然后又让二太子去看,二太子猜到努尔哈赤

---

① 夏秋主编:《满族民间故事·辽东卷》(上卷),辽宁民族出版社 2010 年版,第 239 页。

的计谋，回来就禀报努尔哈赤说，河水已经结冰了，可以过河。努尔哈赤一乐，立即下令半夜攻城。明军没有想到努尔哈赤能过河，在毫无防备之下被打跑了。努尔哈赤攻下这城，就将这条河命名为太子河。

1616 年，58 岁的努尔哈赤在众人拥戴下，在赫图阿拉城举行隆重的登基典礼，定国号为"大金"，史称"后金"。这既是努尔哈赤 30 多年来致力本民族统一事业的结晶，又是这个民族重新崛起的标志。至此，一位族群英雄历经神奇出生、苦难童年、历练成长等生活要素的量的积累和考验，最终一蹴而就实现了向帝王转变的质的突变，成为新社会秩序的开拓者和缔造者。在普通民众心目中必然对这一英雄的出现充满认同和接受，进而完成对过去的记忆和塑造，正是这些历史的记忆使族群的精神和历史得以凝聚和延续。对民族英雄的记忆与崇拜是本民族文化中最神圣的部分。满族的英雄努尔哈赤开创满族基业，南征北战，奠定统一中国的大业，这段时期是满族历史上最辉煌、最荣耀的时期，这段创业历程集中了满族人的喜怒哀乐与悲欢离合，最能彰显满族民族凝聚力与集体认同的记忆。

听着这些罕王故事，我们会发现罕王不仅是一个有着强健体魄、智勇双全、志向远大、锲而不舍、敢作敢为的英雄豪杰，更是一个知恩图报、重情重义、爱护百姓、宅心仁厚、同情弱小的民族领袖。他不仅具有超凡的能力与智慧，也有充满人情、人性的可贵品质。既有勇武过人的禀赋，也有人性的合理表象。从对民族英雄各类品质的崇拜上也能看出满族民众的心路历程与变化，折射着满族民众的内心世界。在生产力低下、生活艰辛的早期社会，对英雄的崇拜更多地集中在对力量与勇气的推崇上。生活于乱世的人们渴望人性的善良与诚实，这些美好愿景不仅是所有人类的共同希望，更是早期生活艰辛的满族民众的群体理想。在共同的英雄故事记忆中，体现出满族民众对世界的认知与人格的思考，将他们的民族情感紧紧联系在一起。

第三节　生活叙事与区域社会发展史折射

历史上的辽东堪称东北地区的政治、经济、贸易中心，也是联系中央政权与东北边域的军事中心。明朝政府在辽东地区建立驿站、开关互市的同时，为加强东北边域的防范，在辽东地区修建工程浩大的辽东边墙。多少年来，辽东边墙内外的防守与进攻一次次地上演，并推动着历史前进的步伐。到了清代，为保护皇家围场不被外人染指，清政府又在辽东地区修筑柳条边防，作为当地一道天然的防御工事。清帝迁都沈阳后，满族八旗子弟及其后代一直在辽东地区生活。随着时间推移和社会变迁，尤其是到了清代后期，原本享有各种特权的贵族生活逐渐没落，变卖旗地成为旗人解决生活问题的唯一出路。这些重大的历史机遇和历史事件对于生活在开关互市、边墙内外、皇家禁区的辽东满族民众来说，一直都没有被遗忘。相反，他们以其特有的底层记忆和历史记录方式将这段历史保留下来，借助民间叙事的讲述和传播将这段历史一代代传承下去。

一　开关互市与马市交易

为了招抚和统治东北地区的女真人，扩大在东北地区的统治力量，明朝政府逐步加强与东北地区的联系，他们在女真人居住的地区设立卫所、驿站，开关互市，这种汉族经济文化的渗透对当地女真族的经济和社会发展带来重大的影响和推动作用。尤其是开关互市，一方面满足女真人在经济方面的直接需求，另一方面也达到明朝巩固统治的政治目的。明朝马市几经增设改置，多为配合女真人的迁移轨迹。据《明太宗实录》记载：永乐三年（1405）开设开原、广宁马市，接待海西女真人、蒙古人、黑龙江女真人互市。因建州女真人逐渐迁居苏子河流域，天顺八年（1464）又在抚顺城东开设马市。隆庆、万历年之交（16世纪后期），将开原城南马市改到广顺关，即开原县东貂皮屯，与海西哈达部居地接近，以笼络哈达部。应建州女真人的请求，万历四年（1576）设立宽甸马市。

同年，又在清河城（即今本溪满族自治县清河城镇）和叆阳（即今凤城县叆阳镇）设马市。可见，辽东开源、抚顺、本溪、凤城等满族聚居地在历史上都是和明朝交易的重要场域。马市交易中，除马以外，女真人的主要货物有牲畜、貂皮、鹿皮、水獭皮、各种野兽皮毛、人参、木耳等。明朝用来互市的货物主要是衣料，如缎子、绢、布以及铧、铁锅等。①

明政府开关互市虽然是对女真人经济发展诉求的一种满足和回应，同时，更重要的还有巩固边境、维持统治的政治目的。正如宣德皇帝对大臣所说："朝廷非无马牛，而与之为市。盖以其服用之物，皆赖中国，若绝之，彼必有怨心。皇祖许其互市，亦是怀远之仁。"② 这种以"怀远之仁"形式展现的互市自然由明朝政府掌握生存命脉。马市交易中，经营者必须要向政府交纳税金，即互市税，又称"抽银"。这些收缴上来的抽税金被明朝政府用来作为抚赏马市的女真人及其他互市人的费用。所谓抚赏，就是通过在互市上和其他方面给予女真人特殊的待遇，同朝贡一样，达到笼络女真人的目的。然而，这种互市制度在明朝经济安定时起到一定的安抚和稳定效果。在明朝后期，朝廷形势每况愈下，抚赏的效果并不尽如人意。明朝在边关与女真人的互市交易是建立在政治隶属关系之上，这就决定互市交易明显受政治环境的变化影响。事实也确是如此，随着政治局势的变化，边关互市时松时紧，时开时停，成为产生和激化女真人和明朝政府之间矛盾和冲突的导火索。

对于这段开关互市的历史，在辽东满族民众的记忆中也有记载和表现。最有代表性的就是在桓仁地区采录的《老呆子》③，其内容如下：

---

① 参见李燕光、关捷主编《满族通史》，辽宁民族出版社 2001 年版，第 101—105 页。
② 《明宣宗实录》卷 84，转引自李燕光、关捷主编《满族通史》，辽宁民族出版社 2001 年版，第 103 页。
③ 夏秋主编：《满族民间故事·辽东卷》（上卷），辽宁民族出版社 2010 年版，第 12 页。

在咱东北，桓仁、新宾到通化这一带，小孩儿要是哭、闹，不听话，大人就吓唬："再闹，老呆子来啦！大虎呆子来啦啊！""老呆子"这名是啥时候留下来的呢？在王杲做古埒城城主的时候留下来的。

当年，明朝的边将李成梁，在抚顺一带守边。明朝朝廷呢，挺好，在东北设很多马市，当中就有清原马市、抚顺关马市。那时候马市，每个月定期开放两次，让女真人和汉人交换物品，就像现在的自由市场。朝廷呢，在边关收税，明朝朝廷的规定挺好，都正常交税。可是守关的明军，欺负、勒索女真人，女真人野性，不服他们勒索，就跟守关的明军干仗，仇也越积越深。

古埒城主王杲是女真部落的头领，他一听女真人受欺负，急眼了，就带着一伙儿人，骑着马，闯进抚顺关马市，见着守边收税的明军就杀，杀红眼了，最后连交易的汉民也杀，抢走了他们的马匹和物品，占领了马市。把那些手无寸铁的抚顺关内的汉人，吓得一个个不知怎地好，私底下就给王杲起了个外号儿："王老呆子"。所以说呢，当地人平时就用这话吓唬小孩儿，小孩儿一听，王老呆子来了，一声不敢哭，也不敢叫。

后来，朝廷下令，把抚顺关马市关闭了，这一关就是几个月。马市不开，女真人没盐，没铁器，没马匹，生活不了，他们就上书朝廷，要求开关，恢复交易。朝廷又重新开市，开市以后，地方上的守关明军照样勒索。王杲呢，再带女真人去打。

这样，把朝廷又惹翻了，一面安抚，一面带兵去围剿女真人。李成梁受命带领几万明军，把古埒城团团围住。古埒城这地方，三面靠山，一面朝水，易守难攻，可是天长日久，城里没柴没粮，王杲带领女真部落守着古埒城，就是不投降。

有个叫尼堪外兰的女真人，投降了明军，做向导，把明军引到古埒城，抓住了王杲。

王杲被抓，被明朝朝廷施了"千刀万剐"之刑，土话叫

"活割肉""刮刑"。行刑时候，王杲一直破口大骂，剩下不点肉了，叫骂声仍不停，最后给活活刮死了。

这则叙事的文化信息非常丰富，既有对明朝政府开关互市的历史记忆，也有对王杲起兵反抗明朝政府的历史呈现。同时，还非常鲜明地表现出满族人、汉族人对同一历史事件的不同认知和族群差异。

第一，关于明朝政府开关互市的历史记忆和真实记录。叙事开篇关于明朝在东北设清原马市、抚顺关马市，马市每个月定期开放两次，以及朝廷征收边关纳税等内容的讲述，就是对当时明朝政府开关互市的最生动记录和描述。

第二，对王杲搅乱马市、挑衅朝廷、最终被明朝政府处死的历史回忆和记录。前文在讲到努尔哈赤的出生叙事时已经提到过王杲。王杲是明朝中后期出现的女真人首领，也是努尔哈赤之前敢于公开和明朝政府作对、发动战争的女真首领。王杲的活动区域就在明朝开设的马市附近，他通过占据马尔墩和古勒山、掌管百里水渡而控制东北女真各部进京朝贡、到抚顺马市交易和经商的咽喉要道。凭借这一优势他收买皮张土货，兴造船只，训练兵丁，不断扩大自己的势力。在时关时开的马市交易中，为了维护女真人的利益，经常与明朝政府发生冲突。叙事里讲道："明军欺负、勒索女真人，不服他们勒索，就跟守关的明军干仗，仇也越积越深"。"王杲一听女真人受欺负，急眼了，就带着一伙儿人，骑着马，闯进抚顺关马市，见着守边收税的明军就杀"。这些情节都是对王杲与明军发生战争的描述和解释。然而，翻开史料记载，其内容与民众的口叙记忆完全吻合。据史料记载，王杲以抚赏不善为借口，经常侵犯边境，直到明朝调派大军才得以平定。①

第三，王杲的人物形象在满族人与汉族人的记忆中呈现出明显的族群差异。在满族民众看来，王杲骁勇善战、足智多谋、胸怀大志，与明开战，为建州女真的发展和壮大起到直接的推动作用，堪

---

① 李燕光、关捷主编：《满族通史》，辽宁民族出版社2001年版，第106页。

称建州女真的英雄。满族后世还有王杲是努尔哈赤的外祖父、"先祭王杲后祭永陵"的说法，足可见王杲被满族民众认定为族群发展的祖先式人物，其在满族发展史上的地位可与努尔哈赤并重。然而，在《老杲子》这则文本中，王杲似乎被塑造为一个恶人形象，甚至是能杀人吃人的怪兽。至今在辽东民间，人们吓唬小孩时还常说："再闹，老杲子来啦！大虎杲子来啦啊！""这边是高丽人，那边是老杲子，他们俩打架呢，还哭就来抓你"等。而且，老杲子的结局被设定为受到明朝政府的"千刀万剐"、受尽折磨而死。在历史上，王杲确实是由于尼堪外兰的投降和出卖，被明朝政府活抓，最后押至北京处死。但究竟是受到何种刑罚而死就不得而知了。叙事中为何会对王杲设计如此狠毒的下场？又为何将王杲设计为凶猛邪恶、吓唬孩子的形象？这与满族民众对王杲的英雄形象认知相差太大。可见，这则叙事的讲述和传承群体最初应该是亲眼看到王杲抢劫马市、屠杀明朝官兵和无辜百姓，甚至是直接受到王杲迫害的辽东边墙里的汉族人。正如叙事里所讲，王杲"见着守边收税的明军就杀，杀红眼了，最后连交易的汉民也杀，抢走了他们的马匹和物品，占领了马市。把那些手无寸铁的抚顺关内的汉人，吓得一个个不知怎地好，私底下就给王杲起了个外号儿：王老杲子"。历史上的王杲虽是女真人的英雄，但对当地的汉族人来讲，他烧杀抢掠、凶猛邪恶，破坏马市的贸易往来，极大地影响当地汉族人的正常生活秩序，以至于人们一听到他的名字都害怕。边墙里的汉族人把这种排斥和恐惧心理折射到民间叙事中，王杲自然就被塑造成十恶不赦、千刀万剐的恶人。然而，随着后来满族人主宰天下，掌握政治话语权，当地汉族人逐渐和满族人融合，人们对"老杲子"的形象和说法也发生了细微变化。这则叙事虽然是对王杲形象的排斥和恐惧，但人们巧妙地将这种感情融入当地的童谣和俗语当中，以吓唬孩子的戏谑和玩笑口吻来展现王杲的烧杀抢掠，这就使王杲凶猛邪恶的本性明显淡化。而且，即使是现在，人们在谈起这则叙事时，也有一些人表现出含混不清、模棱两可的态度，"老杲子究竟是不是王杲，我也说不准。反正吓唬小孩儿就说'老呆子来了',到底是什么也不知道"①。可见,叙事作为记录历史、展现民众心事的手段,有时,它还会成为民众表达政治立场、附庸社会风向的工具,人们会随着外在政治环境的变化,对叙事的内容进行创造性的加工和调整,为它的传承扩布找到合理的解释依据和展演空间。

二 边墙内外的攻与防

明中后期,明朝政府为加强在东北边域的防范,尤其是对兀良哈蒙古和女真各部的抵御,永乐年间,开始修建辽东边墙。辽东边墙西起山海关,东到辽宁宽甸县鸭绿江边,与明长城衔接。边墙沿线,十里设一边堡,五里设一墩台,边堡驻军有四五十人到五六百人不等。边堡上烽火台、瞭望台密布,是保卫京师的重要屏障,尤其是在后期与女真族的战争中,明朝廷不断派重兵驻守辽东边墙。从辽东边墙的地理分布来看,辽东边墙分为三部分,即辽河流域边墙、辽西边墙、辽东东部边墙。其中,辽东东部边墙从开原镇北关起到今丹东宽甸县南境虎山地区,边墙防线正好横跨辽宁东部满族聚居区。抚顺、新宾、清原、宽甸等县地区被划在东部边墙以外,而本溪市、本溪满族自治县、凤城、岫岩等县区被划在东部边墙以里。所以,辽东满族地区自明中后期就一直处于边墙内外的军事要地,女真人向明军开战也多是以攻克边墙城堡为标志。这段边墙内外的历史在当地的民间叙事中也有许多记录和描述。

例如富察德生讲述的《海青伙洛穆昆达》②,讲的是生活于辽东边墙外的,即现今桓仁地区的董鄂部女真人防范明朝边军的故事。其大致内容为,在桓仁满族自治县铧来镇,是当年建州女真董鄂部的地盘,有个名叫海青伙洛(满语,峡谷或山沟)的村子,有几十

---

① 被访谈人:秦玉成,男,满族,61岁,本溪市桓仁满族自治县八里甸子镇村民。访谈时间:2008年7月25日。访谈地点:桓仁满族自治县八里甸子镇秦玉成家。访谈人:李楠。
② 何晓芳主编:《辽宁省少数民族民间故事大系·满族卷》(上卷),民族出版社2015年版,第24页。

户人家以养海东青捕鱼为生。一天，远处过来一队马帮，他们在富察河边住下，又是捕鱼，又是放马。海青伙洛的穆昆达一看，就要把他们赶走。放马人不搭理，穆昆达更为恼火，海青伙洛里的男人女人们就同外来的放马帮敌人打了起来。寡不敌众，来此放马捕鱼的人被打败了，穆昆达将他们送到部落首领处发落。后来才知道，他们都是明朝派来的探子，因为马耳朵上都打着标记。幸亏没有私自杀掉他们，否则必引来一场战乱。故事虽然简短，但却把当时边墙内外，女真部落和明朝政府间剑拔弩张、明争暗斗的紧张局限表达得非常鲜明。而且，叙事中还讲道："穆昆达摘下牛角号一吹，三短一长'嘟！嘟！嘟！嘟——'立即有一百多名妇女和半大小伙，手拿鱼叉、长矛锄头、铁镐，从各个马架子中奔跑出来，与外来人混战在一起。女真族的女人与男人一样，自幼学习骑射武功，个个英勇善战，外来这二十来人，哪是对手。眨眼工夫，被打得稀里哗啦，死俩，伤十多人，剩下的被生擒活捉。"这段描述的信息量非常大，不仅展现了女真人能征善战、女人与男人同样学习骑射的民族习性，还揭示出当时女真部落全民皆兵、随时防范备战的特殊社会背景。这是明朝末年辽东边墙内外，民众生活状况的真实反映。

此外，在新宾地区还流传一则名为《旺清河》的叙事，新宾也位于辽东边墙之外，通过罕王与明朝政府间的战争反映边墙内外的生活，其内容如下：

新宾的欢喜岭和旺清河的名字据说是老罕王兴兵的时候给起的。

老罕王率领部下攻打明将李总兵。这一天老罕王连跑带颠地跑了三十多里，悄悄地蹚过了吴儿江，越过柳条边，来到了一条河上。忽然间狂风大作，漫天起了白茫茫的雾。老罕王只得扎营，命人前去打探。探子回来，一脸惊慌，说："前面大河两岸人马喧闹，好像有千军万马埋伏在那里。"身边一位当官的看老罕王有点不高兴，就趁机走上前来献媚说："我主之侦探，回禀必然是实，应该多加小心啊。"

老罕王听了大怒："两军阵前我不要你这样的胆小鬼，推出去斩了！"吓得帐上帐下的人一声不敢哼。

老罕王撩起战袍，亲自到阵前观察。他穿过一片片柳条茅子，又过了一片苇塘，透过河面的白雾乍一看，好像对面埋伏了不少兵马，再一细看，对岸竟是些柳树桩子，哪里有一个人？那河水哗哗的声音初听好像人喧马嘶，细一听，那不是自欺欺人么？他走回帐来，把看到的情况一五一十地说了出来，吓得侦探哆哆嗦嗦，生怕问罪，大家都替他捏了把汗。可是老罕王并没有治他的罪，只是对大家说："兵不在多而在勇，贪生怕死非我旗下兵士！"大家一听言之有理，立刻都振起了精神。

老罕王一看，高兴了，一声号令，旌旗高扬，战鼓猛敲，杀声雷动，一鼓作气冲过这条大河，夺下柳条边门，一直打到兴京堡。

李总兵在城里没料到老罕王如神兵天降，战了三天三夜，李总兵的军队就逃得无影无踪了。

从此老罕王在兴京堡扎下了大营，把兴京堡改成了兴兵堡，就是现在的新宾县城。等老罕王坐了江山，就把那条疑有伏兵的河，起名叫"望清河"。时间久了就叫成了"旺清河"。①

这则叙事以努尔哈赤率领部下攻打明将李总兵为主要内容，在努尔哈赤足智多谋、英勇善战的指挥下，他的部队成功占据辽东边墙的兴京堡，即今天的新宾县城，也标志着对明战争取得实质性胜利。然而，这则叙事中多次出现"柳条边"的说法，认为柳条边是当时努尔哈赤攻打明朝总兵的重要战略阵地。而且，对柳条边的描述还很清晰，是一片片柳树桩子连接而成。追溯历史，"柳条边"

① 何晓芳主编：《辽宁省少数民族民间故事大系·满族卷》（上卷），民族出版社2015年版，第73页。

是清代开始修建，这与努尔哈赤攻打明朝总兵的时间明显对应不上，而"辽东边墙"却是努尔哈赤进攻明朝官兵的要塞。由此可以断定此则叙事中的"柳条边"应该就是指明时期的"辽东边墙"，是当地民众对明清时期两道不同防御工事的混淆。

　　据史料记载，清朝迁都北京后，就把东北作为"龙兴重地"严加保护。一方面是为了防止"龙脉"受损，另一方面是为了保护当地盛产的人参、鹿茸等特产为皇家所用。柳条边就是为保护"龙兴之地"而修筑的一条封禁界线。"柳条边"始建于皇太极崇德三年（1638），完工于康熙二十年（1681），全长 1500 多千米。历经皇太极、顺治、康熙三朝，用时 40 多年才基本完成。据康熙帝初年杨宾在《柳边纪略》中记载："今辽东皆插柳条为边，高者三四尺，低者一二尺，若中土（中原）之竹篱；而掘壕于其外，人呼为柳条边，又曰条子边。"① 柳条边的筑法是：用土堆成的宽、高各三尺的土堤，堤上每隔五尺插柳条三株，各柳条之间再用绳连接，称之为"插柳结绳"。再在土堤的外侧，挖深 2.7 米，底宽 1.7 米，口宽 2.7 米的边壕以禁行人越渡。柳条边一共有两条，一条是"盛京边墙"，也称"老边"，从山海关自开原的威远堡，再向南至丹东的凤城；另一条是由威远堡到吉林市北的法特，也称"新边"，新边的绝大部分不在辽宁境内。从"柳条边"的走向看，尽管大部分地区与辽东边墙的设置并不一致，但也有一部分延用辽东边墙，是在辽东边墙的遗迹上继续修建而成，这也使当地满族人容易将"辽东边墙"与"柳条边"相混淆。因为"柳条边"距离后世时间更近，而且边上栽种的柳树、城墙的建筑遗迹等一直随着历史的记忆而遗留，直到现在，在当地还能见到柳条边的部分遗址。尽管《旺清河》这则叙事将"辽东边墙"用"柳条边"代替，但对叙事主题丝毫没有影响。因为对于生活在边内外的普通老百姓而言，无论是明朝还是清代，"边"的存在都是界限的标识，是禁止逾越的

---

① 转引自《新宾满族自治县概况》编写组《新宾满族自治县概况》，民族出版社 2009 年版，第 31 页。

标识，是矛盾的聚集地和战争的多发地。至于是用土石堆垒起来的边，还是通过插柳结绳建起来的边，在后代的满族民众心目中都是同等的存在。

三　旗民交产与变卖旗地

在辽东本溪满族自治县满族故事家金庆凯讲述的故事中，有一则名为《慈禧卖荒》的故事。这则故事篇幅不长，却生动地反映出清代后期朝廷没落腐败的现实，其史料价值非常突出。其故事内容如下：

> 传说光绪年间，慈禧太后垂帘听政，她不顾国库空虚，终日吃喝玩乐，随意寻欢，花钱像流水一般。几年工夫，国家让她败坏得更加穷困。有时，连她本人的花销也常常断捻。怎么办呢？慈禧愁得直皱眉，整天琢磨来钱道儿。她琢磨来琢磨去，想到东北的大皇围。这个大皇围，东起西丰，连着西安、伊通，西至双阳，横跨四个县界，十万多垧土地。围里，高山密林，野兽成群，可以围猎；平川谷地，土地肥沃，可以耕田。什么人参、鹿茸、紫貂、银狐，以及白菇、猴头等山珍特产，应有尽有，要多富饶有多富饶。因它出产的物品得全部进贡给朝廷，所以老百姓又把它叫作皇帝的口味山。

> 慈禧心想：要把这皇围卖掉，那可得老鼻子钱了。又转念一想，还有点犯难，为啥呢？因为这个皇围是皇族的公共财产，出产的贡品每个王爷都有一份。明着卖，皇族里面非有人反对不可。就是没人反对，卖了钱，自己也不能独吞。偷着卖呢，还是不行，人家也长耳朵，一旦露兜，早晚也是麻烦事儿。

> 慈禧苦思冥想，终于想出一个两全其美的妙计。她下了一道密旨，把奉天将军召到北京。这个奉天将军也是个满肚子坏水的奸臣，平日贪占勒索，干了不少坏事。一听慈禧叫他，登时害了怕，以为被人揭发，此行定是凶多吉少。想不去吧，又

不敢，只得硬着头皮前去。到了北京皇宫，慈禧把他召到后宫，奉天将军更是心惊胆战，身子直筛糠，见了慈禧，两腿一软，扑通跪下。慈禧见他那副熊样子，心中好笑，对他说："爱卿不必惊慌，一旁坐下，有要事与你相商。"奉天将军哆哆嗦嗦地抬起头。慈禧说："现在朝廷银钱短缺，我想把东北皇围卖掉，我平日看你为人可靠，特命你来担当此任，不知你意下如何？"

奉天将军一听乐了，心想：这可是个美差，正好捞他一把。刚要磕头谢主隆恩，慈禧又说："不过，这里可有一个说道。"奉天将军一听，心中纳闷儿。慈禧说："你可要知道，这个皇围，并不打算真卖，你只要把银子弄到手里，交给朝廷，就算大功告成。"奉天将军一听，凉了，闹半天是让我当替罪羊，慈禧往自己腰包划拉钱呢！他挠着脑袋，想要拒绝。慈禧见状，一边打气儿，一边威胁说："此事关系重大，不许走漏风声，办妥之后，我保你官升三品。哪个胆大闹事，我为你做主，定斩不留，你要不遵旨照办，可要知道我的厉害！"

慈禧心毒手狠，专横霸道，文武百官个个惧怕。听她这么一吓唬，奉天将军身子都酥了，心想：看来得应下了，不应下，非得掉脑袋不可，将来真有闹事，有老佛爷撑腰，我怕个啥？做得巧，老佛爷满意，还真能官升三级呢，想到这儿，他胆子也就大了，还帮着慈禧出了不少馊主意。

奉天将军回到奉天，马上派了几个得力心腹，分赴边外各州府县，张贴布告，说皇上老佛爷恩准放围开荒，作价低廉，八十两白银就可买一垧。边外百姓，早就知道皇围的富饶，一听放荒，都争着要买，钱多的多买，钱少的少买，没钱的穷人家，为了奔个好日子，也砸锅卖铁东挪西借，凑几个钱买一块地。放荒经办还领着买主，像办真事儿似地来到皇围，量地块，钉标桩。等买主一份一份地交足了银子，擎等着搬家时，突然，奉天将军传令，要等皇帝钦差验收，才准进围占地。这些买主一听个个傻了眼，只好耐心等待。

再说奉天将军见老百姓上了当，心中暗喜，亲自押解骗来的八百万两白银，做着升官的美梦，乐颠颠地上了北京。慈禧见了这么老多白花花的银子，乐得眉开眼笑，一个劲儿地夸奖他能干。奉天将军一听更乐了，两眼眯成一条缝，美咯滋地想这回十拿九稳准升官了。可是，也不知是慈禧忘了，还是有别的原因，压根儿就没提升官的事。奉天将军想问又不敢问，只好讪不搭地回到奉天。

奉天将军干了这件缺德的事，又没升上官，在将军府里，大门不出，二门不迈，终日蔫头蔫脑，闷闷不乐。有一天，忽然听府外吵吵嚷嚷，呼声喊叫。他打发家丁出去一看，原来是那些买荒的人家，左等钦差不来，右等钦差也不到，就来到奉天将军府找他要银子。将军正没好气，见这情景，更是火冒三丈，忙派军丁手抡棍棒，向人群劈头盖脸乱打一顿。买荒户要不回银子，还挨了揍，更不甘心，觉得里面有鬼，一定是奉天将军假造圣旨，私吞了银子。大伙一串联，决定上京城告御状。有几户有钱有势的人家，还共同筹款，进京先找几个王爷说说理。

几个王爷不明真相，一听奉天将军竟敢假造圣旨，私卖皇围，个个都气炸了肺，几个王爷一起找到慈禧告奉天将军。慈禧万没想到事情闹得这么大发，也慌了神，生怕露兜。不过，她毕竟老奸巨猾，很快就稳下神来，也装作咬牙切齿的样子，大发雷霆："这还了得！他竟敢假传圣旨，私卖皇围，我非杀他不可！"于是，慈禧火速派了钦差，到奉天要秘密处死奉天将军。

奉天将军听说钦差驾到，还以为是升官的圣旨下来，赶紧整衣出迎。结果，连一句话都没说出来，就被砍了脑袋。他的家财全部没收，明是说上缴朝廷，实际是入了慈禧的腰包。那些买荒的人家，见太后杀了将军，觉得给他们申了冤，出了气，火气也就消了一半。可也有几个心疼银子的，上京城去要，却都被安了个谋反的罪名，投监下狱。从此以后再也没人敢提这件事了。①

这则叙事中慈禧是变卖祖地、欺诈百姓的主谋，但狡诈贪婪的奉天将军成了替罪羊，为慈禧背负骂名，甚至搭上性命。情节看似荒唐闹剧，还略带喜剧色彩，但实际上却是对当时清朝政府没落腐败、鱼肉百姓的极大讽刺。叙事中蕴含的文化信息如下：

第一，东北"皇围"物产丰富。清政府曾在东北设封禁区，一是为保皇家龙兴之地，二是为东北名贵物产不被一般百姓随便采用，而只为皇家贡奉。在《慈禧卖荒》开头第一段对皇围的范围、皇围里面的物产丰富描述得非常具体而清晰。

第二，晚清政府腐败没落的社会现实。"光绪年间，慈禧太后垂帘听政，她不顾国库空虚，终日吃喝玩乐，随意寻欢，花钱像流水一般。几年工夫，国家让她败坏得更加穷困。"寥寥几句，就把当时政府的腐败贫困、统治者沉迷享乐、不务正业的统治现状揭示得非常清楚。

第三，从"旗民不交产"到旗民交产、变卖旗地的满族贵族衰败的生活方式。《慈禧卖荒》中讲慈禧想到通过出售皇围土地来获得金银。因为想独吞金银卖荒钱财，不想和皇亲贵族共同分享，才让奉天将军想到只收钱、不给地的欺骗百姓的办法。抛开慈禧贪婪、想独吞钱财的说法来看，如果真想通过出售皇围土地来换取钱财，在当时社会是否可行呢？

实际上，旗民、抑或满汉之间是否可以互相买卖土地，这在清朝后期曾几经更改。按清朝祖制规定，"旗民不交产"，就是满族人、汉族人相互之间禁止互相买卖房地。当然，这一定制在18世纪以后就逐渐被打破，尤其是在商品经济迅速发展之时，庄头盗典庄田，八旗兵丁典卖旗地的行为越来越普遍。上谕："户部奏旗民交产，拟请量为变通一折……此项地亩，从前免纳租，原系体恤旗人生计。

---

① 夏秋主编：《满族民间故事·辽东卷》（上卷），辽宁民族出版社2010年版，第225页。

今既私相授受，适启胥役人等论诈勾串等弊，争讼繁多，未始不由于此。若仍照旧例禁止，殊属有名无实，著照该部所请，除奉天一省旗地盗典盗卖，仍照旧例严行查禁外，嗣后坐落顺天、直隶等处旗地，无论老圈、自置，亦无论京旗屯居及何项民人，俱准互相买卖，照例税契升科。其从前已卖之田。业主、售主均免治罪。"但到咸丰九年（1859），户部又奏准："旗民交产升科无多，徒滋涉讼，拟请仍禁民人典买旗地，而复旧制。"这一时间，旗民不交产的旧制又被恢复。在英、法侵略者发动鸦片战争时，清政府里外受挫，对外要筹集大量赔款，对内要镇压太平天国起义，军费激增，其财政危机突出，八旗生计问题日益严重。同治二年（1863）御史裴德俊又以旗籍生计艰难，请求恢复旗民交产，以解决八旗生计问题。光绪十五年（1889），户部整理档案，"自开禁以来，民置旗地已五千余顷"。为阻止汉族地主染指旗人土地，保护满族封建主兼并旗地的特权，又强调重申禁令。最后，直到光绪三十三年（1907）才奏准旗地自由买卖，结束旗民交产的争论。事实上，在反复争论旗民交产期间，汉族地主加快兼并旗地的过程。在畿辅地区，光绪十五年（1889），民置旗地已有 5000 余顷。在东北，1911 年以前奉天放户地亩，大抵典兑于人；吉林旗地亦近半成民产；黑龙江呼兰旗丁共有 3100 余户，其中无地者有 1914 户，男女共 70000 余丁口，这对满族封建主垄断旗地的企图给予了沉重的打击。①

在辽东地区，以新宾为例，清末居住于新宾地区的满族人，除少数人为披甲兵丁或在各衙门当差外，绝大多数人为闲散余丁，多数为耕田农民，为商贾者极少。随着清末朝廷腐败，无力筹办兵丁鞍马刀枪等用具，又加之人口骤增，余丁无粮饷等原因，居住在新宾的"八旗官兵"及满族人的生活水平逐渐下降，致使违制典卖旗地，土地兼并现象时有发生。据调查，光绪年间，新宾地区的旗民除极少数人成为土地占有者，发展成富农、地主外，绝大多数满族人都失去土地，变成佃农和佣工。很多人为了生存被挤到偏远的山

---

① 参见李燕光、关捷主编《满族通史》，辽宁民族出版社 2003 年版，第 691—693 页。

沟里，打马架子、地窝铺，开荒度日。辛亥革命期间，随着"排满"影响在全国蔓延，当地满族人的地位下降很多。一些人艰难度日，甚至不敢说明自己的满族身份。正如一位满族老人所讲，"不论什么时候我从来没说过自己不是满族，不像有些人，丢了祖宗的脸"。不难从侧面证明，当时八旗子弟的后代生活相当艰苦。民间社会尚且如此，更何况皇亲贵族，其生活亦是堪忧。结合当时的社会现状及《慈禧卖荒》里所讲，慈禧听政时期恰是旗民交产或不交产的试探、争辩及民间推进时期。由此可见，慈禧卖荒虽然荒唐欺诈，但其想法绝非凭空而来，应是当时旗人贵族不思进取、贪图安逸、生活困苦的现状反映。

第四节　风物叙事与满汉文化融合镜像

"从文化发生学的角度来看，民间叙事文本是人类的行为和思维对其所直观感知的生活世界的一种构形。只有人类的行为和所处的生态时空背景相互作用，相互阐释，才能产生叙事文本的意义。民间叙事文本中展现的自然景观以及生活图景，体现的是一种文化的行为体系，因此，叙事的文本空间也可视为现实生活空间的缩影。"[1] 从人口构成上来看，辽宁东部地区是满族、汉族杂居区。尤其是东北开禁之后，大量带着浓厚农耕文化背景的汉族人，为谋生计从山东、河北等地闯关东来到此地，与当地满族人一起开垦耕种、建设家园。于是，在这样的自然景观和时空背景下，满汉文化的接触、融合和同化表现非常突出。这种满汉文化融合的特点直接映射到当地的民间口承叙事当中，成为当地民间口承叙事不同于别处的传承特色和内容特质。

一　"随旗占地"与身份认同

在辽宁东部地区，满汉文化的融合一方面表现在生产技术上，

---

① 江帆：《满族民间叙事中的生态思维与哲学意蕴——满族三老人故事解读》，《民族文学研究》2004 年第 1 期。

即满族民众从汉族人那里学到先进的农耕技术，同时也表现为满族文化对汉族文化的影响和渗透。在辽东地区，一部分人口是"随旗占地"的汉族民众，来到新的生存环境下，他们能够很快融入满族这一民族共同体当中，对自己的满族身份属性大多表示认可。一些满族故事传承人讲述的故事带有一定的农耕文化色彩，而当地的汉族民众也都能讲述一些带有满族原生文化特色的故事。还有些原生的满族民间故事在传承过程中，为迎合汉族民众的观念信仰，情节、主题甚至是语言风格、创作模式都明显汉化，以致有些历史传说、风俗故事，很难确切地划分出民族属性。

以罕王努尔哈赤叙事为例，前文已述，努尔哈赤传说在辽东地区蕴藏量非常丰富，传承范围也特别广泛。在当地，几乎大多数普通民众都能讲上一两个和罕王相关的传说和故事。在叙事内容上，从罕王出生到成长历练，直到成就帝业，民间都有全方位的记录和解释。在辽东地区，罕王传说虽然是地道的满族叙事，但在辽东地区的流传过程中，能看到很多受汉族思想及思维观念影响的情节内容。如《小罕子找活佛》《小罕子问路》《小罕子学艺》等，将小罕子儿时经历与活佛、佛陀老母、道教传习地等汉族信仰联系在一起。如《小罕子学艺》① 主要讲述，小罕子十六七岁时遇到一位老人，老人问小罕子长大想干什么，小罕子说想管天管地。两人比试武艺，小罕子输了，老人告诉小罕子去找佛陀老母学艺。小罕子走了很长时间，来到一个堡子，不巧住进黑店。后被一对父女俩搭救，小罕子就在父女俩家调养身体。因为小罕子憨厚能干，颇讨老人喜欢，老人就把女儿嫁给小罕子。老人姓佛，女儿叫佛三娘，小罕子要找的佛陀老母就是老人的姐姐。后来，老人去世，小罕子和佛三娘一起安葬老人。在佛三娘的帮助下，小罕子顺利找到住在九顶铁刹山八宝云光洞佛家庙的佛陀老母，拜老母为师。学艺四年，兵法、箭法样样精通。小罕子功夫练成后，准备下山，老母告诉他

① 夏秋主编：《满族民间故事·辽东卷》（中卷），辽宁民族出版社 2010 年版，第 10 页。

将来打江山成大业，一定要多做善事，为民造福。这则叙事里讲到的九顶铁刹山是辽东名山之一，坐落在本溪满族自治县南甸镇境内，是东北道教发祥地。相传商周时期的长眉李大仙在此开山布道，并得道成仙。古代小说《封神演义》《金陵府》中都有关于铁刹山、八宝云光洞的记载。《罕王学艺》将努尔哈赤的少年经历与道教信仰相结合，既是满族文化接受外来文化的表现，也是"随旗占地"汉族人强化与认同族群身份的产物。

关于努尔哈赤传说汉化、多元化、包容性的代表性文本还应属新宾满族自治县满族故事传承人查树源讲述的巴图鲁乌勒本《罕王传说》。整部叙事篇幅较长，整理成文字约10万字，将罕王自小到九鼎铁刹山、八宝云光洞向佛陀老母拜师学艺、集结满族八大姓、掌握造炮技术、接受关公保佑、招兵买马、讨敌骂阵、巧遇佛三娘、路经八怪村、巧用反间计等经历结合评书形式和讲述特点，在情节上明显汉化，但语言和讲述风格上仍然保留满族特色。

二　满汉杂居与民俗趋同

日常生活中，满族风俗与汉族风俗相互影响，相互融合。这种融合体现在日常生产生活的方方面面，如生产习俗、服饰民俗、节日习俗、人生礼仪、信仰习俗等。满汉习俗的融合是双向的，既表现为满族吸收汉族文化因子，也有汉族接收满族民俗的现象。正如一位满族人所讲，"现在民族融合了，不能说是汉化了，满族人包那些苏叶干粮，满族人叫苏叶饽饽，还有菠萝叶饼子，满族人叫菠萝叶饽饽的，现在汉族人谁都知道，也都吃。现在的酸汤子，那都是满族人发明的东西，关里人没有一家会吃酸汤子。满族人还会做豆瓣酱，汉族人叫大酱。"① 在民间叙事中对满汉民俗融合同化的历史过程也有非常清晰的记录。

在生产技术的趋同方面，以《草圣王与除草咒》为例。叙事开

　　① 被访谈人：赵铁范，男，满族，65 岁，本溪市本溪满族自治县清河城镇人。访谈时间：2016 年 7 月 19 日。访谈地点：本溪满族自治县清河城镇赵铁范家。访谈人：詹娜。

篇就讲到：咱辽东地区故事太多了，其中，草圣王与除草咒的故事就挺有意思。那时，咱满族人和汉族人一样："面朝黄土背朝天，汗流浃背腚沟黏，刨土育秧铲与蹚，样样不落（读 la）在人前。"这不是我说的，是生活在辽东的满族人编的几句顺口溜。① 这则叙事清晰地交代出辽东地区的满族人在自我总结农耕生产经验，以及向汉族人学习农耕技术的过程中，当地人的生产技术、劳动观念、劳作心态都有所提升和改变。这种汉化是在潜移默化中发生的，也体现了满族人对汉族人农耕劳动和生产技术的认同和推广。

在人生礼仪的趋同方面，以《扎纸牛的传说》为例。开篇是这样讲的：在东北民间有烧纸扎牛的习俗，在女人死后第三天晚上，在阴阳先生指定的时辰，死者的子女再次上庙烧纸时，一同烧扎的纸牛，并且念叨一段歌谣："烧牛头朝西，一把纸火到阴里，高堂亡魂牛背坐，明光大道走得急。老牛遇到浑水湾，低头把水全喝干；快牛驮着主人跑，夺路抢关到西天。"烧牛是一首丧事哀歌。这纸扎牛，是从满族人居住的乌拉街兴起来的。② 随后，叙事讲到乌拉是一个女真人的部落，以放牧和耕种为生，有个姓温突哈拉的老玛法（爷爷）住在乌拉街靠近水井的地方。一到天暖和的时候，妇女都到这里洗衣裳。日久天长，脏水流不出去，这就成为浑水湾，蝇蚊成群，臭气熏天。温突哈拉就想办法劝告女性们不要枉用水。时间一长，老玛法生病了，成天说胡话，和死去的人唠嗑。醒过来后，告诉乡亲们，村里死了的老太太在阴间活得好苦，因为阎王成天叫她们把在阳间用过的脏水喝掉。女人们害怕了，再也不敢到井边乱用水。这事被一个跳大神的萨满知道了，她自称能走阴串阳，愿意为肯出钱的妇女想办法。然后，村里好多女人都来找她想办法。先是杀老牛喝浑水，后来用扎纸牛来代替，还得扎童男童女牵牛。并编了一套歌谣："牵牛童到阴间把牛牵，老牛来到浑水湾，老牛不喝强饮水，牵牛童拍拍打三鞭，牵牛童说：'你要把浑水全

---

① 夏秋主编：《满族民间故事·辽东卷》（上卷），辽宁民族出版社 2010 年版，第 114 页。

② 同上书，第 258 页。

喝干，给你个阳魂到人间，你要不喝完这湾水，要想托生难上难。'
老牛不喝强饮水，低头把浑水全喝完。"还说："女的扎牛最好使，
男的扎牛枉花钱。"就这样，从乌拉街最先兴起丧葬扎纸牛的风俗。
这一习俗也影响到当地的汉族人，正如叙事的结尾讲到：那时候，
汉族还没有这个习惯。祭礼所用的纸马，是画工画在黄纸上，并不
用纸扎的牛马。直到后金的时候，辽东的汉族人和满族人一样，在
丧葬时扎纸牛。这习俗风行几百年，直到现在，还有人在丧葬时为
逝者扎纸牛呢！

在民居建筑的趋同方面，以《磕房瓦》为例①，讲述的是一位
姓孙的财主请一帮泥瓦匠来家里盖房子。盖房子的规矩是东家要供
手艺人的吃和住，一天三顿饭要比东家吃得好，这样活儿才能干得
好。有钱人家盖的都是瓦房，瓦的都是小鱼鳞青瓦，这都是从内地
汉人那里学来的。这种小瓦是一头稍宽，一头稍窄，凹型，好像劈
开的竹筒，长有二十来厘米，宽十五六厘米的样子。瓦（铺）这种
小瓦，先在芭板上抹一层黄泥，再往泥上粘瓦，瓦与瓦挨得越紧越
好，一层一层往上挤压。漏不漏雨要看瓦得严不严实，用老百姓的
话说，叫瓦的紧不紧。如果东家对工匠们伺候不好，他们在这道工
序上就会耍奸熊人，把瓦给往松里瓦，底下空一点，泥瓦结合差
点，也不会漏，渗一点水只能把黄泥湿了，这样芭板几年就得腐
烂，东家就得重新修理，把吃饭省下的钱浪费进去还不够。不论什
么民族的瓦匠都有一个口头禅叫："什么饭，什么活儿，小米饭，
打仰壳儿。"从这段盖房技术的描述可见，满族的房屋样式、建房
规则以及建房礼仪等明显受到汉族艺人及汉族文化的影响，多是从
内地汉人那里学来的。

在饮食习俗的趋同方面，以《大妃衮代做豆瓣酱》为例②，
讲的是满族餐桌上最常见的饮食——豆瓣酱的来历。其主要内容
为，努尔哈赤最宠爱的大妃叫衮代，足智多谋，勤快能干。家里

① 夏秋主编：《满族民间故事·辽东卷》（上卷），辽宁民族出版社2010年版，第170页。
② 同上书，第24页。

不富裕时，经常带着家人上山摘山菜，采蘑菇、木耳，挖棒槌，贴补家用。一天吃饭，努尔哈赤和衮代说："在外打仗，风餐露宿，只能吃饽饽，用野菜蘸咸盐水吃。不好吃啊，饭吃不好就打不动仗，你说怎么办？要是往后上哪儿去，想啥法儿带点好吃的，像汉人一样，添些调料，人家汉人做的就好吃。"努尔哈赤说完，衮代就琢磨：汉人吃蘸菜有一种酱，能不能给出门儿的弟兄们带点儿？她又一想，这个酱稀溜溜的，没法儿拿。她就琢磨，怎么能让他们带着不沉，还够吃个十天半月的。想来想去想出个招儿，把酱去水，做成块儿，让他们带上。衮代就把大豆放在水里，泡开豆粒，泡透以后呢，放在大锅里，加水，把豆粒煳得稀烂。煳豆的时候，加上盐和一些调料。过去，像八角、花椒、葱蒜，这些东西都有，然后，她用杵把豆瓣都杵成豆泥，再把豆泥像揣面似的，揉成团儿，成一个一个的方块，放在通风地方，让风吹干了，做成酱块儿。以后，士兵们出征都带上酱块，用水冲开，蘸菜、就饽饽都能吃。大妃衮代做的豆瓣酱，非常受士兵们的欢迎。直到今日，豆瓣酱也始终是满族人餐桌上的特色饮食。从这则叙事中明显可以看到，豆瓣酱本是关内汉族人的发明，他们带到东北后，满族人逐渐意识到大酱的美味。于是，大酱被重新加工，制作成便于保存和携带的大酱块。此后，豆瓣酱成为满族行军打仗和普通民众日常饮食的必备之品。这则叙事把豆瓣酱块设计成是努尔哈赤的大妃衮代发明，在体现满汉文化融合的同时，更表现出满族人对本民族文化的认同和推崇。

第四章　辽宁满族民间叙事中的物我认知

民间口承叙事作为早期民众交流、知识记录和文化认知的重要手段，沿袭于从古至今各个族群的历史发展进程之中。尤其是在对外界及自身的文化认知过程中，生存环境、认知体系和叙事系统互为基础，建构起一个统一的有机整体。换言之，有什么样的生存环境，就会建构成什么样的认知体系，进而就会呈现出什么样的叙事系统。正如美国人类学家克利福德·吉尔兹所指出的：文化存在于文化持有者的头脑里，每个社会成员头脑中都有一张"文化地图"，成员只有熟悉这张地图才能在社会中自由往来。人类文化研究的主要对象就是这张"文化地图"。① 而这张文化地图的建构和呈现主要取决于区域内社会成员的多元文化认知，这种文化认知既有对自然环境的生态认知，也有对生产生活的社会认知，还有对族群自身发展、建构及性格的自我认知。

辽宁满族民间叙事即是对辽宁满族生存环境、族群发展及文化展演的全方位记录和传达，其中蕴藏着大量的满族民众对生存环境、生产劳动及族群自身发展的认知和思考，是南迁到辽宁、以农耕生产为主要生计类型的满族民众建构起来的体现辽东区域生态意蕴和北方族群发展变化特征的"文化地图"。本章分别从人参叙事、南蛮子识宝以及猎虎叙事三个叙事类型入手，探讨辽宁满族民

---

① ［美］克利福德·吉尔兹：《地方性知识》，王海龙、张家瑄译，中央编译出版社 2000 年版，第 33 页。

众对生存的自然环境、对社会中的他者以及对自我族群的认知、理解、阐释和塑造。从自然、社会与自我三方面，厘清辽东满族文化的生成积淀和认知逻辑。

第一节　人参叙事中的生态认知和精神幻象

由于生产力低下和人类认知水平有限，满族自先民时代开始就对自然万物进行崇信和膜拜。"万物有灵论"的原始文化观念与崇尚自然的萨满教信仰使早期的满族民众相信无论是天上的日月星辰、风云雷雨，还是山林里的飞禽走兽、花草树木，抑或是江河中的鱼鳖虾蟹、蚌螺蛤蜊都具有神秘莫测的力量。然而，在生产水平低下的早期社会，这些区域环境中生存的各种动植物最早只是作为满族民众赖以生存的食物和生活资料而存在。后来，随着生产技术和文化观念的发展，在不断地与外在自然环境的接触过程中，如何获取更好生存条件的动力使他们对身边的各种动物和植物有了更加深刻的了解和认知，人们对待自然界的各种动植物的态度和感情也变得越来越复杂。正是因为有了对区域生境内的各种动植物资源价值的认知和利用，满族民众形成丰富的生存知识和生产经验。这些世代积累起来的知识和经验为满族民众繁衍生息提供最基本保障的同时，也推动着满族社会的不断发展。

俗话说，"关东山，三宗宝：人参、貂皮、鹿茸角"。其中，人参因为其独特的生长习性以及珍贵的药用价值被满族民众奉为关东三宝之首。生活在白山黑水地区的满族民众早早就认识到人参的独特价值，对人参的生存环境、生长习性、采集经验和使用方法等都有非常充分的认知和了解。在此基础上，人们又把对人参的认知从生物属性上升到精神领域，围绕人参的生长、特性等形成大量的人参叙事和人参信仰。这些人参叙事以记录的方式向人们讲述它们对生境空间的理解和思考，传达满族民众的山林认知文化图式。

一　人参资源的生态认知

山参，又称"黄精""地精""神草"，东北人俗称"棒槌"，系多年生草本植物。因其根部肥大，形若纺锤，常有分叉，整体看上去非常像人的头、手、足和四肢，故又称为"人参"。人参是驰名中外、老幼皆知的名贵药材，关于它的药用价值，早在战国时期，医师扁鹊就对其有很高评价，秦汉时代的《神农本草经》中更将其列为药中上品。经常服用人参具有补五脏、安精神、定魂魄、止惊吓、除邪气、明目益智、延年益寿等功能，故人们又称其为"百草之王"。因其大补功能，甚至被誉为"起死回生的仙草"。

人参之所以名贵，与其独特的生长环境、不易获得的属性密切相关。人参对生长环境要求比较高，它要求土壤疏松、肥沃，喜欢阴凉、湿润的气候，怕炎热、干旱和暴晒。纯正的野山参多生长于昼夜温差小的海拔 1000—2000 米的山地缓坡或斜坡地的针阔混交林或杂木林中，东北的长白山就是最适于野山参生长的地方。每年七八月，人参开出紫白色的花朵，结出鲜红的浆果，非常招人喜爱。而且，野山参在深山里生长非常慢，生长 60—100 年的山参，其根部往往也只有几十克重。

尽管如此，常年生活在白山黑水地区的满族先民还是早早就发现了山参的生长特性及价值功效，通过不断的观察和经验积累，形成一套行之有效的关于人参生长和采集的认知体系和知识宝库。如根据山参喜阴凉、多生在深山老林的背阴以及椴漆树之下的特点，满族社会就流传着"三桠五叶，背阴向阳，欲来求我，椴树相寻"的说法。

关于人参的药用价值，民间叙事中也有描述。如《棒槌哈达》中生动地讲述了人参的神奇功效："白发老翁用棒槌蒸起雾气，喷在棒槌哈达下，治好人们的瘟疫。他又向山下撒了很多的棒槌种子。让棒槌在山野里繁殖生长，为人们消灾治病。"① 不仅如此，

① 夏秋主编：《满族民间故事·辽东卷》（上卷），辽宁民族出版社 2010 年版，第 321 页。

由于人参具有"起死回生"之功效，人们还有吃人参能够幻化成仙的梦想。在《徒儿当天官》中，徒儿偷吃师傅煮好的人参果实，跑到天上当了天官，只能喝汤的师傅却成为徒儿的手下。人们将人参的药用价值加以光怪陆离的想象，使人参人格化，甚至神化，生成许多关于人参的多彩叙事。

由于人参喜欢背阴的高山环境，生长又非常缓慢，外加长白山山高林密，积寒凝翠。在遮天蔽日、虎狼出没的原始森林中，挖到人参有如大海捞针，异常困难。为了成功寻到人参，满族先民在挖人参的过程中逐渐形成一系列的习俗、信仰和禁忌。

通常，不同的季节，挖参有不同的说法和技巧。四五月时，百草初生，参苗发芽开花，此时叫"放芽草"；六七月时，草林浓茂，参叶混杂在各种草木当中很难辨认，此时称"放黑草"。参秧结出果实呈青色，也叫"青榔头市"；八九月时，参籽成熟变成红色，光洁鲜艳，一团团长在细秆之上，俗称"亮红顶子"，也称"红榔头市"。因参籽颜色容易辨别，此时是最好的挖参季节；十月以后，参籽掉落，此时挖参又称"放刷帚头""放黄罗伞"。而且，因为山森茂密，野兽出没，挖参人需要拉帮结伴而行。多是七八人一伙，入山前备好干粮、炊具、镐头、斧子、红绳等用具。由一位年龄较长、经验丰富的"老把头"主事。在老把头的带领下，一伙人在山林里寻找人参，要选山场、看风向、认土质。每天在密林里穿行，顶风冒雨，风餐露宿，吃不好，睡不好，还要时不时地抵御猛兽出没，非常艰苦。

如辽东桓仁地区流传的《发山》就讲到挖参的不易和把头的作用，故事中讲到：咱们关东山的棒槌海去（很多）了。挖着挖不着，得看你有没有发财的命。早先，关里有位放山老把头，他放了大半辈子山，从山势、位置、土质、树木和飞禽走兽居住情况，就能看出此山有没有"货"。这一年，老把头从关里领一帮人来到关东山，进山快两个月了，连根棒槌毛也没摸着。有几个小年轻的泄劲了："这叫什么活儿，成天钻深山老林，青草没腰，树木遮天，登山爬砬子，衣服鞋袜刮零碎了不说，有时还叫狼虫虎豹撵得可哪跑，饥一顿饱一顿的，连说话唠嗑都受约束。"他们在背地里嘀咕，张罗散伙回老家。老把头看出他们的心思，鼓励大伙说："乍来时大伙咋说的，不得货不回家嘛，放山这活儿怕苦怕累不行，性子急也不行。哪有上山就挖到大山货的。"①

可见，挖参一是要能吃苦，二是要有经验。熟知人参的生长环境和习性，谙熟山林情况的老把头自然成为挖参队伍中的关键人物。然而，由于人参生长习性和生活环境的特殊性，即使是在老把头的带领下，也常会有几个月找不到山参的情况。此时，经验的重要性就显现出来。满族先民在寻找山参的过程中发现一种喜食人参果实的鸟，将其称为"棒槌鸟"，棒槌鸟的出现成为指引人们寻找人参的讯号。在辽东山林中流传着棒槌鸟的传说，如《棒槌鸟和达六哥鸟》中讲道："王呆迷迷糊糊时，就听见不远的地方有人在叫他：'王呆哥，王呆哥！'王呆随着这种声音越过了一架架山梁，就在他爬也爬不动的时候，突然又听到好多好多的人在叫他，他抬头向四周看了看，他才知道自己是上当了，原来是一只不知名的小鸟把他引到这里来了，他的眼前有数不清的这样的鸟。他绝望地看着眼前的草丛，突然眼睛一亮，发现那不是草，都是棒槌秧子！他凑了过去，就见那大的秧子有一人高，小的秧子有酒盅高，长了一大片。"②"有棒槌鸟，就会有棒槌"的经验源于人们在长期的采集生活中对棒槌鸟生活习性的观察。通常，人参果实成熟后变成鲜艳的红色，特别吸引有灵敏视觉和感知能力的鸟类。于是，人们逐渐发现，每当人参果实成熟时，其周围常有喜食人参果实的棒槌鸟的身影。跟随棒槌鸟的指引，挖参人更容易找到人参，从而形成挖参习俗的经验智慧。人参鸟的叙事反映了人们对自然的认知和对生态空间的思考。

即使是寻到人参之后，人们也不能高兴得太早，因为挖参也很

---

① 夏秋主编：《满族民间故事·辽东卷》（上卷），辽宁民族出版社 2010 年版，第110 页。

② 何晓芳主编：《辽宁省少数民族民间故事大系·满族卷》（上卷），民族出版社2015 年版，第 20 页。

有讲究。人参讲究"五形俱全",尤其是遇到年久的"老山货",人们更是小心翼翼,即使碰掉一根参须,也会使人参价值大打折扣。例如挖参不能用铁器,因为被铁器碰伤的人参容易腐烂,所以人们用木棍或者牛角作为专门的挖参工具。以《人参仙女额莫齐》中的一段讲述为例,"王呆与娅戛哈乐得合不上嘴:天呐!真的会有这么大的棒槌?放了几十年的山,也没见过这么高的棒槌苫棵呀!王呆不敢耽误,赶紧叫娅戛哈,用红线把鸡蛋粗的棒槌苫棵秆拴住,自个儿拔出宝剑,'唰!'砍下一根腊木棍,削了尖,做成索罗棍和棒槌针,精心地挖起棒槌来。两口子忙了两个多时辰,才把这棵大棒槌挖出来"①。非常准确而全面地记录了挖参的有效经验和正确措施。

对于这些挖参知识和技巧的呈现不仅口承叙事中有记录,在现今生活在辽东地区的满族人的头脑中仍然记忆深刻,很多知识点的描述与民间叙事中的记录往往可以相互对应和印证。如在桓仁调查时,被访谈人曾经讲到很多挖参习俗:

> 古代人家传说那个把头,人家走到你这个地方,一眼就可以断定出来你这个山有没有棒槌,就是观山形和树景儿,要是有就慢慢翻。意思说,这个地方要是有棒槌,树就长得和别的地方不一样。我听过老五说,有的时候这个地方有大棒槌,这个树就像伞形,能遮遮光,避避雨。咱们现在种上的棒槌,一年还是两年、三年、五年,它有的自己就烂了,就说明这个地方的水土不适合人参各个方面,要是适应了,树就往一块聚。

> 抠人参得用鹿前腿的骨头磨出来的棒槌针,抠参的时候用它挖土。搁铁就是怕人参娃跑了,再就是弄红绳,一面绑一个大钱儿,比较好的大钱儿是清朝的乾隆、康熙的,就是他们摇

---

① 夏秋主编:《满族民间故事·辽东卷》(上卷),辽宁民族出版社2010年版,第9页。

卦的大钱儿，它俩的灵气比较大。用红绳一边儿都拴到大钱儿上，到时候给它绑人参上，（人参）就跑不了了。

把头的索罗棍得五尺二长，就是上山看哪个棍直溜，好，就给割下来，把皮扒了。为什么拿索罗棍子？古时候放山有蛇，你不敢动弹，怕叫蛇咬了，一般有棒槌的地方都有蛇。草厚的地方扒拉扒拉，有的地方草高就把棒槌盖上了，有种叫迎春草的就（容易把人参）给盖上。搁索罗棍子慢慢扒拉才行。

人家传说看到货之后呢，看见人参就喊"棒槌"，问："什么货？"两个巴掌的叫开山钥匙，三个巴掌的就叫三品叶，四个就叫四品叶，有的五品叶也叫片儿，六品叶叫锥儿，开山钥匙叫二大人，咱们这个地区叫开山钥匙。

还有一个，如果说你明天要是放山，做了好梦也不能说做好梦，只能说观个景儿。要是放山好几天了也没开眼，意思是你没看到人参，看不到人参也不能说看不到，不好听，不能那么说。人家问："怎么样？发财了吗？"假如两天没开眼就答："两天打草。"①

从底层民众的视角看，这些以往容易被忽略的民间知识和经验有其存在的合理性，虽然没有被官方历史所记载，但却实实在在地在民众的生产生活中发挥着不可忽视的作用，是民众智慧的结晶。采参人在长期劳动实践中摸索出来的有效经验被人们有意或无意地渗透到人参叙事当中，成为故事的有机组成部分，与民间叙事一起作为民众知识和有效经验传承下来。

二　人参叙事中的精神想象

满族民众穿梭于广袤的山林之中，由于人参的珍贵难得以及挖参活动的艰辛，人们对人参产生更多的精神想象，为放山

---

① 被访谈人：秦玉成，男，满族，61岁，本溪市桓仁满族自治县八里甸子镇村民。访谈时间：2008年7月25日。访谈地点：桓仁满族自治县八里甸子镇秦玉成家。访谈人：李楠。

活动披上神秘的外衣，在现实与想象之间建构起超现实、超自然的文化空间。这种以特定的生态空间认知为前提的想象，与特定的自然生态相结合，形成具有独特象征含义的地方性文化空间。

第一，根据人参独特的生长环境、不易寻找的生态特征，在万物有灵观和崇拜自然力的萨满教信仰影响下，满族民众在认知系统中逐渐将人参赋予人格化的想象和建构，形成大量关于人参可幻化成人形、修炼成"精"，或是会遁土逃跑之术的叙事。在满族民间叙事中，人参成精大多以胖小子、如花似玉的姑娘、白胡子老头三种形象出现，这三种形象寓示人们对人参成长不同阶段的想象和理解。

首先是人参娃的叙事，这是人们对年份相对较少的人参的想象和符号设定。前文已经讲到，八九月，人参籽成熟后变成鲜艳的红色，红扑扑的一团不仅招人喜爱，还非常容易被挖参人辨认出来。于是，在人参叙事中，经常有头顶红缨绳、身穿红肚兜的小孩形象。如《人参娃》中对人参的描写极为生动："戴个红兜兜儿，顶个红缨缨儿，唠嗑嘎儿嘎儿地，一笑哈哈地，长得可胖了。"[1] 李成明讲的《棒槌孩》是这样写人参娃的，"那小胖孩，脸蛋白嫩白嫩的，眼睛通亮通亮的，头顶上的小辫结着一串红珠珠，胖乎乎的特别招人喜爱。"[2] 人参娃往往是聪明伶俐的胖小子，这种胖小子的形象与人参的形貌颇为相似。人参娃多与山中无人陪伴的儿童玩耍，而家长往往借此机会抓住人参娃，想方设法将其吃掉或者是卖掉。《棒槌孩》中小蘑菇头的父母抓到人参娃后，各有各的盘算。当家的想"这苗棒槌得我吃，可不能让她吃。我吃了当上神仙能找个比她强百倍的仙姑当媳妇"；媳妇想"这苗棒槌得我吃，可不能

---

[1] 夏秋主编：《满族民间故事·辽东卷》（上卷），辽宁民族出版社2010年版，第107页。

[2] 张其卓、董明收集整理：《满族三老人故事集》，春风文艺出版社1984年版，第33页。

让他吃。我吃了变成仙姑，整天吃喝玩乐，当家的就管不着我了"。① 吃掉人参娃的想法在民间叙事中非常普遍，一方面与民间对儿童的认知有一定关系。民间流传"喝童子尿可以治病"的说法，认为小儿是纯阳之体，充满生命力，所以人们盼望吃掉成精的人参娃获得生命力量；另一方面与民众的子孙观念相关，一些叙事中，人参娃出现在膝下无子、中年得子的故事情境中，明显是人们对子嗣连绵、儿孙满堂的祈盼。

其次是人参姑娘的叙事，这是人们对年份相对较多的成年人参的设想，这种叙事往往与人类的婚姻难题连在一起。人参姑娘美丽善良，农家小伙家庭贫苦，婚姻无望，正是在人参姑娘的帮助下才娶上媳妇，过上好日子，这也是对人参经济价值的一种另类肯定。如满族三老人李成明讲述的《棒槌姑娘》和《三放人花》。《棒槌姑娘》的开头是这样讲的："在一处江水拐弯的地方，有一座立陡石崖的巴掌山。每年天晴气朗的时候，隔岸的人们便能看到巴掌山顶上，有一株闪着霞光的大棒槌，在棒槌的身旁，还影影绰绰站着一位身材窈窕的姑娘。"② 《三放人花》中是这样描述名叫"人花"的人参姑娘，"很久以前，长白山老林子里有个名叫巴勒准的山把头。一年秋天进山赶山，突然从他脚下的草棵子里'扑棱'跳出一个身穿绿衣，头顶一串红珠子的大姑娘，巴勒准惊叫了一声：'参精！'急忙扑了上去。姑娘一见，转身顺着山间小道就往山下跑，巴勒准拼命地在后边追，撵过山头，姑娘不见了"③。第二年，巴勒准派一个叫依罕的小伙子去抓人花。依罕心好，三次放走人花，却被巴勒罕一顿乱棍打死。后来，人花将依罕救活，在依罕母亲的挽留下嫁给依罕。婚后，二人一边在山坡上种植药草，一边给人治病。贫穷小伙与人参姑娘结为夫妻，二人过上幸福的生活，这是多数人参姑娘叙事的结局。此类贫苦小伙与动物或植物精灵婚配的幻

---

① 张其卓、董明收集整理：《满族三老人故事集》，春风文艺出版社 1984 年版，第 33 页。

② 同上书，第 30 页。

③ 同上书，第 26 页。

想故事，既传达了善良贫穷的劳动人民对美好生活的希望，也折射出人们对自然资源的依赖和幻想。

最后是人参老人的叙事，这是人们对年份非常长的成参的认知和想象。人参修炼成参精需要相当长的时间，而自然生境的神秘莫测常常会引发采参民众的叙事想象。罕见的老山货周围常会出现凶猛的动物，它们是人参的守护者，具有控制山林的神秘力量，人们对自然索取的行动也在山神的控制之中。对于从事采参的民众来说，"他们的生活环境是一个由精神力量统治的、事物与圣灵活生生的自然世界，人类与这一世界在恩惠和制约中互动"①。守护者的精神想象源于民众所面临的自然环境的风险莫测，人们相信未知中存在着某种超自然力量的控制，祈求通过敬畏祭拜山神获得福佑，消解危险。如"放山时，把头在吃饭之前，得把自己吃的干粮扔几块，这是拜山；遇到庙把头得磕两个头，以示尊敬并祈求保佑能有好的收成"②。在满族叙事中，人参老人的形象多是白胡子老头。他们智慧超群，膝下子孙环绕，也反映出满族民众的人生理想。人们在与自然的亲密互动中，经常会将现实世界中难以实现的生活理想寄托在对自然的想象中，以象征符号建构对自然的想象，折射出贫苦民众的精神世界。

因为人参多隐藏在林深叶茂之处，肉眼望去，很难将其与周边草木区分开来。挖参人发现人参后，先要判定人参的成长年份再决定是否挖取。通常遇到年份少的人参不会立刻采挖，而是要记住它的位置，等来年或是几年后小参长成为大参，价值更高的时候再来采挖。山里林深茂密，方位难辨，常常迷路。别说去年看到的参今年找不到，就是前脚看到的参，后脚就找不到的情况也时常发生。于是，人们就有了人参会遁地术，在地下会逃跑的联想和说法。所以，挖参时常有"喊山"的规矩，故事中也往往出现用红绳拴住人

---

① ［美］查尔斯·哈珀：《环境与社会——环境中的人文视野》，肖晨阳译，天津人民出版社1998年版，第84页。

② 江帆、王志勇、宋有涛主编：《山林·人·文化——辽北山区生态民俗与可持续发展研究》，辽宁教育出版社2008年版，第104页。

参娃娃的情节。如《人参娃》中讲道："老两口儿一合计，对丫头说：'这么地吧，明儿一早，我给你纫上针和线，胖小儿再来，你就把针别在他兜兜上，可别让他看见。'丫头回家一说，老两口儿就顺着针上的红线，'呼啦呼啦'往前找。翻了三架岗，蹚了两条河才找到。近前一看，针线正好别在一棵人参叶子上。老太太说：'哎呀！这一定是棵宝参哪！'老当家的就喊：'棒槌！'老当家的一吓唬，人参一抖搂，妥了，定住了。"①

此外，人们在挖参过程中经常会遇见只剩参皮或只有参秧的情况。造成这种情况的原因很多，如人参腐烂只剩下皮囊，虫鼠等将人参吃掉，或是其他自然环境变化等原因。花费很大力气才找到人参的把头们并不愿意面对这种现象，但是，他们又不得不直面现实。于是，就找到一个安慰自己的理由，即人参会跑。为防止人参逃跑，挖参人想出很多办法，如用草帽盖住人参，或是用串有大钱的红绳系在人参秧上，以索伦棍指向人参，大喊"棒槌"，将参定住等。参被挖出后，人们常用湿润的青苔包裹人参或是将参放进椴树筒子中，以保持温度适宜。正如《发山》中所讲的："老把头怕在回家路上遇到劫道的，特意买口薄板棺材把一捆捆棒槌全放进去才上路。"②

第二，为保证挖参活动的顺利开展，满族民众形成一套和挖参相关的信仰、禁忌和习俗。例如，禁止女性参与挖参劳动，认为女性晦气，不利于挖参。《人参鸟》中讲述女性不顾禁忌去采参，不但没有采到人参，反而丢掉性命；挖参前一定要举行祭祀活动，通过祭拜山神获得保佑，使挖参人不出现意外，并顺利采到人参。如《先祭王杲后祭永陵》中说放山之前有规矩，一定要先到山神庙插香、上贡，祭拜山神爷，然后才能上山挖参等。

《罕王采参》中有这样的情节，即老虎将小努尔哈赤叼走，指引他找到一大片人参，小努尔哈赤回来将找到人参的事告诉同伴。

① 夏秋主编：《满族民间故事·辽东卷》（上卷），辽宁民族出版社 2010 年版，第107 页。

② 同上书，第 110 页。

大伙说："哎呀！这老山神爷原来是给咱们指路啊，就你有这个财命，赶紧上街里，买些祭品，祭老山神爷。"① 发山（挖到人参赚到大钱）的民众将老虎比喻为提供指引的山神符号，人们谙熟老虎的凶猛，将其视为山林之王。以老虎比喻山神的超自然力量，传达出人们既敬畏老虎，又渴望得到山神指引的复杂情感。

人参形象和老虎山神作为精神符号，承载着满族民族从自然的认知中逐渐建构起精神想象的世界。"很显然存在着一个外在于人类、同时我们生存于其中的现实世界。与'现实是什么'相比，人类的选择和政策更直接地与我们对这个现实所下的定义有关。换言之，人类的社会行为更直接牵连到对处境的象征性构建与定义而非外在的环境本身，人们生存于自然环境之中，然而他们却在文化象征所建构和调解的世界中生活和行动。"② 人们构建起精神世界的文化图式是超自然又超人间的，用以表达人们对自然的感知，以及由此而生发并被严密组织的生活智慧，从而使人们在现实与精神之间自然转换，完成人类行为与自然变换间的顺应与和谐。

第三，因为成年人参非常难得，除必需的经验之外，满族先民常把挖参得"大货"归为运气和命运使然。在《发山》的开篇讲道："咱们关东山的棒槌海去（很多）了。挖着挖不着，得看你有没有发财的命。"③ 越是年份长的人参的获得，越具有偶然性和巧合性，这在民间叙事中都有表述。

> 有个老把头放山，多少日子了怎么都不见货（人参）。他走了多少日子累得受不了了，也没啥精神呀，就坐下来歇歇，拿起烟袋抽上烟了。他那烟荷包就挂在人参上了，那人参长得

---

① 夏秋主编：《满族民间故事·辽东卷》（上卷），辽宁民族出版社 2010 年版，第21 页。

② ［美］查尔斯·哈珀：《环境与社会——环境中的人文视野》，肖晨阳译，天津人民出版社 1998 年版，第 84 页。

③ 夏秋主编：《满族民间故事·辽东卷》（上卷），辽宁民族出版社 2010 年版，第110 页。

老高了，他就是没见着。

　　过一会儿又有一个人来了，人家就见着了，那挂烟袋有讲儿，就是这东西有主了，好使呀。人家就说："哎呀，老师傅，您这发财了!"这老爷子怎么说的呢，"哼，发什么财，走多少日子了，连个小的也没见着。"就这一句话，人家顿时知道了他没看着，那就不好使了，就催他了："走吧，咱们一块走，也许你借我光儿（借运气），也许我借你光儿，咱们都发财呗。"等他们走出去十步二十步的，人家就抹（转弯）回来了，这老爷子把烟袋拿走了，这参就归人家了。

　　这就是山规。①

　　这是一则在辽东本溪满族自治县地区采录的名为《山规》的民间故事，不仅向我们讲述"谁先做上标识，人参就归谁所有"的挖参行规，还印证了挖参需要靠运气、讲运数的宿命观念。正所谓"是你的财入你的怀，不是你的财，不入你的怀"。人们将自身的命运寄托在挖参活动中，贫穷的民众往往因为找到人参而发财，过上幸福的生活。如《棒槌园子的由来》中"这哥儿五个就把这一背夹子棒槌背到了奉天卖了，发了一笔大财。回来以后，他们就把挖棒槌这个地方买下了，起名叫'棒槌园子'"②。人们将命运的转变寄托在具有很高药用与经济价值的人参上，形成一套关于人参资源的系统认知。这既反映人们希望通过自己的努力改变生活现状的愿望，又折射出传统社会中人们对生活和命运固有的宿命观念。

　　人们从人参的生物习性出发，结合自身的认知能力形成具有神秘色彩的认知系统，"放山"这一生态空间的认知映射着人们头脑中的文化图式。人们在生计探索过程中认知自然，在自然中选取适合自身生存的资源，在认知地图中圈定出他们熟知的生态空间，用

---

　　① 何晓芳主编：《辽宁省少数民族民间故事大系·满族卷》（上卷），民族出版社2015年版，第363页。

　　② 夏秋主编：《满族民间故事·辽东卷》（中卷），辽宁民族出版社2010年版，第160页。

地方知识加以解读，构建出独具特色的地域性文化认知体系。并以此种方式解释放山活动与自然的相依关系，折射出人对自然的特殊情感与依恋。

三　人参叙事中的生态伦理

辽东满族民众谙熟人参的习性特点和等次品级，流传着"七两为参，八两为宝"的说法。人参的叶子是复叶，随着年头的增长，复叶逐渐增多，直至六品叶，复叶就不再增多，人们通常根据观察复叶来估计人参的品级。放山中，人们遵循着一套不成文的规矩，如对自然的索取设置一定的限度。"挖参也不是见参就挖，把头王彦山告诉我们：'三花子不挖，巴掌子不挖，剩下二夹子和三品叶以上的都挖……放山也不能放绝户啊，怎么的也得给留点，大的拿走，小崽儿得给留点。'采参人相信，如果挖了三品子和巴掌子，山神爷都要怪罪，会影响到以后放山的收获。"[1] 人们借山神的怪罪来表达自身对生态环境的保护意识，展现出尊重自然规律的生态观念。

除了尊重自然、环保生态的伦理观念以外，一些民间叙事还大量体现出满族民众面对自然资源律己节制、不过度开采的生态思维。如《棒槌哈达》中有这样一段描述："很多人都从河中的倒影里，看见哈达顶上长着很多又大又胖的棒槌。那棒槌吸引了很多很多的人，一个接一个的都登攀过棒槌哈达。有的爬到半山腰，就吓得又退了回来；有的豁上性命爬了上去，但一去却没回来。所以人们都说：胆子小的人爬不上去，贪心的人爬上去也回不来。人们只有眼巴巴地望着它，再也没有人敢攀登它了。"[2] 胆小和贪心是放山的忌讳，人们深知放山活动危险丛生，绝不能贪心。这也从另一个侧面展示出人们意识到资源有限，一味地贪婪攫取，势必会遭到

---

[1] 江帆、王志勇、宋有涛主编：《山林·人·文化——辽北山区生态民俗与可持续发展研究》，辽宁教育出版社 2008 年版，第 104 页。

[2] 夏秋主编：《满族民间故事·辽东卷》（上卷），辽宁民族出版社 2010 年版，第 321 页。

自然的报复。在《老秃顶为什么秃》的故事末尾，讲述着人们对贪心造成生境恶化的认知："二人来到山顶一看，满山都是棒槌，二人高兴得不得了，动手挖了起来。挖呀，挖呀，也不知道挖了多少日子，把地都深翻了五尺，挖出了无数宝参，二人带着宝参去过好日子。可不达拉岗峰从此却啥也不长了，后来人们把那个被挖走人参的最高峰就叫作老秃顶山。"① 发人深思的结局是人们生态意识的展现，对自然的过度攫取必将面临生存环境的恶化。

　　人类总是在特定的生态文化空间中生存，大自然无私地为人类提供生存的土壤，人们也在认知自然的过程中，对自身行为产生深刻的认知。生态资源在给人类生存提供便利的同时，它们自身的存在是有限的，只有节制自身、适度利用的生态观念才可以为子孙后代提供可持续发展的空间和可能。满族民众将这些自然认知和生存经验映射在民间叙事中，通过民间叙事的讲述和传承，传统的生态思维和生态理念在后代民众的观念中不断得到延续和强化。

第二节　南蛮子识宝叙事中的社会认知与文化冲突

　　南蛮子识宝型故事广泛流传在辽东满族民众的日常生活当中，这类故事常以分家持家或特定地方风物为主线，以外来人识宝、本群人守宝为核心，以外来人取宝失败、本群人获取宝物或是宝物被破坏为结局，展现出以农耕生计为代表的农耕文化与以南方商人为代表的商品经济文化之间的冲突。这种围绕识宝、取宝、守宝而展开的两种文化冲突的出现和处理，鲜明地传达出满族民众对外来族群及外来文化的态度和认知。与此同时，满族民众也通过这种对他族群的认知来反观本族群文化，增强对自身族群文化的认同感和价值感，进而折射出满族民众在由渔猎生计向农耕生计转变过程中认

① 孟庆宇主编：《新宾满族故事》，新宾满族自治县文化局印刷厂 2009 年版，第54 页。

知他人、认知社会的心理嬗变过程。

一 守宝不识宝的满族民众与识宝的南方人

辽东满族民间叙事中的南蛮子识宝型故事通常有两大类:一类是与特定风物相关,南方人发现某处有宝物,但因为掌握取宝物钥匙的本地人出现问题或是持宝人不合作,而致南方人取宝失败,最终宝物被破坏或是被当地人获得。如《哭儿石》《炸海干》《煮海宝》等。以《哭儿石》为例,讲的是一个南方人发现山里有宝,而开山的钥匙就是山脚下的一个小孩。于是,南方人特意交代孩子的讷讷必须四十九天后才能带着孩子去取宝,结果讷讷贪婪想独占宝物,在第四十八天提前带孩子去开山。因为孩子还没长好力气,讷讷不仅失去孩子,宝山也被关闭再也无法开启;另一类故事与分家持家相关,在勤俭持家的当家人的主持下,庄户人家的日子越过越好,黄土也能变成金。如《金马驹》《黄土变成金》《哥五个选当家的》等。故事的情节主要是父亲从兄弟几人中选出聪明能干的小儿媳当家,小儿媳定下规矩,家中老少每次出门必须抓回一把土,日积月累土堆变成小山。来自外地的南方人看到后,道出黄土中藏有金马驹的秘密。小儿媳妇听到后,抢占先机抓到金马驹。

这两类识宝取宝型故事虽然侧重内容不同,但标志性符号和关键性情节却非常一致,共同折射出满族民众对社会、对他文化的态度及认知理念,可以归纳出以下几点。

第一,以外来人为象征的他者文化的进入在辽东山区往往能迅速引起村民的关注和共识,这种对外来文化异常关注的认知思维是由辽东山区特殊的地理环境决定。历史上辽东地区开发较晚,人烟稀少,山高林密,可谓非常闭塞荒凉之处。正如黑格尔所讲:"水性使人通,山性使人塞;水势使人和,山势使人离。"[①] 长期生活在辽东山区的满族民众,由于山势阻隔,交通不便,他们很少有和外界接触的条件和机会。在相对封闭且又亲切熟识的自然环境中,

---

① [德]黑格尔:《历史哲学》,王造时译,商务印书馆1973年版,第134页。

人们的生活周而复始、按部就班地进行。然而，一旦有外来因素的介入，原本平和的乡村生活和社会秩序就会被打破。在李成明讲述的《哭儿石》中生动地反映了辽东山区的封闭状态："在我出生的李家堡子，不远处是哈达碑，那儿有个背阴砬子。小的时候听人说早些年砬子里有很多金银财宝。有一年从南方来了一个探宝人，见这砬子就舍不得走了。他一边左转右转地围着看，一边暗自称赞：宝山，宝山！那时候人口不像现在这样多，要是来个生人，就像一阵风似的，不一会儿工夫十里八村都传遍了。"① 传统的乡村社会是典型的熟人社会，平常很少有外人来到。但只要村里来了一个外人，信息扩散的速度非常迅速，很快家家户户都能知晓，尤其是探宝人的到来更能引起乡里民众的关注。这种对外来探宝人的迅速反应，既表达了乡民对幸福美好生活的愿望和祈盼，也传达出他们对外来文化的态度和认知。

第二，发现宝物的总是南方人，本地人只有在南方人的指点下才能认识到宝物的价值，这与辽东满族民众和南方人不同的区域文化性格密切相关。"南蛮"在古代指长江以南的少数民族居民，最早记载于周代的《礼记》之中："南方曰蛮，雕题交趾，有不火食者矣。"明末清初时期，以"南蛮"来统称反抗清朝统治的民族，具有一定的区位观念和歧视色彩。后来，"南蛮"称谓的政治因素减弱，而泛指南方来东北的陌生人，满族民众在日常生活中也常称他们为"南蛮子"。来自中原地区的外地人，因为所处地区生产力和生产水平相对较高，道路交通便利，各地区之间的经济往来和文化互动频繁，他们较早地完成由农业向手工生计、商业贸易的生计转换。一部分人从农业劳动中脱离出来，靠着精湛的手艺和机智灵活的头脑，或结帮成伙，或独自一人，走街串巷、买卖交易。他们头脑灵活，见多识广，善于识得宝物，发现商机。与之相对，辽东满族民众地处偏远闭塞的关外，与外界接触相对较少。无论是早期

---

① 张其卓、董明收集整理：《满族三老人故事集》，春风文艺出版社1984年版，第75页。

的渔猎生计还是后来的农耕生产，都是在依赖自然资源的基础上直接从外在环境中获取生产和生存资料。闭塞的生存环境和靠天吃饭的生计特点逐渐造成当地人保守封闭、安土重迁、本分朴实、不善言辞等性格特点。与头脑灵活的南方人相比，他们的经商意识明显较弱。正如《哥五个选当家的》中就讲到满族人对宝物的无意识性："这么一抓，就抓了二年，家里人多，都抓，攒了一大堆。大伙私下里都说：'这老五媳妇真能扯，看她怎么往外弄。'"① 直到有一天，从远处来的南蛮子发现宝物的存在和价值。

第三，虽然是外地人发现宝物，但宝物最终或是被破坏，或是被本地人拿到，而从来没有被外地人取走。正所谓"肥水不流外人田"，这种财富不外流的观念映射出满族民众对本土资源的珍惜和爱护，同时也是对本族群文化的认同和归属。以故事中经常出现的金马驹符号为例，对于满族民众来说，金马驹是宝物和财富的象征，它的身上承载着满族民众对生活的理解和认知。正如格尔茨所说："文化是一种通过符号在历史上代代相传的意义模式，它将传承的观念表现于象征形式之中。通过文化的符号体系，人与人得以相互沟通、绵延传续，并发展出对人生的知识及对生命的态度。"② 金马驹从土中来，土地是农耕生产的最基本要素，是族群生存和发展的前提。这种财富符号的塑造不仅是农耕生产理念的展现，更是满族民众对自己生存环境和生存资源的认知和依赖。在外来文化的冲击下，他们不会轻易将本族群的资源拱手让人，而要千方百计进行保护。于是，叙事中的宝物从来没有被外人拿走，而是永远掌握在本地人手中。

二 本土文化与外来文化的冲突

欲盗宝的南蛮子与护宝的满族民众成为这类叙事的焦点人物。

---

① 夏秋主编：《满族民间故事·辽东卷》（上卷），辽宁民族出版社 2010 年版，第166 页。

② ［美］克利福德·格尔茨：《文化的解释》，韩莉译，译林出版社 1999 年版，第5 页。

突然闯入村落的南方人，对于村落来说是陌生人，而村落是熟人社会，陌生人对于村民来说是区别于"我们"的"他者"。前文已述，在偏远闭塞的山村，以外来人为象征的他者文化一旦进入会迅速引起村民的关注和共识。通常，这种共识皆是以怀疑、排斥和否定态度为表现。满族民众守着宝物不知是宝，南方人却能一语点破，成功识宝。但南方人之所以没有取宝成功的关键就在于本地人对他们的怀疑甚至是否定的态度，当地人或是精心设计，或是坚决不交易，或是歪打正着而让南方人没有得到宝物。很多叙事当中都讲到这点：

> 从两个取宝人要买土堆，三媳妇心里就画魂儿，暗想，土堆有什么用呢？她一边想着一边给两个取宝人送饭，刚走到西下屋门口，只听小取宝人对老取宝人说："老师傅，她不卖就不卖呗，你干什么还说多给钱？"老取宝人说："你不知道，她那土堆里有个金马驹，每天半夜出来蹓一趟。今晚咱俩把它抓住，她不卖咱还省着了。"原来是这么回事，三媳妇在门外半点不漏地听去了。①

> 色力保一边撵，一边想：一个小石头蛋，给这么多钱，里面准保有故故纽。他紧走慢走撵上了两个取宝人，蹑手蹑脚地跟在后面……他俩的话色力保全听到了。他几步蹿到前面，拦住两个取宝人，说："谁让你们把我的小石头蛋买去了，再给一百两银子，我也不卖。"说着，他圆瞪着眼，装成气势汹汹的样子，把银子往老的手里一塞，老的一看害怕了，只好把那个小石头蛋掏出来还给了色力保。②

南方人的到来象征着外来文化的介入，在偏远闭塞的传统辽东

---

① 画魂儿：盘算之意。《金马驹》，收录于张其卓、董明收集整理《满族三老人故事集》，春风文艺出版社1984年版，第287页。
② 故故纽：原因的意思。《炸海干》，收录于张其卓、董明收集整理《满族三老人故事集》，春风文艺出版社1984年版，第211页。

山区，满族民众对外来文化采取怀疑、排斥甚至是否定的心理是非常好理解的。这种怀疑和排斥不仅说明当地人过于闭塞的文化心理，也从相反视角暗示了满族民众对本土文化的认同和归属。王明珂在族群界定时曾讲道，"在生态性的资源竞争中，一个人群强调特定的文化特征，来限定我群的'边界'以排除他人"，他认为"族群由族群边界来维持，造成族群边界的是一群人主观上对外的异己感，以及对内的基本情感联系"。① 对于生活在当地的满族民众来说，他们共同生活在同一片资源环境中，具有共同的文化认同而形成的"我们"群体，而外来的南蛮子是作为"他者"闯入"我们"的异己力量。面对闯入者，他们一方面认为南方人聪明、见识广，这是值得赞誉的地方。但一旦闯入者要干涉自己的生活，想从当地获取某些资源的时候，出于对生存资源的保护和族群利益的维护，人们自然会形成反对意见。

此外，从符号学的视角来看，南蛮子识宝型故事中，南方人是商业文化的标志，而本地人则是农耕文化的化身。在本土文化与外来文化的冲突中，究其根本，还是彰显出农耕文化与商业文化的矛盾。

南蛮子识宝故事中以持家分家为主线的金马驹类型叙事，主要就是农耕观念的展现。吃苦能干、勤快会持家是农耕社会对理想人格的评定标准，普通农户人家确立当家人的人选就是依据此条标准。尤其是叙事中金马驹形象的设定，更具有农耕文化的标志性符号意义。对于辽东满族民众而言，马在他们的生活中占据非常重要的地位。在早期的狩猎生计和部落征战中，马是必不可少的生存要素。外加大青马二青马救主的传说影响，马在满族民众的心目中具有神一样的地位，接受满族民众的供奉。在《努尔哈赤送酒》中曾讲到努尔哈赤视马如宝："努尔哈赤自从到九顶铁刹山八宝云光洞学艺回来以后，一共得了三样宝贝。一是三部天书，二是造铁帽

① 王明珂：《华夏边缘：历史记忆与族群认同》，社会科学文献出版社 2006 年版，第 50 页。

图，三是青鬃烈马。这青鬃烈马可真是太厉害了，这马好到什么程度呢，身长一丈二，身高八尺半。蹦得山，跳得涧，夜行八百还嫌慢。上山能跟老虎斗，下水能跟蛟龙战。和努尔哈赤南征北战，立下了汗马功劳，在战场上帮着努尔哈赤死里逃生，三次救了努尔哈赤的性命。"[①] 后来，随着满族由狩猎生计向农耕生计发生转变，马作为重要的畜力在农耕生活中依然发挥主力作用。农耕民众从土地中获取生存资料，土地中产生的宝物"金马驹"不仅展现出民众对土地的依赖之情，同时也反映出农耕经济与满族民众原始的狩猎生计方式的融合。于是，在满族民众心目中，马绝对堪称宝物的象征。

　　此外，在对待成功获得宝物金马驹的态度上，农耕文化与商业文化间也存在一定的差异。对于农耕家庭而言，土里跳出来的金马驹不仅是财富的象征，更是一个农户家庭勤劳、和睦、生活蒸蒸日上的寓示。所以，会过日子的媳妇在得到金马驹后，多是"金银入库""宝马入柜"，将其视为传家宝珍藏起来，不管别人出多少价钱也很少有卖掉换钱的想法。在农耕文化观念中，"过日子靠借不行，靠卖更不行"。然而，在南方商人的经商观念中，宝贝的价值更多的是经济利益的折算和体现，是可以用钱来衡量和交换的东西。正如叙事中老蛮子讲的，"那土里有个金马驹，值老钱了，一百两银子咱就拿走，便宜啊！"于是，他们不惜出大价钱，购买他们相中的宝物。而这恰恰与农耕民众对宝物的理解相背，注定他们要取宝失败。法国学者布罗代尔曾经说过："市场实际上是条像分水岭那样的界线，根据你处在这条界线的一侧或另一侧，你就有不同的生活方式。"[②] 南方人的宝物意识是对商品经济下货币的认知，辽东满族民众对宝物的认识是对土地的认知，对生计方式的认知，更是对生存观念和生活理想的认知。这种对宝物认知态度的不同，

---

　　① 夏秋主编：《满族民间故事·辽东卷》（中卷），辽宁民族出版社2010年版，第18页。

　　② ［法］布罗代尔：《15至18世纪的物质文明、经济和资本主义》，顾良译，生活·读书·新知三联书店1993年版，第35页。

带来的取宝成功和取宝失败的不同结局，也恰恰折射出农耕经济与商品经济之间的冲突。而辽东满族民众正是以对外来文化的排斥和抵制，实现对本土文化及族群文化的自觉认同和心理归属。

第三节　猎虎叙事中的自我认知与精神形塑

虎是满族民众生存环境中非常重要的物种，尤其是在以狩猎为主要生计模式的先民时期，虎一度被视为神一样的存在，接受满族先民的供奉。然而，不论虎在民众信仰体系中的地位有多高，猎虎剥皮食肉一直是满族民众赖以繁衍的重要生计手段，打虎也自然成为满族民众的基本生存技巧和能力考验准则。在满族打虎故事中，一方面，打虎是骑射英勇、机智敏锐的族群文化性格的体现；另一方面，打虎还可以成为阶层流动、改变命运的工具和渠道。正是在打虎的行为叙事和艺术叙事过程中，满族民众对自我的文化性格及民族精神有了更深层次的认知和统一。

一　打虎：民族精神的形塑

对于狩猎民族而言，刚勇尚武、剽悍善战的文化性格是保证一个族群生存发展的必要条件。与相对成熟的农耕生计相比较，持渔猎生计的满族先民注定要承受更多的危险与风险。农耕生计可以产生充足的食物，使农民获得闲暇休息，而狩猎生计只能不停地奔波劳作，不停地搏斗厮杀，唯有如此，才能保证食物不中断。原始的狩猎是极其残酷的，每一次狩猎都是一次动物和人之间的搏杀，其结局或是猎人吃到鲜美的肉，或是猎人变成动物口中的美味。面对凶猛的野兽，强力、勇猛、英武、进犯是他们唯一的生存原则。如《后汉书》记载，"挹娄国，众虽少，而多勇力。又善射，发能入目"；"善射中，人即死，邻国畏其弓矢"。[①]《金史》记载："渤海

---

①　转引自江帆《满族生态与民俗文化》，中国社会科学出版社2006年版，第14页。

160

人三人抵一虎";"女真兵一过万将无敌于天下"①;满族先民不仅性格勇猛,还极具耐力,"女真人善射耐饥渴苦辛,上下崖壁如飞,济江河不用舟楫浮马而过"②。

与此同时,满族先民在从氏族向部落、部落联盟以及部族的过渡与发展过程中,族群内部各支系连年不断的征战也无疑大大助长和培育了满族先民英武好斗、富于进取的民族精神与个性。可以说,在推动满族社会由野蛮向文明的积极过渡中,战争和掠夺是最重要的助力器。在漫长的历史时段里,满族共同体内部各部落之间的征战以及对邻近民族的掠夺与讨伐战争从未中断。

可见,早期的骑射生活和部落征战造就了满族刚勇尚武的民族性格。努尔哈赤建立八旗制度后,更是将军事生活作为民族生活的一个重要组成部分,八旗最终也是凭借武力在马背上夺得天下。到了清代,为了巩固和壮大满族统治政权,旗人官兵成为清朝的军事支柱。雍正、乾隆两代皇帝曾多次下达谕旨强调,"骑射国语,乃满洲之根本,旗人之要务"③,强调八旗人员保持本民族的特长、习俗,防范浸染汉民习俗而全盘汉化。

虎是东北地区最常见的猛兽,满族人对虎的信仰和态度非常复杂,并随着生计方式的转变发生变化,关于虎的信仰在后面章节会有详细描述。在此,仅从虎的动物属性出发探讨打虎行为和打虎叙事背后的深层意义和文化内涵。可以说,满族人的"骑射之本"在打虎行为和打虎叙事中的记录和印证最为明显,虎是东北满族民众早期狩猎生活中最重要的抓捕对象。清代,猎虎曾是清朝封建帝王练兵习武的重要方略。据史料记载,清朝康熙皇帝自1681年起,每年"岁举秋狝大典",在关外设立猎场。这种围猎对所有遇到的动物,诸如鹿、熊、狍等尽皆捕杀,唯有猎虎最显"威武",目的是提高八旗兵将士气以壮军威,这种关外狩猎制度一直延续到清朝末年。

在辽东本溪满族自治县地区有一则名为《金兀术与嘎拉哈》的

---

① 转引自江帆《满族生态与民俗文化》,中国社会科学出版社2006年版,第15页。
② (宋)宇文懋昭撰,崔文印校证:《大金国志校证》,中华书局1986年版,第7页。
③ (清)刘锦藻:《清朝文献通考》卷192,浙江古籍出版社2000年版,第6559页。

传说①，讲的是金国开国皇帝完颜阿骨打的小儿子金兀术如何成长为一名真正的帝王英雄的故事。金兀术自小受父母疼爱，虽然聪明但很任性，做事没有长性，不论习文习武，都赶不上几个哥哥。阿骨打怕他不成器，非常着急。就想出一计，带着他到松花江办事，长长见识。看到女真人捕鱼、狩猎非常新鲜，金兀术就哀求阿骨打让他去学本领。阿骨打同意了，给金兀术一张弓，一把腰刀，一杆扎枪之后就回家了。金兀术拿着这三样东西，去学捕鱼、射箭，但都觉得没意思而放弃了。正在懊恼之时，遇到一位老太太。老太太说："只要你能撵上一只狍子，取下它的嘎拉哈（膝盖骨），我可以让你成为一个最灵巧的人。你再用箭射死一只野猪，取来它的嘎拉哈，我有法子让你成为一个最有胆量的人。你要能用扎枪扎死一只黑瞎子，取来它的嘎拉哈，我让你成为一个最有力气的人。"于是，金兀术用了几年的时间，勤学苦练，终于取到三个野兽的嘎拉哈。等他把嘎拉哈交给老太太时，老太太告诉他，他已经成为最灵巧、最有胆量、最有力气的人了。金兀术不相信，等他回到家后与几个哥哥比试，才知道骑马、射箭、投枪哪一项都赛过他们。后来，金兀术成为女真人最能征善战的一位元帅。这则叙事非常鲜明地告诉我们，满族先祖公认的英雄必须是骑射狩猎样样皆能的人，是勇武与耐力、胆量与智慧并存的化身。嘎拉哈在这里是英雄的代表和符号，想要成为英雄，必须经过长时间勤学苦练、辛苦付出的量的积累，才能在获取嘎拉哈的瞬间完成质的突变，成功完成由平庸向英雄的华丽蜕变。

皇家贵族尚且如此，在民间，打虎更是检验满族"巴图鲁"（勇士）的重要标准，是英雄的象征符号。在冷兵器时代，史书上虽没有记载满族先民与虎搏斗的场面，但从文献记载看，满族先民能提供大量虎皮作为与中原、朝鲜等地贸易交换的对象，应是在渔猎生计中经常发生人与虎相搏斗的场景。对此，满族打虎叙事大量

① 夏秋主编：《满族民间故事·辽东卷》（上卷），辽宁民族出版社 2010 年版，第199 页。

流传，生动地讴歌了那些出身平民但有武松之勇的打虎英雄。如辽东桓仁满族自治县的《大唠唠打虎》，讲述一对贫穷母子住在人烟稀少的大山里，因老母耳聋无法对话，小伙子太憋闷，每天都到嫁到几里外的姐姐家闲聊说话，故而被姐夫家人戏称为"大唠唠"。就是这样一个寻常的打柴小伙子，得知母亲被虎叼走后，情急之下，仅凭一把板斧，竟智勇双全地先后劈死两大两小四只老虎。不但从虎口救出自己的母亲，还意外地救出一个同样落入虎口的大家闺秀。这则叙事的结尾颇为喜兴：小伙子成为方圆数十里驰名的打虎英雄，再也不有事没事去姐姐家闲聊了，因为获救的姑娘和她的员外父亲都相中一身勇武的大唠唠，小伙子和姑娘成了亲，小两口自有说不完的话。①

为了让孩子长大后能成为"巴图鲁"，成为满族民众尊崇的英雄，人们想方设法从小就培养孩子的骑射技能。旧时，辽东满族人家生下男孩儿以后，都要在门上挂一个小弓箭。在孩提时代男孩子就开始接受骑马、射箭等训练，十几岁就与成年人一样出征作战。据《建州见闻录》记载，满族人家"女子执鞭驰马，不异于男。十余岁儿童，亦能佩弓箭驰逐"。在辽东满族地区，至今仍传唱着这样的叙事：

> 柳树歪，柳树歪，柳树底下打擂台。草包饭桶一边站，真个巴图鲁（英雄）你上来。比骑马，比射箭，七天七夜不吃饭。赢了就跟罕王走，输了回家打头练。练就一身好膀力，明年今个儿再见面。
>
> 悠悠喳，叭不喳，悠悠宝宝睡觉吧！
>
> 狼来啦，虎来啦，马猴子（妖怪）背着鼓来啦！
>
> 悠悠喳，叭不喳，悠悠宝宝睡觉吧！
>
> 你阿玛出兵发马啦！骑着大红马，挎上大腰刀，拉弓射箭

---

① 中国民间故事集成辽宁卷编委会编：《中国民间故事集成·辽宁卷》，中国 ISBN 中心 1994 年版，第 850 页。

本领大。

　　悠悠喳，叭不喳，悠悠宝宝睡觉吧！

　　大花翎子（立功后获得的赏赐）亮红顶子（正一品），挣下功劳是你的呀！

　　悠悠喳，叭不喳，悠悠宝宝睡觉吧！

前一段是著名的满族民歌《明年今个儿再见面》，后一段是当地依然在流传的满族摇篮曲。这些民歌民谣的出现和流传，鲜明地记录了满族历史上的"骑射"之风与刚武勇猛、机智果敢的民族性格。在子孙后代的抚养和培育过程中，这种民族性格再一次被凸显，内化于个体的社会化成长和文化涵化过程当中。

二　打虎：秩序转换的象征

前文已述，虎是力量和凶猛的化身，打虎就成为族群精神和英雄人物的象征。满族先民不仅以打虎作为价值衡量和取向判断的法则与标尺，而且他们还依据此法则黏合社会关系网络。在前文提到的《大唠唠打虎》中，大唠唠因为打虎不但救出自己的母亲，成为远近闻名的打虎英雄，他还意外救出一位富家小姐，并受到小姐父亲的赏识，最后和小姐成亲。这则叙事的结尾让人颇感意外，却又在意料当中。此时，"打虎"的象征意味非常浓，这一行为不仅为主人公大唠唠贴上新的标签，使其摆脱平庸成为"英雄"。而且，还因此带来与富家千金的美满"姻缘"，寓示着原有生活秩序被打破。

这种隐喻在《伊林阿打老虎》中表现得更为突出和明显。这则叙事主要讲的是伊林阿怎样改变命运，由一个穷小子变成族长的故事。故事的开头是这样讲述的：

　　有个王爷组织了一支猎队，经常上山去打野猪啊，老虎什么的。有一个小伙子叫伊林阿，是这个王爷家的包衣（家奴）。他就去跟贝勒说："贝勒爷，我也想去参加打猎。"贝勒爷说：

"你个穷小子，还想去打猎？这都是贵族的猎队。"伊林阿一看不要他，就决定自己去打猎，反正自己有的是力气。他就带了腰刀和长矛自己去了。他不随便打，专门打有害的兽，像狼啊什么的……

在伊林阿通过自己的勇武杀死老虎之后，他的命运在故事的结尾发生转变：

> 到了山下，堡子里的人一看伊林阿回来了，还带回了姑娘，都非常高兴地欢迎他们回来。伊林阿就讲了怎么杀死老虎的经过。穆昆达（族长）听了就说："我岁数也大了，以后你就来当我们堡子的穆昆达吧。"伊林阿同意了。穆昆达又问姑娘："你喜欢这个小伙子吗？喜欢的话就嫁给他吧。"姑娘点点头。伊林阿就娶了姑娘，在这儿住了下来。他带领堡子里的人开荒种地，还组织猎队上山打那些害兽，这个堡子的人日子过得越来越好了。①

这则叙事的开头，伊林阿本是王爷家的家奴，位居满族社会的最底层，毫无地位与尊严，在贝勒爷眼中是个穷小子，根本没有资格参加贵族的猎队。然而，在故事的结尾，当伊林阿拥有打虎英雄的光环之后，穆昆达不仅将自己的位置让给伊林阿，还将被救的美女许配给他。为什么伊林阿原有的社会定位与阶层划分瞬间发生改变？

弗罗姆认为，故事存在表层故事逻辑和潜在故事逻辑。在表层故事里，逻辑联系是外在事件的因果联系之一，如一件事的发生是因为前一个事的存在，这是表面的故事逻辑关系，是显内容。但是，潜藏在故事内的逻辑却截然不同，那是由象征语言的逻辑构成

---

① 夏秋主编：《满族民间故事·辽东卷》（下卷），辽宁民族出版社 2010 年版，第478 页。

的，"表面上的外在事件系列代表着由内在事件的联系而彼此相连的经验联系"①。邓迪斯也表述过相同的看法：如果把童话看作梦，看作一个象征的或心理的结构，那么一个童话至少包含显内容和潜内容这两个内容层次。②显内容是叙事中的行为的字面序列，潜内容是故事潜在的象征和无意识的结构。②在《伊林阿打老虎》中，身为家奴的伊林阿因打虎成为英雄，不仅当上族长，还娶上美丽的妻子，这只是故事的表层逻辑，是叙事的显内容。而其中的隐喻和象征才是这则叙事的潜内容和无意识结构。伊林阿成为新族长，是新的力量与权威的象征，在危及族群安危的老虎面前，以"贝勒爷"和"穆昆达"为代表的传统权威都无能为力。在传统的生活秩序和社会关系网运行受阻的情况下，伊林阿通过满族民众最崇尚的民族精神——"打虎"将先民社会的既有网络打散、重组，建立新的秩序和关系网络，族群才又有生路，获得发展，这也正是打虎叙事体现出来的深层文化象征。

综上可见，虎与东北满族社会的发展史密切关联。在特定的历史背景下，满族民众充分运用"虎"这一象征性资源，实现对族群社会秩序的整合及建构。满族民众在虎信仰的建构过程中，尽其所能地赋予信仰对象以某种象征资本与隐喻，不断强化"虎"这一充满象征意味的文化符号，将其建构成为一种充满正义和凝聚意义的意识形态权力性话语，以此应对来自严酷的自然生境和复杂的社会生境的种种生存压力，使其在满族社会生活中发挥重要的文化认同与凝聚作用。

---

① ［美］埃里希·弗罗姆：《被遗忘的语言》，宋晓萍等译，国际文化出版公司2000年版，第5页。

② ［美］阿兰·邓迪斯：《古埃及"两兄弟故事"中的逆向投射》，载［美］阿兰·邓迪斯《民俗解析》，户晓辉编译，广西师范大学出版社2005年版，第243页。

第五章　辽宁满族民间叙事中的
生计模式演化映射

　　按照列维—斯特劳斯的说法，语言是一种时间机器，它允许不同世代之间的社会实践得以再现，使过去、现在和未来的分化成为可能。人类的所有经验都是具有传递性的，是通过社会化尤其是通过语言的获得来实现的。特别是在个体回忆以及集体经验的制度化这两个水平上，语言和记忆都是内在关联的。[①] 民间口承叙事作为民俗传承的媒介与载体，一方面在其自身的创造及使用过程中体现民众的生存需要与观念意识；另一方面在对其的具体学习及掌握中又完成民众的习俗化及知识学习的过程。这些口承叙事除了具有直接指向意义的表达功能以外，在话语的表意与讲述过程中，民间口承叙事始终承担着记录民俗信息、发挥传承知识及教育规范等多种民俗功能。

　　前文已述，明朝后期，满族三大支系为了谋求更好的发展开始迁移。其中，迁到海西、建州旧地的女真人所处的自然生境并未发生大的变化，故仍以渔猎和畜牧生计为主，只有少数部落兼事农耕。与之形成强烈对比的是，南迁到辽沈地区的建州女真，生计方式从渔猎采集转向农耕种植。正是这种生计方式上的巨大变化，使辽宁地区的满族社会生产力发生巨大的变化，被史学界称为"满族历史上的新纪元"。当然，这种向农耕生计的转变，一方面是受辽

---

　　① 转引自［英］安东尼·吉登斯《现代性与自我认同：现代晚期的自我与社会》，赵旭东、方文译，生活·读书·新知三联书店1998年版，第25页。

沈地区"八山一水一分田"的自然地理环境的限制；另一方面是与迁入汉族和朝鲜族人群的密切接触，掌握先进的农耕生产工具和劳作方式，逐渐发展出以定居式农业为主，以畜牧、狩猎、采集为辅的生产文化模式。新的复合式生产模式的推广带来辽宁满族生产力的巨大发展，为日后满族的崛起奠定坚实的基础。

与此同时，作为民俗文化的重要构成，民间口承叙事自产生之日起就一直发挥着知识传承、民众娱乐、历史延续等多种文化功能，它既是民俗生活的真实反映，也是各种文化知识的汇集。正如有学者所说，世代民众获取文化知识大多有两种途径：一是直接从劳动实践中获得的以经验为基础的、实在的知识；二是从各种通俗文化的传播及民间口头文学中所得的间接的知识。[①] 对于生计方式和生产观念的学习，从口头叙事中获取的间接知识更是必不可少的重要渠道。辽宁满族民间口承叙事在展现当地满族生计方式的过程中，一方面保留与渔猎、挖参等传统的满族生计模式相关的叙事，另一方面还存在着大量与农耕生产相关的叙事，这些叙事在记录辽宁满族人生计方式变迁的同时，还有传承农耕知识、推广农耕观念的教化功能。

第一节　关于传统生计模式的族群记忆

早期的满族主要生活在东北的长白山地区，其在生计模式上的表现是典型的渔猎民族。即使是在南迁到辽东地区以后，因为辽东山区的资源地貌与白山黑水区域非常相似，故传统的采集、狩猎等生计模式在当地民众生活中一直有所保留，这在民间叙事中有非常明显的反映。

一　放山挖棒槌

前文已述，挖参，民间俗称"放山""挖棒槌"，自满族社会

---

① 参见张紫晨《民间文艺学原理》，花山文艺出版社1991年版，第213页。

早期以来就是他们生计的重要来源。清代《柳边纪略》比较详细地记载了满族的采参习俗："凡走山刨参者，率五人为伍，中推一人为长，号曰山头。陆行乘马，水行驾威弧（小船），沿松花江至诺尼江口登岸。覆舟山谷间，乃入山相土。山头坐而指挥，四人者剥树皮为窝棚，又择一人炊，三人樵苏，夜则燎火自卫，晓食已，人携小刀一，火石包一，四尺长木镵（铲）一，皮袋一，随山头至岭，受方略，认径路，乃分走丛林中，寻参子及叶，得则跪而刨之。山头者时时立岭上，作声以呼其下，否则迷不能归矣。日暮归窝棚，各出所得交山头，乃洗剔而煮，贯以缕，悬木而干之。日惟晓夜再食，粮尽则五人均分而还。"[①] 采集人参不仅在史料中有记载，在民间叙事中也有记录，如《人参仙女额莫齐》的开篇就写道：

> 我们满族人的祖先，绝大多数都结庐在依山面水的地方，过着半渔猎采集、半农耕养殖的日子。采挖人参，几乎是每个满族男人都做过的事。清太祖努尔哈赤青少年的时候，经常上山挖参。[②]

这段叙事告诉我们三个重要信息：一是早期的满族以渔猎采集、农耕养殖为主要生计方式；二是挖参是满族自古以来的重要生计方式，几乎是每个满族男人都做过的事情；三是挖参生计的参与者多是男性。

在辽东民间叙事中，不仅有普通人采挖人参的故事，还有大量的讲述罕王努尔哈赤挖人参的故事，如《小罕王放山》《罕王采参》《罕王放山》等。这类叙事大多以努尔哈赤年轻时的挖参经历为主要内容，从中不仅能够看到满族独有的人参文化，还能够感受到挖参这一传统生计模式对满族人的重大意义。

---

① （清）杨宾：《柳边纪略》卷三，载《辽海丛书》（一），辽沈书社 1985 年版。
② 夏秋主编：《满族民间故事·辽东卷》（上卷），辽宁民族出版社 2010 年版，第 9 页。

如《罕王放山》就是一段传奇叙事，讲的是努尔哈赤小时候上山挖参的经历。努尔哈赤在祖父和父亲被明军杀害后，就和王杲上长白山挖棒槌。转了很多天，一棵棒槌也没挖到。一天，两人把衣服挂在窝棚外就睡觉了。小罕子刚睡着，就梦到老林子里起了一阵狂风，狂风刚过，从草丛中跳出来一只斑斓猛虎，来到窝棚前，叼起门上小罕子的衣服就跑。

进山挖棒槌的人，都管老虎叫山神爷，谁也不敢惹它。小罕子一看山神爷来了，吓得一动也不敢动，眼看老虎把衣服叼跑了，没有衣服穿，赤身露体的可怎么出山哪？心里很丧气。可是又一想：这事真有点儿怪，山神爷为啥只叼衣服不伤人呢？为啥只叼我的衣服，莫不是叫我来了？我就跟着去吧！是死是活听山神爷安排吧！想到这，他抬腿就追。他快跑，老虎就快跑；他慢跑，老虎就慢跑，总也撵不上。就这么跑跑停停，老虎就把他引到了一个山坡上。老虎撂下衣服就没影儿了。小罕子跑到跟前，刚要捡衣服，嗬！眼前红乎乎的一片，都是棒槌花和明珠宝石一般的棒槌果；天上飞着棒槌鸟。小罕子明白了：这是山神爷来搭救他了。可把他乐坏了，就挑个大的挖了起来。挖出来一看，原来是一棵千年的宝参。

他又惊又喜，细心地用布把它包好，就往里走。走到一个深潭边上，他想洗个澡，潭中的水忽然翻起花来，越翻越大，他正呆呆地纳闷的时候，突然从水花中窜出一条五彩金龙，四爪上放出红黄蓝白四色光，张牙舞爪地奔他扑来，可把他吓坏了，躲闪不及，就拿手中的棒槌包朝金龙打去。说来也怪，这个棒槌包一出手，竟放出光来，像一颗斗大的明珠，金光灿灿，好看极了，还散发出一种异香。那条金龙一看这颗明珠，龙头一甩，就奔明珠去了。小罕子望着那条只顾戏珠的金龙，正看得出神，忽然金龙不见了。小罕子一惊，醒了过来，原来是做了一个梦。

小罕子等王杲醒来，就把自己做的梦跟他学了一遍，王杲

170

告诉小罕子，说不定是山神爷点化你呢，不信咱们按你梦中的情景找找看，说不上真有棒槌呢。说完，他们俩走出窝棚，小罕子在前，王杲在后，按梦中情景找了下去。在一处山坡上，果然看见了好多结了籽的棒槌。这下他们可发山了，挖呀挖，挖出了好多好多大棒槌。

他们卖棒槌买兵器，招兵买马。大家拥戴小罕子当领袖，小罕子称王后，他就按照梦中所见，叫人做了一面龙旗，上边绣有金龙戏珠，就是为了不忘当年挖棒槌的苦处，叫后人知道创业不易。又根据龙爪上的光，把他手下的各部分成红、黄、蓝、白四旗。

后来又征服了很多部落，人越聚越多，才又分出镶红、镶黄、镶蓝、镶白四旗，每旗七千五百人，共计六万人，全都跟着龙旗走，后来有人问八旗人："你们是从哪来的？"他们都说："是随龙来的。"①

其他罕王与人参的故事，情节大都与此相似。虽然这类故事是以罕王为主角，但从中仍然能看出采参对满族人的重要意义。在此，仅以《罕王放山》这个故事来探寻采参这一生计模式对满族人的深层影响。

首先，在故事的开头，努尔哈赤并不是一去长白山就能够找到人参，他也经历了很长时间才找到人参。人参虽然产生自东北地区，但想采到也并非易事，这与人参自身的生长环境有关。《发山》中也讲到：这一年，老把头从关里领帮人来到关东山，进山快两个月了，连根棒槌毛也没摸到。② 可见采参并不是一件轻而易举之事。其次，在满族民间叙事中，守护人参的不仅有老虎，还有蛇。在《是你财入你怀》中就讲到：原来，这条大蟒是守护这片参

---

① 夏秋主编：《满族民间故事·辽东卷》（上卷），辽宁民族出版社 2010 年版，第206 页。

② 同上书，第 110 页。

的，有几百年了，平时大蟒吐雾把参隐藏起来，挖参的发现不了。① 为什么人参的周边会有虎蛇之类的动物呢？这是因为人参开花结的果子很受动物们的喜欢。但在传统社会，人们并不了解这一原因，就幻想这些动物是人参的守护者。它们一方面防止人参被偷走，另一方面还会指引心地善良之人采到人参。善良勇敢的人能够获得自然的帮助，作恶多端的人会受到自然的惩罚，这也凸显出满族人的价值理念。最后，努尔哈赤通过卖人参获得购买兵器的资金，从而建立自己的军队。可见，人参不仅珍贵还更为昂贵，其价格由人参的生长年份决定。

事实上，当满族人逐渐普及农耕生计模式的时候，采集人参就不再是主要的生计方式，但是人们还是会通过采集人参来补贴家用。例如在民间叙事中就有说到，若家里生活困苦，男性就会上山挖参。《房门为啥挂镜子》中是这样讲的：老头儿看家境贫寒，就想发点外财。到了放山挖棒槌的季节，领着四个孙子上了长白山。② 在《大妃衮代做豆瓣酱》中也说道：衮代嫁给努尔哈赤的时候，他就开始东征西讨，打天下，但是家境不富裕。有时候，衮代就领着家人上山去摘山菜，采蘑菇、木耳，有时候还能看到棒槌，贴补家用。③ 还有闯关东到东北的人，由于家族生活困苦，就想到长白山挖人参，希望能有所收获。如《棒槌园子的由来》开篇讲的就是从关里来的老哥五个，在清原给人种地，但一直没有赚到钱，决定去挖棒槌来赚钱。

由此可见，随着满族人生活方式的不断改善，传统的生计方式并没有消亡。虽然新的生计方式能够满足人们日常生活的需求，但闲暇时候，人们还是会利用生活环境的便利获取相关资源。随着时间的推移，尽管采集人参不再是辽东民众主要的生计方式，但仍然

---

① 夏秋主编：《满族民间故事·辽东卷》（中卷），辽宁民族出版社 2010 年版，第338 页。

② 夏秋主编：《满族民间故事·辽东卷》（上卷），辽宁民族出版社 2010 年版，第253 页。

③ 同上书，第 24 页。

以辅助形式继续为人们的生活提供经济保障。

二　打猎和捕鱼

打猎也是早期满族人的主要生计方式。在《金牛山的来历》开篇就说道：很久很久以前，在一座巍峨高耸、姿态雄伟的大山脚下，居住着一群勤劳勇敢以狩猎为生的满族人，他们过着丰衣足食的生活。① 从这句话可以看到，进行狩猎的满族人是群居生活，这与当时的生产力水平密切相关。虽然人们可以去捕猎，但实际上捕猎成功的概率并不是很大，尤其是一个人上山打猎很容易发生危险。民间叙事中也常常讲到，一个人上山被猛兽吃掉。通过集体行为可以降低这种危险，同时也能获得更多的食物。集体上山打猎的捕获物，按照平均主义原则进行分配。如《癞珠子精》中就讲到：过去群体打猎有规矩，不管谁上山打到什么东西，大到狍子、野猪，小到兔子、野鸡，带回来都得归集体，等打完围后再分配。② 此外，满族民众懂得如何获取山里的各种资源提高自己的生活质量。

与水相邻也为满族人提供另外一种生计模式——捕鱼。在《海青伙洛穆昆达》中就说道：在桓仁满族自治县铧来镇，有个名叫海青伙洛的小村子。这个小村，有几十户人家，家家都靠养海冬青（鱼鹰）捕鱼为生，远近各穆昆（谋克）人，都把这里叫海冬青伙洛，后来简化为海青伙洛。③ 虽然随着农耕技术的引入，捕鱼逐渐从主要的生计方式转变为次要的生计方式，但并没有完全消失。在农耕模式出现之后，满族人常常会选择在夏秋季耕种，在秋冬季上山打猎。民间叙事中也有对人们生计模式的时间安排进行描写，如

① 夏秋主编：《满族民间故事·辽东卷》（上卷），辽宁民族出版社2010年版，第320页。

② 夏秋主编：《满族民间故事·辽东卷》（中卷），辽宁民族出版社2010年版，第244页。

③ 夏秋主编：《满族民间故事·辽东卷》（上卷），辽宁民族出版社2010年版，第39页。

《白爪老母猪》中说到一般冬天打猎，《渔郎与红姑娘》中说到夏天在江上捕鱼，冬天上山打猎。

可见，农耕生计和传统的渔猎生计并存逐渐成为满族人的日常生活，在民间叙事中常有反映。虽然传统的生计方式不再以主要的生计模式存在，但是通过挖参、渔猎，使人们在农耕之余获取更多的生存资源，满族民众的生活质量也因此有了明显提高。

第二节　农耕生计及其观念的渗入与培植

清代，满族社会大部分已经实行定居式农耕生计。统治者为充实国力，积极鼓励发展农业生产，民间社会也形成崇尚耕稼的习俗。这种生计方式的转换一方面与清代统治者的倡导有关，另一方面也与满族生存环境的变化有关。尤其是在辽东地区的满族，有着较吉林、黑龙江地区都优越的农耕条件，气候适宜，水量充沛。外加直接受到汉族农耕生计和中原文化的熏陶，以及朝鲜族水稻栽培技术的影响，迁入辽东地区的满族人的农耕生计发展非常迅速。

一　满人占地、汉人租种

发源于白山黑水地区的满族在早期社会一直以渔猎生产为主要生计，到了明朝末期开始部分发展农业，直到清代以来，在外在环境不断变迁及统治者的持续倡导下，满族的农耕技术有了较大改进。据史料记载，满族人大规模参加农业生产是在 17 世纪后期。1644 年之前，东北地区并没有太多的农田。1783 年之后，农田面积大幅度增加，进行农业生产的人也逐渐增多。当时，从事农耕生产的人以汉族人居多，满族人就算有土地，但不会耕种，也多是租给汉族人耕种。正如《清代通史》中记载"大概满人以牧猎为生，从事农业者甚少，所有旗地，多典于汉人"[①]。

在辽东地区的民间叙事中也有对这段历史的描述，《请东家吃

---

① 萧一山：《清代通史》（中卷），中华书局 1986 年版，第 562 页。

饭》的开篇就说道：从前，满族的人在长白山山里，靠打猎为生。到平原，不会种地。满族得了天下之后，有权的满人跑马占地，可不管占多少地，不会种，也种不过来。这就租给汉人或者满族的穷人种，他们吃地租子。那时穷人多啊，都争着抢着要租种满人的地。① 可见，辽东满族农耕生产的开展最早是和汉族人的参与密切相关的。

二　粗放型农业向精耕型农业转变

如前文所述，满族人早在 17 世纪中期就开始农耕种植，直到南迁进入汉族地区以后，满族也没有完全放弃本民族的固有农业技术，在耕作方法上仍用旧制，属于传统的粗放型耕种方式。清太祖努尔哈赤曾下令："田地不要仿汉人方法耕两次，以我们的旧例，用手拔草，反复地把土垄起来。（若）仿汉人方法耕两次，田沟有硝浮起，恐怕根部的草不能完全除尽。"②《满洲岁时记》有"以马牛荷犁作垄，其垄幅广阔"的记载，这些都是满族民众在农业生产中的经验积累与创造。

受环境因素影响，满族先民入关以前主要以渔猎和采集为主，农业并不是生计方式的重心。在统治者重农政策的不断推行下，外加汉族农耕生计的影响，满族民众逐渐加大对农业生产的重视和投入。努尔哈赤时期曾颁布保护农田的政策，禁止牲畜进入农田。天命六年（1621），颁布牛录屯田、计丁授田和按丁编庄的制度，使农业地位大大提升。皇太极时期，提出"工筑之兴，有妨农务"，"止令修补，不复兴筑，用恤民力，专勤南亩，以重本务"，以保证农业的优先发展。天聪七年（1633）春，皇太极也训谕各牛录额真："至于树艺之法，洼地当种粱、稗，高田随所宜种之。地瘠须加倍壅，耕牛须善饲养。"崇德元年（1636）十月，皇太极召集群臣，专门讲解农业耕作技术问题，他说："树艺所宜，各因地制，

① 夏秋主编：《满族民间故事·辽东卷》（中卷），辽宁民族出版社 2010 年版，第 138 页。
② 参见刘小萌《满族的社会与生活》，北京图书馆出版社 1998 年版，第 360 页。

卑湿者可种稗、稻、高粱，高阜者可种杂粮，勤力培壅，乘地滋润，及时耕种，则秋成收获，户庆充盈。如失时不耕，粮从何得耶！"崇德二年（1637）春又谕户部曰："昨岁春寒，耕种失时，以致乏谷。今岁虽复春寒，然三阳伊始，农时不可失也，宜早勤播种，而加耘治焉。夫耕种及时，则稼无灾伤，可望有秋，若播种后时，耘治无及，或被虫灾，或逢水涝，谷何由登乎。凡播谷必相其土宜，土燥则种黍谷，土湿则种秫稗。各屯种植拨什库，无论远近，皆宜勤督耕耘，若不时加督率，致废农事者，罪之。"① 这里，皇太极又就因地制宜、适时耕种作出指示。皇太极能够在谕旨中阐述这些农业生产知识和技术，可见，农耕生产在当时满族生计中已经占据比较重要的位置。

后来，在与汉族文化的不断接触过程中，满族逐渐接受先进的生产工具和生产经验，由早期的原始粗放型农耕逐渐向精耕细作的农业模式转变。于是，在满族的农耕生产中，也逐渐开始注重田间管理、中耕锄草、积粪施肥等。在辽宁满族地区流传大量与农耕知识和经验相关的谚语和俗语，如"锄头有粪，越锄苗越嫩""玉米见了铁，一夜长一节""锄板响，芝麻长""铲七蹚八饿死狗""庄稼一枝花，全靠粪当家"等。

在辽东地区还有一则名为《庄稼人捡铜佛》的叙事，讲的就是"铲苗不铲草，庄稼长得好。穷了打和尚，富贵直到老"这首民谣的由来。故事开头是这样讲述的：

> 早些年，关东山有首民谣说："铲苗不铲草，庄稼长得好。穷了打和尚，富贵直到老。"哟嗬！世上还有这个理吗？听老人讲，这个理不但有，还有它的来历哩！
>
> 从前，有个小伙子种了二亩地，整天在庄稼地里忙活。别人是三铲三蹚，他没有牛犁杖，只听锄板响，地里不见一棵

---

① 《大清历朝实录》，中华书局 1986 年校注本。转引自江帆《满族生态与民俗文化》，中国社会科学出版社 2006 年版，第 241 页。

草，年年庄稼长得好。有人笑话这小伙子傻得有力气没处使："地里没有草你铲它干什么？"小伙子憨厚地笑着说："锄头自带三分水，勤铲庄稼抗旱涝。谷铲八遍没有糠，铲地铲苗不铲草。"

小伙子铲地自得其妙，年年锄板勤响，年年五谷满仓。有一天，小伙子铲地铲出一个沉甸甸的硬东西。捡起来一看，是一个小铜佛。小伙子把铜佛洗得干干净净，拿回家供在正堂上。

随后的内容大意是，谁曾想这个铜佛是个宝物，小伙子偷听到铜佛和鲤鱼精的对话，知道了如何除掉鲤鱼精的办法，还知道只要敲打小铜佛的头，铜佛就会吐银子的秘密。小伙子先是救活被鲤鱼精迷住的姑娘，并和姑娘结了婚，然后又用棒子敲铜佛的脑袋让它吐出银子。尽管有不劳而获的银子，但小伙还是勤劳肯干，日子过得非常美满。临终前，他把这四句话告诉儿子，但儿子并不理解，并寻衅与和尚打官司，闹到官府，县官帮他解了这个谜。

县官对庄稼人的儿子说："你爹临死嘱咐你那四句话，真是至理名言：'种地铲苗不铲草'，是让你不等庄稼地草长起来就铲地，苗一出来就铲地，这叫'铲苗'，地里没有草也铲地，就叫作'不铲草'，这样，庄稼才能长得好。你这蠢小子只知其一，不知其二，铲苗留草，有这么种地的吗？长个脑袋也不能这么干！"

县官接着说："穷了打和尚，不是让你打真和尚，是让你打那个铜和尚，就是传给你那个小铜佛。用木棒敲一下铜佛的脑袋，它就吐一块银子。你家有这样的宝贝不会用，反而打和尚吃官司，真是有愧于你那聪明的父亲。本官是个清官，这个小铜佛还给你，好好过日子吧。"县官说到这儿，立即令衙役找到夫人，把铜佛取来交还本主。

不一会儿，衙役捧着一个没脑袋的铜佛跑了出来，呈给县官。县官问:"小铜佛的脑袋哪去了?"衙役说:"老爷的夫人敲银子,把铜和尚的脑袋敲到肚子里去了。夫人看吐不出银子,才把这没脑袋的铜和尚扔给小人,不然她还要敲脑袋要银子哩!"①

县官叹了口气说:"罢了,本官立志做个清官,老婆还要敲银子!难怪这庄稼人捡到铜佛不敢明说。看来,穷了打和尚是不行了,但种地'铲苗不铲草,庄稼长得好'。你们可千万别忘了。"

从此,这四句民谣就流传下来,至今许多勤快的庄稼人还是"铲苗不铲草"。

这则叙事以一个颇有农耕经验的庄稼人的人生经历为描述对象,向人们讲述勤耕锄草对庄稼生长的重要性。叙事中还设置了庄稼人和其儿子两个形象的鲜明对比,庄稼人勤劳善良,拥有丰富的农耕经验,对铜佛的使用适度而止;儿子生性懒惰,缺少农耕经验,对铜佛的使用不得其法,最终失去铜佛。这也向人们表明,要想获得农事丰收,一要掌握关键性生产技术,二要勤快肯干,三要克制守度,这才是农业社会所推崇的理想人格和美好品质。

三 农耕观念的培育

对于满族民众而言,农业耕作在劳动经验、生计模式及劳动观念上与渔猎和采集生计有很大不同。早期的渔猎生计摄取的食物完全来自自然界,获取的食物是固定的。获取食物的多少不仅取决于渔猎技术,更取决于自然生存环境提供的资源数量。河里所有的鱼、山上所有的猎物,部落内的所有人都可以去获取。而且获得食物后,还有族群内部分享互赠的惯例,几乎所有从事狩猎的原始民族都普遍遵守这一惯例。平均分配原则的实施不单是渔猎生计"群

---

① 夏秋主编:《满族民间故事·辽东卷》(上卷),辽宁民族出版社 2010 年版,第 340 页。

集性"生产的自然结果，也不是实行这一生计的人类群体的品德多么高尚，而是在低效率的生产劳动与生活资料的经常性匮乏处境下，群体维系生存的唯一选择。①

与农耕相比，渔猎生计的特点是低效率、高风险、偶然性突出。农耕则不一样，土地的领属意识非常强，只要有投入就会有产出，而且投入多少与获得产出成明显的正比关系。这就要求从事农耕劳作的人不仅要掌握一定的生产技术，同时还要付出更多精力和体力。对于辽宁满族民众来讲，在学习农耕生计方式的过程中，劳动意识的转变及农耕生产观念的确立也至关重要。于是，在辽宁满族民间叙事中，不仅有大量农耕经验和技术的传承，还有对民众农耕生产观念的强化和记录。

例如辽东满族地区广泛流传的《九缸十八锅》，这是辽东满族聚居区乃至东北满族地区都流传相当广泛的民间故事，尽管各地流传着不同的异文，但故事主题大体相近。"九缸十八锅，不在南坡在北坡，不信你问杨大哥。"意思是在村里的南山或者北坡上埋藏着九缸银子和十八锅金子。这句俗语曾经广泛流传于辽宁满族后代当中，指引人们努力去破解其中的奥秘。这则故事以满族特有的挖参习俗为背景，以寻找宝藏为故事基干，向采集、狩猎生计转变为农耕生产劳动的满族后代提出警示，故事的结尾是这样讲的：

> 乡亲们听说李怀宝在南山上挖出了九缸银元宝，再找金子就没找着。就按着顺口溜上说的，在北坡上找了起来，还找来一只羊放在坡上，那只羊满山乱跑，大家就满山乱挖，把北山坡的土全都挖掘得稀松，也没见到那十八锅金子。大家一见北坡的土比犁过的地还松软，就撒上了五谷，等到了秋天，满坡都是好收成。大家方才明白：这十八锅金子不就是这满坡金灿

---

① ［俄］史禄国：《北方通古斯的社会组织》，吴有刚等译，内蒙古人民出版社1984年版，第613页。

灿的五谷杂粮吗！①

由此可见，在辽东乃至东北地区广泛流传的这则叙事实际上是在告诉由狩猎、采集向农耕生计转变的满族后代，土地是可以给人带来财富的，而且精耕细作、勤恳劳作的农业生产可以使人们过上好生活，即九缸银子或是十八锅金子其实是要靠土里刨食的辛勤劳动才能换来。

类似通过民间叙事的讲述使农耕观念在满族后代的意识中扎根和强化的例子还有很多，再以辽东岫岩地区的满族三老人故事家李马氏讲述的《金马驹》为例，就向满族后人讲述了如何搞好农业、发家致富。即在农业生产劳动中，只要平时手脚勤快一点，多积肥，增强地力，庄稼自然会有好的收成，象征财富的"金马驹"迟早会"破土而出"。

> 一个老头领三个儿子过日子，三个儿子都娶了媳妇。老头的岁数渐渐大了，谁来当家呢？老头让老大当家，老大的嘴巴贼馋，有馇子不吃糠菜，有黄米不吃汤子，老头一看不行，换老二；老二一身懒肉，大忙季儿，睡到日头照屁股，老头一看也不行，又换老三当家；老三游手好闲，整天东溜溜，西逛逛，老头一看还是不行。三个儿子当了三年家，囤里的粮食快吃空了，家里的银钱要花净了，老头也愁病了。这一天，老头对着西墙上的祖先位，流着泪说："老祖先，怪我没积德，儿子不争气，把家业败坏了，你说我可怎么是好。"这事被三儿媳妇知道了，她说："阿玛，你别难过，你的病我能治好！"大嫂、二嫂一听，问："他三婶，你什么时候学的萨满？"三媳妇说："我一不会跳神，二不会诊脉，就会四句话。"老头忙问："是哪四句？"三媳妇说："咱家七口人，家穷火攻心，勤劳能

---

① 本溪满族自治县民间文学三套集成领导小组编：《中国民间文学集成辽宁卷·本溪满族自治县资料本》（中），海城市报社印刷厂 1987 年版，第 207 页。

变富，黄土可生金。"老头一听这话，正中病根，顿时精神好了许多，他强强巴巴支起身子来，说："三媳妇，从今往后，这个家由你当！"

三媳妇一开始还要推辞，但老头把一位本家的老辈人请来，在祖宗位前，当着大伙的面，把当家的大事交给了三媳妇。三媳妇说："阿玛，实在让我当家，有一件事得依着我。""什么事，你说吧！"三媳妇说："眼看就要开春了，种地时要留出两亩地种白菜，再买两口小猪。""行，就依你。""还有一件事，从今天起，咱家的人，不管是谁，从外面回来，都要抓把土带回来。""行，也依你。"

到了四五月，眼见粮食囤露了底，老大、老二两口子正要看看无米之饭三媳妇怎么往上端。只见三媳妇不慌不忙，吩咐家人把猪杀一口，把白菜砍一垄。从这天起，顿顿白菜炖猪肉。吃完第一口猪，又吃第二口猪，砍完头一垄菜，砍第二垄菜。虽说粮米不足，有菜对付着，也就度过了饥荒。到了秋天，新粮下来，难关过去了。再说抓土这件事，什么事都架不住天长日久，过了一年，院里的土堆成了堆。到了第三年，堆得像个小山。老大的馋病，老二的懒病，老三的游手好闲病，也渐渐扳了过来，日子过得强多了。

这一天，从南边来了两个取宝人，一老一小，围着院里的土堆转着不走，非要买下来，三媳妇说："这堆土是垫猪圈踩粪的，没有粪明年搁什么种地？"老取宝人一看买不下来，就要求在这儿住一晚，三媳妇答应了，把他们安顿在西下屋住下了。三媳妇不知道为什么这两个取宝人要买土堆，一边纳闷一边给两个取宝人送饭，刚走到西下屋门口，就听到小取宝人问老取宝人为什么要买那堆土，老取宝人说："那堆土里有个金马驹，每天半夜出来溜一趟。今晚咱俩就把它给抓住。"三媳妇明白了。这天晚上，她一直没睡，快到半夜的时候，她把窗户纸舔破个眼，不眨眼皮地往外看。突然一道金光，从土堆里冒出来，接着一个金灿灿的小金马驹"咴咴"叫着，四蹄蹬

181

开，围着土堆转圈跑。两个取宝人手拿着一个大口袋，"喽喽"地唤。三媳妇麻溜下了地，点着一盏灯，"哗啦"一声打开门。凡是牲畜都是愿意奔亮光，金马驹见屋里有亮，一溜烟儿跑进来。三媳妇手拿她的裤子，金马驹不偏不斜，钻进裤子里。常言说"金银入库（裤）"，三媳妇就用这个法子得到了金马驹。这下，日子真的越过越好了。①

这则叙事以金马驹作为财富的象征和金银的符号，三媳妇之所以能管好家，让一家人的日子越过越好，表面上是因为得到金马驹，但实际上与她的辛苦付出、持家有方密不可分。如何能让农家过上好日子，这则叙事向我们记录和传递三点满族农耕生产及生活的经验和常识：

第一，勤劳能致富。农耕生产与渔猎生计不同，尤其是在精耕农业生产中，劳动者的投入和产出是成正比例的。在辽宁地区有俗语说："三铲一蹚饿死狗""出得了大力，付得了辛苦，粮食自然好收成。"讲的就是干农业一定要勤快。正如叙事里所讲，在三儿媳妇的要求下，老大的馋病，老二的懒病，还有老三游手好闲的毛病都渐渐改过来，日子也过得越来越好。在现实生活中也确是如此，那些生活较好、勤快能干的人家，大多是房屋宽敞，院落整洁；而那些房屋低矮阴暗，院中凌乱不堪的人家多是贫困、懒惰之家。勤快在为农民带来金钱、土地、牲口等有形财富的同时，还为他们获得赞誉、表扬以及信赖等无形的社会财富，尤其是在传统力量较为强大的乡村生活中，有时，无形的社会财富要比有形的社会财富更为重要。正是这种在生产劳动中表现出来的吃苦能干精神，在一定程度上折射出他们的为人与品质，使他们成为其他成员的效仿榜样。

第二，黄土可生金。满族早期的原始农耕采取的是广种薄收的

---

① 张其卓、董明收集整理：《满族三老人故事集》，春风文艺出版社 1984 年版，第 287 页。

粗放型耕作,在与汉族的逐渐接触过程中,引入许多比较先进的农耕生产技术,积肥养地就是其中之一。早在清代,辽东满族农家就已普遍重视施肥,其积粪方法与山东等地农村大体相似,主要可分为"圈粪""人粪"和"鸡粪"等几大类。"圈粪"依据其制作时间及颜色的不同,可以分为"绿粪"和"黄粪"。绿粪专指夏季积制的牛圈粪、羊圈粪与猪圈粪。"黄粪"是与"绿粪"相对而言,主要是秋冬季节,雨水稀少,人们通常用秋收后割下的作物秸秆铺垫畜圈,此时牛、马也主要以玉米秸秆、谷草为饲料,故排出的粪便大多为黄色,当地人称"黄粪"。开春前,人们往往将它扬撒在耕地中,做底肥使用。在辽东地区,人们还将日常烧柴取暖后形成的"小灰"、从炕洞扒出来的黄土等倒在粪坑中,都能积成农家粪。这些积粪技术在有效改善农作物生长条件及生长能力的同时,还极大地利用大自然的给予以及生产和生活中的各种废弃物,是民众生存智慧与生存逻辑的充分反映。随着农耕生产方式的延续,这些积粪技术也一直在农民生活中传承,并随着区域环境与耕种方式的不同表现出鲜明的地域性特征。正如该叙事里所讲,三儿媳妇要求大家不管是谁,从外面回来都要抓把土带回来,这些黄土就是用来垫猪圈踩粪的。粪好,地力就好,庄稼的收成就会好。所以,黄土可生金的农耕理念指的就是积粪肥对农户庄稼收成的重大意义。

第三,猪是农家宝。叙事中三儿媳妇当家提出两个要求,一是留出两垄地种白菜,二是抓两口小猪养。等到四五月各家粮食都不够吃的时候,三儿媳妇接连杀掉两口肥猪,全家吃着白菜炖猪肉顺利度过饥荒。可见,养猪食肉对辽东地区乃至东北地区的满族农耕人家是非常重要的。在现实生活中,猪的饲养历史与满族人的生活历史大致相同,在常年的饲养经验中,人们越来越多地发现猪的许多好处,使其逐渐成为农民日常生活中不可缺少的重要角色之一。当地的养猪历史最早可以追溯到三千多年前生活于此地的肃慎人,据《后汉书》记载:"挹娄,古肃慎之国也……好养豕,食其肉,衣其皮";《太平御览·肃慎国》中也载:"肃慎氏……其畜有马猪牛羊。不知乘马,以为财产而已,猪放山谷中,食其肉,衣其皮,绩猪毛以为布。"① 此外，据史料记载，在努尔哈赤时代，饲养与狩猎并举，饮食菜肴颇为丰富，"盛猪、羊、鸡、鹿、兔、狼、狐狸、牛、马、鹅、鹰、鱼、鸭等肉，或燔，或烹，或生脔，以芥蒜汁清沃，陆续供列，各取配刀，脔切荐饭"②。而且，在满族先祖最初养猪时，大多遵循猪的野外生存特性，将猪放于山林之中，无须额外喂养，仅以野生植物的根茎和落在地上的水果和坚果为食即可。由于当地生态条件适宜，猪从来不与人类争食且始终保持以最低的资源投入换取最大的利润产出的生存状态，使猪与当地人之间保持着相生相融的和谐关系，并最终决定猪在生产循环链中一直占据重要的一席之地。据调查，猪的这种野外放养方法一直持续到20 世纪50 年代以前。直至20 世纪50 年代以后，随着人们环保意识及卫生防疫知识的增加，加之放养条件受限，为更多地积制粪肥并提高猪肉质量，当地人开始"打死圈"养猪。在山林资源丰富、人口相对较少的辽东山区，当地人靠山吃山，猪的饲料也随季节而变，夏秋的青草、秋冬的米糠以及村民们的剩食剩饭等皆可作为它们的食物。即使是青黄不接、家中粮食供给出现不足的时候，猪亦可以草为食，关键时刻还可作为人们的肉食而呈现。

四　农具及农耕知识的传播

前文已述，满族在迁入辽东地区以后，生计方式逐渐由粗放型农耕向精细型农业转变。带来这种转变的主要动因就是技术的革新，尤其是生产工具和精细型农耕知识的传播，使满族的农业生产力大大提高。

首先，就农具的产生和使用过程而言，作为"人类手臂功能的延伸"，农具在人类的生存和发展史上发挥着不可忽视的作用。农具是农民在生产及生活过程中为有效提高劳动效率，减轻劳动负担而制作和使用的。农具的产生和出现既是农耕民众在长期的生产实

① 转引自韩耀旗、林乾《清代满族风情》，吉林出版社1990 年版，第131 页。
② 转引自彭勃《民族知识丛书》，民族出版社1985 年版，第80 页。

践活动中积累的有效经验，又是民众生存智慧及农耕知识的结晶。以《锄头的来历》为例，其内容如下：

> 以前没有锄头，那锄头也不像现在这样，就是个锄杠前面有个像烷刀似的，锄草的时候往前使劲。有的懒人他嫌锄杠短，就用蔓杆子当锄杠，然后就在蔓杆子前面安上块石头，就这么除草。
>
> 这天，说有这么个懒人在地里，不爱干活呀，就叨咕，要是这地里能草死苗活地发宣（软）多好呀，他叨咕叨咕就睡着了。睡着了他就做了个梦，梦到用个钩往后捞，一捞就一面，一捞那草就死了，苗就还来地里。等醒了以后，他就找了个钩，安在锄杠上，一看这么往后钩还真挺得劲儿，这就渐渐有锄头了。①

这则故事情节看似简短，但它却鲜明地向我们暗示出这样一条重要信息：锄头的发明源于辅助农民劳作，锄头的造型直接取决于劳作的省力与方便。正如当地农民所讲，农具最主要就是实用，使唤起来要好使、得劲儿。

此外，在辽东地区有一则名为《金牛下凡》的民间叙事，讲述的就是从人耕到牛耕的耕作方式的转变过程。故事的内容是这样的：

> 很早以前，世界上没有牛，人们种地都是用人拉犁杖，全家老婆孩子一齐上，地耕的不好，打的粮食还少，一家一家累得是叫苦连天。
>
> 这天，太白金星下界私访，正是杏花、梨花盛开的时候。只看庄户人家在地里，老头儿、老太太、大姑娘、小媳妇都一

---

① 被访谈人：刘凤梅，女，满族，58 岁，中学文化，本溪市本溪满族自治县草河城镇沙河沟村村民。访谈时间：2005 年 4 月 5 日。访谈地点：本溪满族自治县草河城镇沙河沟村刘凤梅家。访谈人：詹娜。

人捞根绳，搭在肩膀上，当家的扶着犁杖。前边喊着："嘿哟——嘿哟——"一步一步往前捞着。捞出来的垄又浅还不直，捞不了一轳辘（一截儿），人就得歇歇喘气，接着还喊："嘿哟——嘿哟——"

太白金星记在心上，回来奏明玉帝。玉帝准许他把金牛星打发下界变成老牛，为人蹚地、拉车，做这些重活计。人间有了牛，人们种地把老牛一套，拉的垄沟还直溜，土质松软，秋后得到了大丰收。老牛辛辛苦苦地给农民种地，打下好多好多的粮食，可它自个吃得倒不好。它是天上来的，吃素，肉类荤腥都不吃，就光吃草，连清水都舍不得喝，喝的是浑水、饭米汤、尿水、死水泡子的水，还不尥蹶子耍脾气，真是任劳任怨。

一晃十年时间过去了。这天，太白金星下凡。老牛对太白金星哭诉："我这老黄牛，人们管我叫耕牛，给人们挣来了金山，打了很多的粮食，也应该把我送回天上啦。"太白金星一想，你确实累，可没有你，人们种地更辛苦了，就说："我看你还是留在人间，总有一天你是不会挨累的。"老牛说："哪天能呢？""这么的吧，你多会儿看到人间点的灯，灯头冲下，那时候你就不再做活了。""我不做活怎么行呢，谁替人做？""那时我用铁做成个牛，叫它不知道累，不知道苦，去为人种地。"

老牛一寻思，铁牛怎么能变成真牛呢，这不是办不到的事吗？不过我盼灯头冲下吧，冲下我就有了出头之日了。太白金星怎么想的？那灯光多咱（任何时候）也得冲上，不管是油灯还是蜡烛，至于多咱冲下，到时候再说吧。

这样，老牛又回到了人间，继续心甘情愿地为人们当老黄牛。①

---

① 夏秋主编：《满族民间故事·辽东卷》（中卷），辽宁民族出版社 2010 年版，第 73 页。

　　这则叙事非常鲜明地传达出从人耕向牛耕的转变。在农耕生产及日常生活中，牛的地位非同一般。耕牛不仅可以为农田积攒大量的粪肥，还可以作为畜力拉犁拉车。而且，耕牛吃素、任劳任怨、肯吃苦不怕累等各种优秀品质，使它与人类的关系逐渐由僵硬的工具性关系转变成特殊的亲情关系。可以说，牛不仅仅是出力的工具，更是农耕家庭的成员。正如叙事的结尾所讲，"老牛又回到人间，继续心甘情愿地为人们当老黄牛"。

　　更有寓意的是，这则叙事虽然产生于传统社会，但对农耕社会未来的发展居然有着非常精准的预知。叙事里面讲到，太白金星为安抚老牛在人间好好耕种，就告诉它等到人间点的灯头冲下，就用铁做成牛代替老牛耕种，这样牛就无须再受累。灯头冲下，这在生产力低下的传统社会自然是连想都不敢想的事情。但在 20 世纪 50 年代以后，随着生产力的发展，电灯、拖拉机、机械犁的出现逐渐取代传统的油灯和耕牛。现实生活确实如故事里面所讲，有了电力、机械化耕种以后，耕牛逐渐退出农耕生活的世界，现在的普通农户家里，已经很少有人饲养耕牛。

　　此外，《连枷的来历》也是地道的满族故事，在讲述连枷这种农具的发明过程时，向人们传达出连枷制作和使用的技能知识。其主要内容为：相传，连枷这种农具是由一位名叫乌伦泰的庄稼人发明的，此人乃一家之主，生有五子却十分不和，每天打闹，不仅气死亲生额娘，还招来邻里的笑话讥讽。老人为使五子和睦发明出五根条子连成敲板的打谷农具，终使五个儿子明白"团拢起来过日子更好"的道理，故称此农具为"连家"，后人又改其为"连枷"。将农具的发明与家庭和睦相联系不仅向我们展现农具的制作与使用知识，同时也再次强调农户过日子讲求"家和万事兴"的哲理。对于农具来历的叙事还有很多，例如《秤杆的说道》《石碾子的来历》《拐磨子的来历》等，皆是讲述农具的发明及使用，以强化民众对于农具的认识，起到传递农耕知识的作用。

　　与此同时，辽东地区的民间叙事中还有许多对农作物和农耕知识的认知和记录。如《寒露与荞麦》《无根草就缠豆秧子》讲各种农作物的出现、习性以及耕种常识。人们往往会把这些农作物比作人，运用人与人之间的关系设计故事情节，影射农作物的生长习性。当然，关于农耕知识的认知也很多，如《人为财死，鸟为食亡》中就说到"过了芒种，不可强种"；《布谷鸟的来历》中布谷鸟一叫人们就开始种地；《打包场》中"苏子出油，种在地头"以及《地头种线麻》中满族人在地头种线麻是避免土地浪费等，都是利用叙事对农耕知识的记录和传承。

第三节　柞蚕放养的源起与传承衍化

柞蚕与桑蚕一样，是我国的特产。早在四五千年前，我国先民就开始饲养家蚕。虽然古代先民很早就知道采摘山野中柞蚕结的茧做絮御寒，但人工放养柞蚕技术的出现却只有四五百年的历史。从全国范围来看，近一百年来，由于柞树林资源丰富，辽宁已经成为中国柞蚕业生产的第一大省，产茧量占我国总量的90%，占全世界总量的60%以上。尤其是在1915—1938年，这里的柞蚕业资源开发利用达到历史最大规模。[1] 在辽宁，放养柞蚕的生计方式主要分布在两大区域：一是锦州和辽东半岛上的复县、熊岳和盖县；二是辽宁东部的岫岩、本溪、抚顺、宽甸、桓仁等山区。其中，辽宁东部山区是满族文化发生及发展的一个重要源头，对于这些从黑龙江、吉林等地迁移而来的建州女真人的后代而言，为适应自然生境的变化，南迁至辽宁山区以后，他们逐渐完成由狩猎生产模式向农耕生产模式的转变。放养柞蚕成为满族后代的谋生手段，时至今日，生活在辽东山区里的满族人依然以放养柞蚕为主要收入来源。

在长期的生产生活中，辽宁满族地区蚕民围绕柞蚕放养形成一整套的生产、生活及信仰习俗，还衍生出大量的民间口承叙事文本。在辽宁各地民间叙事资料作品中，与柞蚕放养相关的民间故

---

[1] 王广运、陈玉清：《论辽东柞蚕业资源的开发与利用》，《中国蚕业》1998年第4期。

事、传说共有 20 余篇。如《蚕姑娘的传说》《放蚕姑娘》《柞树养柞蚕》《蚕的来历》等，均是对蚕民生活及蚕业生计历史的全方位记录与折射。

一　蚕姑信仰与蚕姑庙

与南方饲养桑蚕的蚕民供奉"嫘祖""马头娘""蚕花娘娘"为行业神一样，辽宁柞蚕放养行业也有自己的守护神——蚕姑。关于蚕姑的来历，辽宁民间口承叙事作品中有各种不同的解释，大致可归纳为四种说法：

第一种说法，蚕姑是位年轻女性形象，因帮助善良勤快的蚕民而被当地人供奉为蚕姑，如《蚕姑姑的传说》《蚕姑娘》等。其中以《蚕姑姑的传说》[1] 流传最为广泛，在辽宁民间故事集成中此类叙事的各种异文有 6 篇。其内容梗概为：有个勤劳肯干的放蚕小伙，一心想把蚕放好。有一年的七月十五晚上，一位迷路的姑娘在此借宿。小伙子心眼好，让姑娘睡在铺子上，自己睡到窝棚外，并把所有的米都煮给姑娘吃。姑娘临走时说："我叫蚕姑，谢谢你了。"随后，小伙子的蚕场上到处都是茧，小伙子这才知道是蚕姑成全他。从那以后，每年的七月十五，蚕民们都要在窝棚旁摆上供品祭祀蚕姑，以求柞蚕丰收。

第二种说法，蚕姑是生活贫困的姐妹二人。如《蚕姑姑的来历》[2] 中讲述，一个白胡子老头送给姐妹二人一把蚕籽，并告诉她们把蚕籽放到树上，用结的茧子抽丝制成衣服。姐妹按照老人指点，放蚕抽丝织布。后来还把这种技术告诉山里人，姐姐因为教村人放蚕不幸摔断了腿。后来，姐妹又在家养桑蚕，而且一直没出嫁，被天神知道后，接两个姑娘上天掌管人间蚕事。

第三种说法，蚕姑是一位老年女性形象，她不仅教会贫困无依

---

① 中国民间故事集成辽宁卷编委会编：《中国民间故事集成·辽宁卷》，中国 ISBN 中心 1994 年版，第 333 页。

② 夏秋主编：《满族民间故事·辽东卷》（下卷），辽宁民族出版社 2011 年版，第 52 页。

的姐妹俩放蚕的相关技术，还保佑姐妹俩放蚕，过上好生活。《蚕姑娘的传说》① 即为此种叙事的代表。

第四种说法，对蚕姑的身世交代得更为详尽，以《蚕姑姑》② 为例。其故事梗概为：蚕姑家住松阿里拉中游的西岸，本是一位年轻、贤惠的媳妇，但备受婆婆的刁难打骂，流浪在深山里。因保护山坡上的一片菠萝棵子树，得到一位金钱蛾化身的青衣姑娘的帮助，教她如何熬茧搅丝织缎。从此，蚕姑四处教人放养柞蚕、搅丝织布之术。后来，为救村屯里的女性，她被大辽王选为黄罗绣女。因技艺高精，又不愿专为皇家织锦，终被辽王迫害。人们为感谢她留下放蚕技术，亲切地称她为蚕姑姑。

几种关于蚕姑身世来历的解说尽管细节不同，但蚕姑的形象及文化特性却极其相似。即蚕姑皆为女性神，向当地满族民众传授放蚕的相关技术知识，而且专门保佑那些勤劳、正直、善良的蚕民。所以，在蚕民的观念中，只要勤恳劳动，虔诚供奉，蚕姑一定会保佑他们发山收茧。正如《蚕姑姑的来历》③ 中描述的那样："人们为了纪念蚕姑姑，修了蚕姑庙，哪个放蚕的上山，都要先到蚕姑姑庙，蒸点供，放点吃的，烧香烧纸，祷告祷告，让蚕姑姑保佑多得茧，这个习俗一直流传到现在。"

直到今天，尽管放蚕技术越来越科学，辽宁地区的蚕民还是与他们的祖先一样一直虔诚地信奉和敬拜"蚕姑"。这种信仰的存在不仅不会妨碍放蚕技术的应用和推广，反而成为蚕民对未来生计充满期盼的一种强烈的心理支撑。此时，信仰与技术成为并行不悖的两条路径，各自发挥着独特功能，促成农事生产顺利进行。于是，在每户蚕民的蚕场上都设有蚕姑庙，蚕姑庙多是由山下扛上山的三

---

① 丹东市元宝区三套集成领导小组编：《中国民间故事集成辽宁卷·丹东市元宝区资料本》，丹东印刷厂 1987 年版，第 151 页。

② 中国民间文艺研究会辽宁、吉林、黑龙江三省分会编：《满族民间故事选》（第二集），春风文艺出版社 1983 年版，第 257 页。

③ 夏秋主编：《满族民间故事·辽东卷》（下卷），辽宁民族出版社 2011 年版，第 52 页。

块大石头搭立而成。尤其是满族蚕民，在每年的正月十六傍晚，都要给自家的蚕姑庙送蚕灯，并许愿祭祀，以求蚕姑保佑蚕业兴旺，蚕民发山。①

二　放蚕技术的源起

在与柞蚕放养相关的民间叙事中，关于满族祖先如何学会放蚕技术也有记录和解释。除蚕姑叙事中常讲的蚕姑传授放蚕技术这种颇具浪漫色彩的解说以外，在当地还流传着一些有关"蚕"的由来的解释。其中，最有名的一则是《蚕的来历》②。其故事梗概为：很早以前，有个马员外，老两口只有一个女儿，家里养了一匹大白马，跟小姐同年出生，并一起玩到大。一年，员外到外地做生意，一去就是三年未回。老太太就对大白马说，如果它能把员外找回来，就将小姐嫁给它。大白马去了一个月，果然将员外找回来，老太太却把承诺忘得一干二净。大白马很生气，白天叫晚上跑，气得员外将它杀死，又剥下马皮放在院里杖子上晾晒。小姐见了，一头扑到马皮上痛哭不止。这时马皮将小姐包住，变成一粒大茧。后来茧破变成一只蛾飞到山上，蚕就是这样而来的。很明显，此则叙事是南方"蚕马神话"在北方蚕区的流传变异。

与此同时，关于放蚕技术的由来，辽宁满族民众还有另外一种更具史料价值的解释。在桓仁地区流传的《柞树养柞蚕》③，讲述关东老百姓学会养柞蚕是从桓仁柞树岭地区的满族人开始的。"南方人讲柞蚕是桑蚕变的，咱满族人可不是这样讲，柞树上老早就有蚕，只不过老祖宗不知道这大青虫子能吐丝织布，知道柞蚕是一宝，是金朝的事。"一群回到当地的伤兵见到柞树上的青虫子，想

---

① 关于辽东满族蚕民祭祀蚕姑的具体程序，可参见詹娜《辽东放养柞蚕习俗调查》，《民间文化论坛》2004 年第 5 期。

② 宽甸县民间文学三套集成领导小组编：《中国民间故事集成辽宁卷·宽甸资料本》，宽甸县印刷厂 1987 年版，第 23 页。

③ 桓仁县民间文学三套集成领导小组编：《中国民间故事集成辽宁卷·桓仁资料本》，桓仁县印刷厂 1987 年版，第 35 页。

到南方人用青虫子做成茧，再纺丝织布。他们就试着等待柞树上的青虫子做成茧再纺丝织布。"树高枝也高，勾不到树上的茧子，他们就砍倒大柞树，摘取茧子……后来又学会了留种、杀虫，以这为谋生手段，发了财，残疾人过上了好日子。桑树上的叫蚕，柞树上的也像蚕又不相同，于是叫成了柞蚕。从那时起，满族的老祖先就在柞树岭上养柞蚕。这手艺代代相传，传遍了关东山，柞蚕在关东山养起来了，一直到现在。"

这则民间叙事至少向我们传达三条信息：第一，满族祖先很早就知道柞树上可以结出蚕茧，但不懂得利用；第二，最初满族人并不懂得放养柞蚕的相关技术；第三，因为外出征战士兵见到南方人养桑蚕，回到辽东地区后依法炮制才总结出人工放蚕技术。而且这种技术代代相传，延续至今。

然而，放养柞蚕技术的产生历史果真如民间叙事所传达出来的，是由满族人自己学习总结而得？而这种学习总结又是在何种情境下完成的？前文已述，辽宁满族的族群建构历史主要可以追溯到南迁至辽宁东部地区的女真人。由于自然生境的变化，面临着生计模式的全面转化，即由狩猎生计向农耕生计转变。事实上，满族农业的真正发展也是在南迁辽东并与农业民族为邻以后才出现的。因辽东、辽北山区到处是天然的柞树林，为放养柞蚕提供了得天独厚的条件。据史料记载，到19世纪中期，辽东、辽北山区已经出现专饲柞蚕为业的满族人家，如"处暑斩树条割山柴柞重生，饲秋蚕"；"七月中……重发新叶，我开东境养蚕家皆可以饲秋蚕"①。由此可见，满族的确是南迁到辽东地区以后才出现专业的人工放养柞蚕技术。

而这种技术又源于何处？据我国近代柞蚕发展史的相关研究表明，山东一带是我国发现并饲养柞蚕最早的地区。文献上对于柞蚕的最早记载见于晋代的《古今注》，书中记载，"汉元帝永光四年（前40），东莱郡东牟山（在今烟台市牟平区境内），有野蚕为茧，

---

① 转引自江帆《满族生态与民俗文化》，中国社会科学出版社2006年版，第280—281页。

茧生蛾，蛾生卵，卵著石，收得万余石，民以为蚕絮"。晋代郭义恭撰写的《广志》中第一次提到"柞蚕"这一名词，"柞蚕食柞叶，民以作绵"。此二文献皆是对采收柞蚕茧加以利用的记述，并没有对人工放养技术的产生作出说明。直到明末清初，以山东一带为中心的柞蚕放养、缫蚕丝、织茧绸的技术日渐成熟。到清康熙年间，逐步统一全国后，社会秩序逐渐稳定，经济也得到恢复和发展，山东放养柞蚕技术开始向河南、河北、辽东半岛、陕西、安徽、四川、贵州等地传播。山东出产柞蚕丝，以昌邑、宁海、栖霞、青州、长山为盛。18 世纪 40 年代初，清廷曾命山东将养柞蚕成法移咨各省，依法饲养以取蚕丝之利，曾使柞丝业在西南、西北和东北地区获得推广。①

可见，山东柞蚕放养方法传到外省，以河南、东北、贵州、陕西等地最为集中。据考证，东北地区的人工放养柞蚕方法是由山东"闯关东"移民传入的。东三省柞蚕饲育由山东移民携种来此散殖②。奉省自昔无所谓蚕利，前清嘉、道间有鲁人某流落于奉，窥见林木中有柞，遂仿照齐鲁士人放蚕子多种，按法试放，而生息之繁，不减齐鲁。由是，转相效仿，渐次推广，竟开一亘古未有之绝大利源。浸淫至今，日益发达。

东北地区柞蚕放养以辽宁最为显著，是以辽东地区为最。放蚕技术在辽东地区的传播路线大致有水路和陆路两条：因辽东半岛与山东半岛隔海相望，山东半岛的烟台等地与辽东半岛的盖县、复县一带的海上交通往来频繁，山东柞蚕业横跨渤海传到辽东；与此同时，明清时代，大批的山东移民到辽东垦荒，这些人带着柞蚕种来到辽东有柞林的地方放养。③ 于是，在与山东移民的生活邻近及生计学习过程中，辽宁满族人学会柞蚕放养技术，并成为满族养蚕的最初源起。可见，满族人尽管很早就懂得对蚕茧的观察和利用，但人工放蚕技术的发明者却是关内汉人。

---

① 彭泽益：《清前期农副纺织手工业》，《中国经济史研究》1987 年第 4 期。
② 徐丽生：《东三省之柞蚕》，《东北新建设》1928 年第 1 期。
③ 参见章楷《我国近代柞蚕业发展史探析》，《蚕业科学》1992 年第 4 期。

民间叙事作为民众口述史的存在，它在记录民众心路历程的同时，除对正史起到一定的补充和印证作用以外，有时还与真实的历史相违背。但这种不符合史实的口头叙事情节从来都是有目的而为之。如满族民间叙事中将放蚕技术的出现归结为满族祖先的创新，可以大大地增强满族蚕民对本民族祖先及对本族群历史的认同感和归属感。然而，如此叙事情节也并非完全脱离史实，叙事中也明确指出满族人是在学习汉族人的生计之后才发明这种技术。无疑，这也是对放蚕技术源起的一种隐性解说。

三　放蚕技术

在大量与放养柞蚕相关的民间口承叙事中，用大量细节描述蚕的特性，以及放蚕的具体技术操作、程序知识等，使民众在讲述和传承民间叙事的过程中，对放蚕技术进行观念上的强化与学习。如《蚕姑娘的传说》[①]中详细讲到，很久以前，一位老太太是如何教导一对姐妹放养柞蚕的：

> 临别，老太太从筐里拿出一把树叶，上面聚着像高粱米粒似的黑东西说："没有什么好东西留给你们，这是一把蚕籽，你们把它放在柞树上，等到里面出了小蚕，你们就天天上山看着，别叫鸟吃了。等树叶吃完了，再移到有树叶的小树上，以后你们就放蚕吧，这东西成茧之后摘下来，你们可以织布做衣裳，还可以卖钱换粮食。"姐儿俩把这一把树叶分成了几份，分别拉到了门前的柞树上，天天跑去看看。不几天，蚕籽里爬出了黑色的小虫子。几天工夫，就把树叶给吃光了。姐俩按照老太太的嘱咐，又移到了别的柞树上。几天就长大了，变成了绿莹莹、透明的大虫子。这就是蚕。

---

① 丹东市元宝区三套集成领导小组编：《中国民间故事集成辽宁卷·丹东市元宝区资料本》，丹东印刷厂1987年版，第151页。

　　这则叙事以简单明了的语言记录下蚕的生长特性及放养过程，这与现实中蚕的生长周期及放养过程完全吻合。蚕的一生有卵、蚕、蛹、蛾四个阶段。蚕民常讲，放蚕有三关：出蛾、出蚕、破刈子（将蚕从吃光叶的柞树挪到叶子较多的柞树枝上）。出蛾属于放蚕的前期准备工作，蚕民买来蚕种穿成串挂好，温度适宜时可以出蛾。等雌雄蚕蛾交配产籽后，再将蚕籽放到柞树上。就辽宁东部地区的放养习惯而言，一把（块）蚕场可划为两大块，即较矮的"刈场"和较高的"茵茧场"。蚕民通常先把粘满蚕籽的蚕纸撕成小条分别缠在刈场的柞树枝上，等小蚕孵化、树叶逐渐被吃光后，再一个个地将小蚕抓到茵蚕场。等蚕成年后，就结成蚕茧。

　　然而，既然叫"放蚕"，就说明这种生产劳动的野外放养特性。蚕上山后，割场子（割掉柞树周围的杂草）、打鸟、药拐子（蝼蛄）等各项工作都必须做好。蚕民常讲"出在鸟前，归在鸟后"，"放蚕有三勤，眼勤、手勤和腿勤"。山中的松鼠、耗子、鸟、蛇、青蛙和蝼蛄等动物都是蚕的天敌，要想放好蚕就必须做好防治工作。这些防治手段与措施，在叙事文本中也多有描述：

　　　　说放蚕就放蚕，姐妹俩脱掉孝衫，上山支起个小窝棚，连夜把阿玛留下的茧种搬到窝棚里。茧上山，蛾上树，蚕脱皮，破蚁子，挪蚕场，姐妹俩九九八十一天，日日夜夜守护在春蚕身边。眼睛熬红了，人累瘦了。姐妹俩的辛勤劳动感动了日神，日头洒出了暖和的光芒，照在蚕儿身上；姐妹俩的辛勤劳动感动了雨神，云雾中洒下了毛毛细雨，催蚕儿快长大。好吃的禽鸟飞来了，妹妹扎林尔哈拿起破铜盆，像打锣一样从东山敲到西山，吓得禽鸟一个个飞走了。馋嘴的癞蛤蟆上山了，姐姐松吉尔哈从南沟抓到北岔，癞蛤蟆一看情况不妙，跑回河边去了；妹妹的手被蜇刺毛蜇了，姐姐把它掐死，用它的汁液搓擦，妹妹的手不痛了。一百天过去了，姐妹俩的血汗没有白

流，绿莹莹的蚕变成了一筐筐白花花的大茧……①

这则民间叙事生动地展现出放蚕过程的不易，其中的艰辛和困苦也只有身体力行的蚕民们才能体会到。在这里，民间叙事以形象、生动的语言将放蚕过程转化为口头叙事文本，使民众在讲述时从心理上体验放蚕的艰辛，做好吃苦耐劳的心理准备。此外，关于放蚕的技术，当地还有许多俗语，例如"秋作白露，春作夏至"，"白露不作茧，放蚕白瞪眼"等皆是强调要掌握好出蚕时机。

我们知道，特定的言语符号包含着民众的集体记忆，它的使用体现着民俗信息的传递与民俗知识的延续。而且，特定言语符号的使用在表达民众对民俗事象理解的同时还传达出较为重要的技术知识与民俗信息。这些口承叙事的最初创作及反复讲述恰恰是以描述农耕生产技术及知识为中心而展开的，农民们智慧地将其寓于日常娱乐形式之中，在农闲歇息之余即可完成对生产技术知识的掌握与巩固。无论是对讲述者抑或是对听众而言，每一次讲述都是给予强化的过程，并时时在民众心里发挥隐喻型民俗控制的机能。②

四 女性放蚕与角色认同

综观在辽宁地区广为流传的与放蚕相关的民间叙事，大多与女性相关。然而，在放养柞蚕的最初阶段，是禁止女性参加的。这在民间叙事中也有描述："安巴林财主走后，姐儿俩趴在阿玛的坟上哭了起来……想来想去，没别的招儿，只有放蚕……可阿玛活着时不让她俩放蚕，阿玛说：'女人放蚕背气。'再说，山里山外，百八十里也没耳闻过有一家姑娘放蚕。唉，背气就背气，没耳闻过就

---

① 《放蚕姑娘》，张其卓、董明收集整理《满族三老人故事集》，春风文艺出版社1984年版，第96页。
② 隐喻型民俗控制指用虚拟的或纪实的人物形象做比喻，展开叙事情节的母题进行行为的预警教育，从而达到控制行为人的目的。这种控制类型主要表现在民间神话、传说、故事及其中的寓言、笑话等民俗活动中。参见乌丙安《民俗学原理》，辽宁教育出版社2001年版，第168—173页。

没耳闻过吧。"①

　　回到民俗生活中，事实也确是如此。由于蚕怕异味，而女性在日常生活中经常要涂抹一些被当地人称为"羊胰子"和"猪胰子"的有气味的洗化用品。所以，在放蚕的最初阶段，女性很少参与。后来，随着男尊女卑思想的传入和加剧，禁止女性放蚕又被附上意识形态的色彩。辽宁地区蚕民曾这样诬蔑女性放蚕，"搽胭抹粉出蚕，不是少胳膊就是少腿"。直到20世纪60年代末期，随着妇女解放思想的宣传和劳动规模的日益扩大，对劳动力的需求也不断加大，妇女才又重新参加养蚕劳动，并逐渐成为该项劳动的主力军。如今，在柞蚕放养中，"女子可撑半边天"毫不夸张地展现了女性在放蚕劳动中的重要作用。

　　然而，普通民众虽然未必完全理解禁止女性放蚕的真正原因，但面对女性参加劳动的现实，他们仍然遵循他们的逻辑在民间叙事中为女性放蚕提供合理可信的解释："说来也怪，姑娘媳妇上山放蚕还准发山，大伙儿想来想去悟出一个道理，蚕姑是个姑娘，她偏护着女人，所以妇女放蚕十年九收。也就是从那时起，岫岩沿袭着妇女放蚕的风俗习惯，一直到今天。"② 这种解释增强了女性群体在放蚕这项生产劳动分工中的角色意识与认同意识，有利于鼓励女性成员积极参与到这项生产劳动中来。

　　此外，与女性放蚕相关，在辽宁蚕区还广泛流传着《找姑鸟》《姑姑鸟》等故事文本。这类故事讲述姑嫂（或姑姑和侄女）二人到山上摘桑叶，嫂子（侄女）和小姑（姑姑）开玩笑，说谁要是能将菠萝叶（杨树、柳树）变成桑叶，就将小姑嫁给谁（桑叶王或山神）。随后，小姑被抢走，满山的树叶全都变成桑叶。父母见女儿没了，就逼着嫂子（侄女）要人，嫂子（侄女）就在山中大叫"小姑"（姑姑）四处寻找。嫂子（侄女）死后化成一只小鸟，嘴里喊着"不姑"（姑姑）。在民间叙事中，嫂嫂拿小姑的婚姻开

---

　　① 《放蚕姑娘》，张其卓、董明收集整理《满族三老人故事集》，春风文艺出版社1984年版，第96页。
　　② 同上。

玩笑之类的情节时常出现。传统社会大家庭的女性角色，如婆婆与儿媳、姑姑与嫂嫂，乃至妯娌之间始终充斥着难以调和的种种情感纠葛与利益分歧。然而，《姑嫂石》《姑嫂情》之类的民间叙事又向我们展示出姑嫂情感的另一重表现。由于男子每日外出做工，嫂嫂与婆婆之间又有不可化解的冲突，而嫂嫂与小姑年龄相仿且性别相同，所以，相互之间易于交流，向小姑讲述婚姻生活、传递婚姻生活的知识亦是嫂子的重要职能。自然，嫂子可以成为小姑闺中生活的好伙伴，嫂嫂偶尔拿小姑的婚姻来开玩笑，因为她可以代替未嫁女讲出其心中所想却又不便明言之事。同时，在传统社会，蚕事收成的好坏在很大程度上要取决于运气，取决于神灵的保佑。所以，面对蚕区自然存在的鸟类及其独特的叫声，蚕民们往往要结合现实生活对自然现象作出"合理"解释。

综上可见，民间叙事在知识传递中发挥的功能不言而喻，尤其是对于生产知识的发掘与传递，是其他任何民俗事象都不可比的。因为民间叙事的出现直接源于生产劳动，它所表现出的文化蕴含是"经过'生产者'的眼光过滤过的，因而凡是与生产有关的知识，都被放在突出的位置"①。这些民间叙事有些尽管不是直接描写生产劳动和技术知识，但它们对农时的把握、劳动的进程、种植的技术等却是十分强调。在这里，丰富的农事经验升华为耕种的科学知识，农耕意识与操作经验融为一体。围绕农事生产建构起来的各种民间叙事，不仅记载着各种岁时知识、生产技术、农事知识、生活常识以及饲养技巧等，同时，还使那些源于农事生产，反过来又强化生产技术的农耕信仰及观念得以延续与传承。

---

① 参见张紫晨《江南岁时节日的祭与农耕信仰》，载于福田アジオ编『中国江南の民俗文化——日中農耕文化の比較』，文部省科学研究基金（国际学术）研究成果报告书《中国江南的民俗文化——中日农耕文化的比较》，1992 年，第205页。

第六章　辽宁满族民间叙事中的
民间信仰特质举析

　　美国人类学家克拉克洪认为，有三种东西可以将人类与其他生物区别开来，即系统地制造工具、运用抽象的语言以及宗教信仰。[①]宗教信仰作为人类独有的信仰形式，是人类为协调自身与外部环境的关系、调整并规范其社会生活而创造出来的一套精神文化系统。这套精神文化系统的建构受特定自然环境和生存境遇影响，是人类在生产生活的认知实践中创造出来的极富寓意的文化象征体系。从功能主义视角看，任何一种民间信仰的生成都是特定的文化主体对其生存境遇的历史表述与应对策略；民间信仰的变迁与演化有其内在的文化逻辑，与文化主体所处生境的变迁密切关联。民间叙事伴随着历史的演进而产生，越是古老的民间叙事越具有历史的黏着和多层的积累，经过不同时代的传承往往打上不同历史时代的印记，因而具有特殊的文化史价值。

　　与吉林、黑龙江地区的满族相比，由于生存环境及生计方式的改变，辽宁满族民众精神世界的构筑，一部分保留满族早期的萨满教信仰的遗留，还有一部分受汉族农耕文化及信仰礼教的影响而增添新的信仰内容，不同生计背景下两种信仰体系的交流和接触难免会出现一些矛盾和碰撞。然而，正是在这些延续、碰撞和融合的过程中，辽东满族民众的信仰世界得以重构，这种信仰对象及信仰观

　　[①]　史宗主编：《20 世纪西方宗教人类学文选》，金泽等译，上海三联书店 1995 年版，第 8 页。

念的变迁与演化在当地的民间叙事中都有反映。

第一节 "走下神坛"：虎信仰的神性演化

围绕着虎与人的关系以及对虎的崇信，满族的民间叙事中有大量生动的展现。通过对"虎"故事及虎形象的演变梳理，可以看到满族虎信仰的转变。早期以狩猎为主要生计的满族对动物的崇拜非常突出，如熊、虎、鹿、狼、狐狸、狍子、蟒蛇、乌鸦、喜鹊等。其中，虎信仰的表现内容最为丰富。不仅是满族，几乎大多数生活在东北三江流域和大小兴安岭及长白山地区的通古斯语族，都以老虎作为重要的信仰对象。当地的老虎俗称"东北虎"，体型庞大，毛色棕黄，凶猛异常，长啸时山鸣谷应，奔跑时狂风席卷。由于其额上长黑色横纹，额中间有一条竖纹串通，看似"王"字，故人们又称其"森林之王""百兽之王"。东北虎是长白山地区常见的物种，满族先民在从自然界中获取食物的过程中自然会和老虎发生关联。在认知水平低下的早期社会，人们很早就认识到虎是一种非常强悍且难以对付的动物，要想取得狩猎成功，必须对它进行献媚崇拜。于是，虎神信仰出现了。为表示对虎神的尊敬，满族先民多用"祖父""王爷""官老爷"等尊敬称谓，甚至将老虎视为山神、祖先神和图腾。

然而，随着自然及社会环境的改变，以及人们认知水平的提高，以农业生产为主要生计方式的辽宁满族对虎神的敬畏之心发生了转变。尽管人们还保留着传统的对虎的崇拜和信仰，但此时的虎信仰中，早期具有原始思维特点的动物神崇拜意识越来越弱，虎的人格化神的形象越来越多。虎常常幻化为人形，或是被赋予人的思维和想法，混迹于人们的日常生活当中。与此同时，虎强悍凶猛的动物属性又开始凸显。生产力和认知水平有了极大提高，并且和汉族文化不断融合的辽东满族人在与虎交锋的过程中展现出更高的智慧和谋略。他们一方面保留着满族人英勇尚武的传统品格，以过人的胆量和高超的武艺从体力上战胜它们，对于祸害百姓、为恶四方的猛兽直接以武力将其除掉；另一方面，他们接受中原礼教及汉族儒家思想观念的影响，想方设法把人类所推崇的思维品格转嫁到虎的身上，让虎具有人的品德和观念，以虎喻人，既彰显人类的精神世界，又给虎留下生存的尊严和空间。虎逐渐从神坛走下，其神性越来越弱。与之相应，虎的动物属性得到彰显。与此同时，虎又被越来越多地赋予人类的思想和品格，成为辽东满族民众日常生活中的一个重要精神承载。

一　虎神崇拜——早期萨满教的动物崇拜观

在东北民间，崇信虎的习俗非常普遍，形成许多与虎关联密切的生产、生活与禁忌习俗。费尔巴哈在论及远古人类的信仰意识时曾经谈道："动物是人不可缺少的、必要的东西；人之所以为人要依靠动物；而人的生命和存在所依靠的东西，对于人来说就是神。"[1] 满族先民很早就将虎作为神来崇拜，这是以萨满教为主体的满族信仰习俗的重要表现。一些满族聚居地区的民众不仅将虎视为"祖父""王爷"，还将虎奉为山神爷加以崇拜。如辽宁省《海城县志》（1937）记载："本境东部多山，供奉山神，以镇虎狼及诸猛兽。居民岁时供奉香火……山中居民称虎为山神爷，而立庙祀之。"

在萨满教信仰体系中，直接将虎视为重要的神灵崇拜对象，这在早期的满族神话中都有记录。如满族祖先神话《武笃本贝子》中直接讲述了虎是凌驾于百兽之上统管山林的大神。

　　满族人过去叫女真人，女真人的祖先叫武笃本贝子，传说他是穹宇妈妈所生。不知过了多少年，天下的野兽突然增多起来，天上飞的，地上跑的动物。如狼、虫、虎、豹、鹰、雕、

---

① 《费尔巴哈哲学著作选集》，荣震华、李金山译，上海三联书店1962年版，第438—439页。

蟒、蛇、熊、野猪、刺猬等，不知它们听谁所说：人最好吃，吃了可以长生不老。所以它们天天都在琢磨怎样能吃掉武笃本贝子。武笃本贝子多次遇险，有几次差一点儿就落入这些野兽之口。所以他请来了两个护卫，一个叫穆哩罕，一个叫喀屯诺延。这两个人都是忠臣，他们天天跟在武笃本贝子左右，保护着他。但这些动物也不是好惹的。它们在按巴山眼他思哈恩都力（大黑虎神）的主持下，召开了一次动物会议。会上，按巴山眼他思哈恩都力说："人是万物之灵，对付他很不容易。我们动物应该联合起来杀死他，然后，我们才能分享他的肉。"大家想了想，凭一两只动物，也真难解决这件事，只好同意了。按巴山眼他思哈恩都力向武笃本贝子挑战，双方摆开了阵势。在它的指挥下，母卧虎第一个向武笃本贝子扑去。穆哩罕持刀还击。这时公坐虎也冲上来，喀屯诺延又和公坐虎打了起来，双方打得难解难分。①

在这则神话叙事中，率领百兽最先向满族先祖武笃本贝子开战的是大黑虎神。同时，这则神话叙事的结尾还解释了满族萨满教"放野神"祭礼的由来：

武笃本贝子就是满洲族的祖先神，穆哩罕、喀屯诺延两人就是满洲族人的守护神，额真师傅就是满洲族人的萨满祖神。这些都是满族世世代代供奉的神灵。据说，满族人家的"佛多妈妈"口袋，就是当年佛多妈妈给的，里面放着子孙绳和索。人们平常将佛多妈妈口袋挂在西山墙上，只有聘女和过年才拿出子孙绳在堂屋里拉上，一直拉到庭院东南侧一头系在柳树上。后来，额真师傅从武笃本贝子的后代中选了一个葛婴（萨满的学徒），再后来这个葛婴当上了萨满。他继承额真师傅的遗言，每当烧香跳神典仪时，除了跳家神外，还要放野神，通

① 曹文奇收集整理，载于满族故乡网。网址：http：//www. manjuboo. com。

过娱神、舞耍来安慰这些动物神。

这里提到的"放野神"祭礼，就是东北满族一直沿袭到近现代的萨满教祭礼"跳老虎神"。

至 20 世纪五六十年代，东北地区的一些满族还保留比较完整的萨满教祭祀，祭祀的主要内容就是萨满教的放野神祭礼。所谓野神就是指动物神，包括虎、熊、蟒、野猪、刺猬、鹿、狍、乌鸦等几十种神兽灵禽。其中，虎是首神，又有卧虎神和飞虎神之分。此外，加入满族的汉军旗人有一种叫"旗香单鼓"的祭祀礼，这种祭祀礼仪中也有跳虎神仪式。据调查，在辽宁抚顺新宾县至今还有"跳虎神"仪式。即由萨满主持，手击神鼓，高唱神歌，迎请虎神入宅。通常由几位成年人扮演虎神，虎神进宅后，全家摆席宴请。再拜求虎神保佑全家安康后，将虎神送走，仪式结束。

虎作为百兽之首的主神地位，在辽东地区的满族民间叙事中也有记载。例如《阿骨打封虎王》中是这样讲述的：

> 古代的东北虎头上没有"王"字，以后为什么有"王"字呢？其中有一段故事。传说，女真族首领完颜阿骨打，刚起事时，因不满辽国天祚帝的残酷压迫，便毅然率兵反辽。由于阿骨打兵微将寡，被辽兵打的大败。阿骨打弃马，只身逃入长白山密林中躲藏，辽兵四面包围进行搜捕。正当阿骨打将要被擒之际，一只猛虎从林中蹿出，卧到阿骨打的面前。阿骨打只顾逃命忘了害怕，猛地骑到老虎的背上。这老虎驮着阿骨打呼啸一声，闯出辽兵重围，跨过天池，越过三江平原，来到松花江畔。阿骨打又急、又怕、又饿，从虎背上摔在地上。昏迷中，他觉得有什么东西拱他，睁开眼一看，一只老虎俯卧在自己的身旁，又见旁边还有一只满身血污的死獐子。阿骨打十分高兴，急忙弄了些柴草，点火烤了这只獐子充饥。
>
> 阿骨打很感激老虎的忠义和救命之恩，便用柴火灰和上松花江水，用手指蘸着在老虎头上写下个"王"字。打这以后，

东北虎的头上都有个王字。

后来，阿骨打当了大金国皇帝，正式封老虎为"百兽之王"。从此，山中所有的走兽见到老虎都远远地避开。①

从产生时间上看，这则叙事显然要晚于早期的先祖神话，是对女真族首领完颜阿骨打时期的记录，这时的满族祖先在生产力和自然认知水平上已经大有提高。尽管这里的虎没有直接以虎神形象出现，但虎具有非同寻常的超能力，且救阿骨打于危难之间，直到阿骨打当上皇帝才封虎为王。可见，在早期的萨满教信仰中确实存在对虎神的崇拜。《阿骨打封虎王》的叙事内容则是对早期虎神崇拜的一种肯定和延续，也是对早期虎神认知的一种认可和解释。在萨满教信仰中，人和动物的灵魂是相通的，这一信仰几乎支配着中国北方民族全部的狩猎与游牧生活。以这一信仰为依托，北方狩猎民族有时通过萨满有恃无恐地去捕杀动物；有时又不得不借助萨满向动物谢罪，以所杀动物的血肉供祭该动物的灵魂，祈求谅解和宽恕。由于狩猎民族与游牧民族在向动物界攫取生存资料的过程中经常涌动出这种极为复杂的矛盾心理，因而这种极具地域生态色彩的猛兽崇拜与信仰也便有了传承的根基。

二　虎精怪——走下神坛的虎信仰

随着生计方式的转变和认知水平的提高，早期带有原始思维意识的虎神崇拜观念在辽宁满族民众的心目中越来越弱。但作为满族的后裔，对于虎信仰的观念却依然保留。只是，此时民间叙事中的虎形象已由原始思维的动物崇拜渐向人格神转变，虎多以精、怪的形象出现在民众日常生活当中。它们或是幻化为人形，或是半人半兽的奇异形态，或是具有人的品格和行为。前文已述，辽宁满族民间叙事中一个重要类型即是精怪故事，其中，虎精叙事最为丰富，

---

① 何晓芳主编：《辽宁省少数民族民间故事大系·满族卷》（上卷），民族出版社2015年版，第9页。

如《达子香》中的虎女,《褡裢遇上三精怪》中的虎精,《老虎妈子》中的老虎妈子,《石虎精》中的石虎等。

仅以流传在本溪满族自治县地区的《老虎妈子》为例①,讲述的是一个妈妈领三个孩子,三个孩子分别叫"门插籤""钉锦子""树节股"。妈妈外出前告诉孩子因为有老虎妈子,所以谁来敲门也不能开。叙事中的老虎妈子就是成精的老虎,它吃掉妈妈后又把她的衣服穿上,来到三个孩子家中。老大老二有经验,没给开门,老三小,也没多想就给老虎妈子开门。半夜,老虎妈子把树节股吃掉。老大老二吓坏了,逃到门外,齐心协力想尽办法把老虎妈子烫死了。叙事的结尾是这样讲的,"这就是人有智慧才能得救"。在这则叙事中,老虎吃人不是直接以动物形象出现,而是变成精怪,运用计谋祸害人类,在一定程度上具有人的思维和品格。

三　虎与打虎——还原动物属性的虎形象

前文已经讲到打虎叙事,打虎作为一种文化符号,一方面是勇武强悍、机智果敢的族群精神象征,另一方面也是人生命运和族群生活秩序转换的隐喻。通常,这类叙事中的老虎多以凶猛伤人的动物属性出现,无论多么凶猛异常,最终都被满族民众以勇武之力或机智头脑所降服。可以说,这类虎的出现就是为了衬托满族民众勇猛雄健的品格。如《大唠唠打虎》《虎口夺妻》《伊林阿打老虎》《多贝勒打虎救王忠》等。

在此,仅以桓仁县古城镇一带流传的《大屁股沟的故事》为例②,讲的是洼泥甸子村东,一位叫巴罕的青年英勇打虎的故事。看到老虎频繁出来伤人,巴罕说服父母,一人到山里除虎。当然,虎是何等凶猛,打虎过程是何等残酷可想而知。待到巴罕与虎遭遇,人虎相搏那一刻,虎性与人性瞬间迸发,叙事十分精彩:

---

① 何晓芳主编:《辽宁省少数民族民间故事大系·满族卷》(上卷),民族出版社2015年版,第207页。

② 夏秋主编:《满族民间故事·辽东卷》(上卷),辽宁民族出版社2011年版,第75页。

　　巴罕摘下弓箭，屏住呼吸，拉弓搭箭，"嗖"的一声，射中了老虎的脖子。受伤的老虎呢，没致命，竖起耳朵，吸吸鼻子，立马发现了巴罕。老虎龇牙咧嘴，"嗷"地一声，震得山谷"嗡嗡"作响，忽地一下子蹿起，带起一阵风声，身边草木"唰唰"直响。老虎脖子上带着利箭，看样儿没怎地，"蹭蹭蹭"几步就蹿到巴罕眼前，张开大口，前爪抓地，尾巴竖直，"嗷嗷"狂叫，扑向巴罕。巴罕的几位朋友，吓得腿软筋麻，破着嗓子喊了一声："巴罕！"就瘫在原地。

　　老虎听到喊声，一愣神的工夫，巴罕使足吃奶的力气，手起刀落，奋力劈下。好家伙！这一刀，不偏不斜，正好劈中老虎的天灵盖，大刀被老虎的头骨夹住。老虎向前又是一纵，巴罕闪身躲过，刀把也出了手。老虎用尾巴一扫，也没伤着巴罕，晃晃悠悠，摔倒在地，蹬蹬腿死了。巴罕呢，也一屁股坐在雪地上。

　　这则叙事不仅讴歌了一个为民除害的平民英雄，还另有弦外之音，即叙事背景清晰地勾勒出故事生成年代东北山林环境的急剧改变。在叙事的开头讲道："早些年，咱这儿旮旯（地方）有老虎，人们管老虎叫'老爷子'。老虎是百兽之王，一般时候，就在深山老林里，捉些野猪山兔啥的吃，不到村里祸害人畜。那年春天，不知咋地了，北到老岗山，南到卒本川，东到蜂蜜砬子，西到五女山，方圆几百里，三天两头有人畜被老虎吃掉。老百姓们呢，谈虎色变，苦不能言。"可见，以往老虎深居山林，与人类相安无事，人们尊虎为神。然而话锋一转，老虎突然兽性大发，频频祸害人畜。叙事对此没有交代，但是我们可以依据大量史料和口碑资料对故事背景作尝试性还原。众所周知，随着社会的发展，尤其是人类生存活动的步步逼近，东北的山林资源陆续开始遭到大规模破坏。大片的森林被砍伐，山林资源环境急剧恶化，野生动物生存领地日益逼仄。正是在这一背景下，人虎互争生存领地的矛盾变得十分尖锐突出。曾几何时，广袤的东北林海雪原曾是东北虎的家园领地，成群结队的东北虎以百兽之王的雄姿傲守山林，并无意招惹人类。在东北满族聚居地区，因虎的行踪而留下很多地名，如辽东岫岩小虎岭，桓仁虎谷峡、卧虎岛、老虎哨、虎门关，义县老虎洞山，锦州打虎山，河北省涞水虎过庄等。至近现代，尽管东北区域内虎的数量锐减，虎已远离人类的视野，但在东北满族民间，仍有许多脍炙人口的虎故事在流传。究其传承动力，却令人深思。

四　伦理虎和侠义虎——受汉文化影响的虎信仰

在满族共同体形成之后，随着社会宗法制度的确立与完备，满族的民族精神、道德观念也与满族共同体形成初期的野蛮状态有截然不同的表现。特别是接触汉文化以后，满族社会也开始学习儒家的伦理道德观，崇拜祖先，重视家族，提倡忠孝节义，讲究人伦五常。在这一背景下，满族虎叙事开始出现"伦理虎"与"侠义虎"的形象，将汉族推崇的封建伦理观念彰显得非常突出。"伦理虎"多指虎与人一样，遵守三纲五常，孝顺老人。"侠义虎"则是知恩图报，重情生义。叙事中的虎能够像人一样操行伦理纲常，可见这些虎叙事已经带有浓郁的道德训诫意味。如《阿骨打封虎王》《老虎报恩》《老虎做媒》《弟弟变虎报兄仇》中的虎形象。仅以《虎儿子》为例，其叙事内容如下：

有这么一家子，老太太领着儿子过日子。儿子上山打柴让老虎给吃了，老太太上县衙告老虎。县太爷说："告人好抓，告老虎怎么抓？"可是有了原告，"凶手"不到案怎么办案哩。于是县太爷限捕快三天内将吃人的老虎抓到，抓不来打一百大板。

捕快向山神爷祷告求助，山神显灵拘来了老虎，虎被押到县衙大堂。老太太听县太爷要把老虎扒皮吃肉，就求情说："别杀它了，让它给我当儿子行不行？"县太爷一听也对呀，问老虎干不干，老虎光磕头。县太爷说："不杀你了，你就把老太太养老送终吧。"

老太太要领老虎回家，老虎不走，非让老太太骑在它身上驮老太太走，这是怕老太太走不动啊。老太太回家把老虎圈在屋里，老虎嗷嗷叫。老太太说："你怎么了，哪不得劲儿了？"老虎说："我饿。"老太太说，"你吃的东西我给不了你，我养不了你，你走吧"。老虎跳墙出去了，吃饱了再回来。打这以后，老虎每天都叼来不少狍子、鹿、野猪，老太太雇了个人，扒了皮，剔除骨头，拿出去卖肉。后来，一个人不够用，她就雇了十个人，整天扒皮剔骨卖肉，一年弄得紧忙活。老虎和老太太过了三四年，把个小家弄得挺富裕的。

后来，老太太岁数大老死了。老虎雇人，把老太太埋了，剩下的钱给抬棺的和埋坟的人分了，老虎"嗷嗷"地在老太太的坟前哭了一阵，又守了一百天，最后远走了。①

世代相传的虎故事既作为满族民众的历史记忆存在，又作为一种地方性知识被不断加以建构。满族虎故事生动形象地表达出满族民众对东北虎的生态、习性、特点的细致观察和生存体验，是满族民众在对山林动物资源的长期观察实践中积累起来的文化财富。事实上，在对原始虎神崇拜信仰的调适、转化、建构过程中，这一象征性资源已经成为东北满族民众群体强化认同与内聚力的文化利器。从这个意义上说，虎信仰就是满族及其先民在特定历史情境下建构起来的一种历史记忆与历史表述，它是群体对所记忆的历史事实的理解和阐释，是为强化群体认同和巩固群体凝聚而进行的策略性表达，在满族民众的日常生活中具有实际的指导意义。

---

① 何晓芳主编：《辽宁省少数民族民间故事大系·满族卷》（下卷），民族出版社2015年版，第800页。

第二节　"诈尸"与铧铁：民间信仰的符号转换

满族在和汉族民众逐渐接触的过程中，不仅习得汉族的封建礼教和伦理思想，同时，农耕生计理念下的信仰观念和信仰心理也逐渐融入满族人的精神世界。满族的民间信仰体系在原始的萨满教基础上，完成新的转换和重构而具有更丰富更有层次的呈现和展演。对铧铁的信仰就是在农耕生计理念影响下的满族信仰体系的重组和展现。在辽东满族民众的观念中，铧铁可以辟邪。这一方面是源于铁刚韧无比的物理属性，另一方面是因为铧铁作为犁的重要组成构件而被赋予文化属性。两种属性相互叠加，强化铧铁可以驱邪逐疫的文化功能，在辽宁满族民间叙事和民众日常生活中，对这一信仰观念的实践展演进行了很好的记录和展现。

一　诈尸：辽宁满族民众对死亡的错误认知

所谓"诈尸"，辽东满族人又称"起尸"，是指人"死而复活，发生意外"。据清代满文辞书《御制增订清文鉴》中解释："死了的人突然站起来颤抖着，叫诈尸。"[1] 在辽宁满族地区，诈尸是人们对死亡的一种错误认知，在传统社会中一直作为迷信现象流传。在当地，关于诈尸的解释和传闻非常之多。

> 那有的人没死透，还能起尸呢。要是有谁开门或是关门，正好借阵风，它就能坐起来。还有的就下地跑，撵人咬。起尸要是撵你的话，你就拐着弯地跑，有说死人眼睛直，不会拐弯，再有它也跑不了多远。再就要是起尸了，就用以前咱满族

---

① 关笑晶：《清代满族的丧葬习俗——从〈御制增订清文鉴谈起〉》，《满族研究》2010 年第 1 期。

人用那枕头顶砸它，它就不动了。①

　　我那阵给人家主持丧礼，还遇到这么个老头，那都在排子上躺挺长时间了，眼看着就没气了。不知怎么的，咳嗽一声就起来了，还说一句，"他妈的，我还该人家钱没还，人家不让我走"。那后来真就活过来了。②

　　对于这些传闻和说法，人们很少去考证其真假，反而会一遍遍地把它当成真实发生的事件去讲述，重复地讲述强化人们对诈尸的恐惧与抵触，加深迷信。在当地，为防止诈尸意外发生，还产生许多禁忌。例如，病人临咽气前，一定把家里的猫狗拴好，禁忌它们从尸体边经过。在辽东地区就流传一则《停尸扣猫的传说》，其叙事内容如下：

　　在咱辽东有个习俗，就是谁家死了人，要先把猫用家什扣起来，不让它和死人接触。从什么时候有了这么个说道呢？这里有段风趣的传说哩。

　　在很早年以前，通远堡（本溪满族自治县和凤城县界，属凤城县管辖）里有一家人，一个老头领着儿子、儿媳过日子。一来二去，老头上岁数也就死了。

　　谁知道儿子、儿媳把老头儿发送出去以后，老头儿却天天晚上回来，在外面扫院子，边扫边数叨小两口儿："你们俩懒得要死了，院子都不扫。"老头儿扫完院子就进外屋到碗柜里找饭吃，一边吃还一边埋怨儿媳："你做的菜不是咸了，就是淡了，从来就没有对口的时候。"说完吃完就离开了家。这老

---

　　① 被访谈人：刘玉梅，女，汉族，66岁，本溪市本溪满族自治县草河城镇沙河沟村村民。访谈时间：2011年10月6日。访谈地点：本溪满族自治县草河城镇沙河沟村刘玉梅家。访谈人：詹娜。

　　② 被访谈人：贺明英，女，满族，80岁，本溪市本溪满族自治县沙河沟村村民。访谈时间：2011年10月5日。访谈地点：本溪满族自治县草河城镇沙河沟村贺明英家。访谈人：詹娜。

头天天都这样，一到晚上，小两口吓得谁也不敢出屋。时间一长，也不是个办法，媳妇只好把娘家爹找来作伴，壮胆子。

却说这一天晚上，老头子又回家扫院子，仍是边扫边嘟囔。扫光了院子又走进外屋，打开碗柜吃饭，一边吃一边还说道："你们什么也不能干，今天亲家来了，这菜怎么做的这么咸。"说话的工夫，被媳妇的娘家爹从门缝里看得清清楚楚。明白了怎么一回事以后，二话没说，上炕就呼呼大睡起来。

第二天早上起来，小两口问："爹，昨晚你看见什么了？"老头说："有我在这儿，你们就不用害怕。来，咱们放桌子吃饭吧。"媳妇放好了饭桌，端上了饭菜。这时，他家里的大狸猫仍然和往常一样，从外面回来，跳上炕，稳稳当当趴在桌下等着喂食。媳妇的娘家爹一把薅住，拿到外面，狠劲地把大狸猫摔死在石头上。

小两口愣住了，不知爹爹为啥突然发这么大的火。娘家爹看了看死狸猫说："你们俩不用害怕了，我那个老亲家再也不会回来给你们扫院子、找饭吃了。"果不然，打那以后，老头再也没有回来扫院子，小两口也就不害怕了。

这是怎么回事呢？原来老头咽气的时候，正赶上他家里的大狸猫从老头的头上跳过去，老头的魂灵附在了狸猫的身上。

从这以后，咱辽东就有了这个习俗，谁家死了人，都不能让猫靠近，一是怕死人起尸，二是怕猫作妖。①

事实上，诈尸现象的确有可能发生。现代医学将死亡分为停止呼吸、心脏停止跳动、脑死亡和神经死亡四种。前三种属于临床死亡期，此时的人虽然心脏停止跳动，呼吸中断，但他身体组织内的细胞还在进行着微弱的代谢，在某些静电刺激或是专业救助等外力辅助下，人的身体器官和机能还有生存的能力。最后一种神经死亡

---

① 本溪县民间文学三套集成领导小组编：《中国民间文学集成辽宁卷·本溪满族自治县资料本》（上），海城市报社印刷厂1987年版，第271页。

才是真正的生理学死亡期。现代医学强调四种死亡同时具备才是真正的死亡，而民间流传的尸体能死而复活的说法恰恰出于人们对死亡的误解，即简单地认为停止呼吸即是死亡。

于是，在对生、死了解极为有限的远古时期，人们认为灵魂的精华部分和身体部分是可以分离的，身体部分尽管没有意识和感觉，但精华部分还能继续生存。在最终葬礼未举行之前，死者的尸体始终暴露于危险之中，人们要不断地为尸体祈祷和驱魔。[①] 如今，尽管人们认知自身、认知社会的能力和水平已经有所提高，但出于对死亡的先天的惧怕，现代社会中的人们依然沿袭这种对未埋葬尸体的恐惧感，想方设法驱除附着在尸体上的邪恶与不洁的东西，更要防止其死而复生。

二　防诈尸：作为辟邪物的铧铁

按照范热内普的理论，"从一境地到另一境地，从一个到另一个（宇宙或社会）世界之转换"都伴随着"过渡礼仪"。而且，所有过渡礼仪的完整模式在理论上都包括三个标识性的阶段：分隔礼仪、阈限礼仪和阈限后礼仪。丧礼是人生礼仪中最具转换意蕴的一个，此时，由于新亡之人处于一种"游动于两个世界之间的特别境地"。[②] 仪式当中的许多细节都在强化新亡之人与常人明显有异的特殊时段。例如，停尸排子必须是三条腿；排子上铺的褥子一定要面朝下，里朝上等。此时，生者在哀悼、怀念死者的同时，又往往将尸体视为不祥之物，人们想方设法驱除尸体所附带或残存下来的邪、煞及恶的东西，这就出现各种辟邪、除煞之法，犁铧的使用便是其中之一。

据调查，辽东满族丧礼中使用犁铧的仪式有三处：一是死者咽气后，将犁铧砸碎成几小块，取铧铁片放到小碟中压在其胸口上。

---

①　［法］罗伯特·赫尔兹：《死亡与右手》，吴凤玲译，上海人民出版社2011年版，第22—23页。

②　［法］阿尔诺德·范热内普：《过渡礼仪》，张举文译，商务印书馆2011年版，第15页。

二是出殡时，将铧铁碎片撒在死者生前所睡炕上及屋内。三是坟前立碑时，碑和下面的座槽间以及缝隙间放铧铁碎片。其中，碟内盛装犁铧碎片或五谷杂粮等物压在死者胸口的做法在当地旗人乃至汉人丧礼中表现最为广泛和久远。许多地方志书中对此皆有记载，包括与其目的相近的"口含"和"绊脚丝"。

据辽宁《凤城县志》载："寿终停尸灵堂前，口令衔钱三枚，用纸蒙面，以红绒绳笼两臂及足。"① 《锦县志》载："化者初终、易衣服、衾褥，小敛于床，俗谓之'停'。首必西向，以帛覆面，以珠一粒纳口中，或钱一枚，犹饭用米贝之义。手中握以面包或饼饵，左右各一，以谷粮少许置胸间。"② 《义县志》中还有压胸"用铜镜子"之说③。尤其是满族人死后胸口压镜，称压心盅或压心碟或压心镜。④

究竟，"含口""压胸""绊脚丝"的目的为何？其中，"含口"的渊源较早，早在《仪礼》《礼记》等古代文献中就有"以饭及贝或珠玉置于亡者口中"的记载，还有富庶人家含璧、珠，皇族含玉等阶层之分，近代则大多口含银元。"含口"仪式传承将近两千余年，主要表达人们对死者口有余香、口可存金的祈愿含义。

在辽东满族的调查中，有一种解释比较普遍，即"人死以后，嘴里放个铜钱压在舌头上，弄个小碟压在胸口上，再用红绳把双脚绑上，以防起尸"⑤。这种解释在一些文献资料中也有印证，如"满族要在死者口中放入一枚铜钱，叫作咽口钱，一是防死者诈尸，

---

① 《凤城县志》（十六卷·民国十年石印本），丁世良、赵放主编《中国地方志民俗资料汇编·东北卷》，北京图书馆出版社 1989 年版，第 171 页。
② 《锦县志》（二十四卷·民国九年铅印本），丁世良、赵放主编《中国地方志民俗资料汇编·东北卷》，北京图书馆出版社 1989 年版，第 188 页。
③ 《义县志》（十八卷·民国十年铅印本），丁世良、赵放主编《中国地方志民俗资料汇编·东北卷》，北京图书馆出版社 1989 年版，第 198 页。
④ 韩雪峰主编：《中国民俗大系·辽宁民俗》，甘肃人民出版社 2004 年版，第 235 页。
⑤ 被访谈者：詹克增，男，满族，68 岁，本溪市本溪满族自治县沙河沟村村民。访谈时间：2011 年 10 月 6 日。访谈地点：本溪满族自治县草河城镇沙河沟村詹克增家。访谈人：詹娜。

二是取'口里存金'之意"①。"待其气绝，以红丝束手足，俗称绊脚丝，谓防诈尸。口含铜钱，名压口钱，以镇恶气。胸压酒盅或压瓷碟，内装红高粱少许，说是压邪。"② 吉林市《磐石县乡土志》中说得更为直截了当：病人"气绝后，以碎银一小块置之口内，以红绳子一条笼其手足，以盛水之小碟一个压其心上，以青巾一条蒙其头面，名之曰'压口银''绊脚丝''压心碟''蒙头布'。盖防其死而复活，发生意外也"③。

在民间防止诈尸的措施中，以铧铁压胸不仅有实际效果，还有一个重要原因，即驱邪。尤其是对年少横死之人，一定要以铧铁来压制其邪恶、怨怒之气。铧铁的使用是丧礼这一"分隔礼仪"中最为重要的一环，它可以顺利地将死者与生者世界相分离。这种分离有两种表象，一是生理上的彻底死亡，一是信仰上的彻底杜绝。

> 那不法库他妈就起尸了，那都在排子上死多长时间了，突然就又咳嗽一声，那给俺们吓得呀，都从窗户往外蹦。后来有人就说，这怎么整呢，就干脆弄个铧铁压在她胸口上，那过不一会儿，也就没气儿了。④
>
> 假设这人岁数不大，又是有病死的，要铧铁，砸小块，五厘米左右，三两块，放碟里。如果假死，心脏就被这个压住了，就活不过来了。⑤

---

① 吴凤玲：《辽东满族的仪式象征研究》，硕士学位论文，中国社会科学院，2001年，第12页。

② 韩雪峰主编：《中国民俗大系·辽宁民俗》，甘肃人民出版社2004年版，第235页。

③ 《磐石县乡土志》（一九三七年铅印本），丁世良、赵放主编《中国地方志民俗资料汇编·东北卷》，北京图书馆出版社1989年版，第285页。

④ 被访谈人：贺明英，女，满族，80岁，本溪市本溪满族自治县草河城镇沙河沟村村民。访谈时间：2011年10月5日。访谈地点：本溪满族自治县草河城镇沙河沟村贺明英家。访谈人：詹娜。

⑤ 访谈对象：詹克义，男，满族，65岁，本溪市本溪满族自治县草河城镇沙河沟村村民。访谈时间：2011年11月10日。访谈地点：本溪满族自治县草河城镇沙河沟村詹克义家。访谈人：詹娜。

三　铧铁的信仰与农耕文明的产物

据调查，铧铁作为驱邪物不仅在丧礼上有所体现，在辽宁满族民众的日常生活中也时常出现。例如多数农家猪圈上梁会悬挂一整块铧铁，人们相信铧铁辟邪，如此猪会健康成长，不易生病。盖房时，若邻家屋角正好射到自家房檐，人们多在自家房檐下挂块犁铧，一是谐音灾难"滑过去"，二是辟邪除灾。倘若某人在某处横死，人们也常会在此处埋下一块铁铧，以求驱邪、保平安。

为什么犁铧能辟邪？按照当地人的解释，"犁铧是铸铁，也叫生铁，它的特点是非常坚硬，但是很脆、易碎。它用在犁杖前头，什么困难也不怕，多硬的土都能破开"。结合这种理解，加上现有的文献资料佐证，可以推断铧铁能辟邪主要由其两方面特色决定：一是作为生铁的物理属性；二是开耕垦荒的文化属性。

首先来看犁铧作为生铁的物理属性，这也是铧铁之所以能辟邪的首要根源。由于犁主要用于破土开荒、起垄耕种，故在铸造技术上，铧铁多是生铁。与熟铁相比，生铁的主要特点是含碳多，硬度很高，可塑性差，质脆易碎。正是生铁的这种坚硬锐利的物理特性强化了民众对它的认知。除在日常生产中使用外，人们还把铧铁坚硬的特性挪移到观念体系中来，尤其是在邪凶之气汇聚的丧礼中，生铁的使用更为必要。

早在明万历年间流传的记载宅元、婚元、茔元的民间阴阳秘传真本《三元总录》中记载："殃出日时，若犯六位凶神冲回，即不出。主人又有重丧，则用六精药、七种香为末，以铁宛豆各房洒之，用白雄鸡一只以桑枝打头而鸣，代魂出大吉。"[①] 铁宛豆，即豌豆大小的铁珠，屋内撒之，俗信可除殃气。

为什么人们会迷信生铁有如此功用？众所周知，冶铁技术的出现和推广堪称人类发展史上具有划时代意义的大事。正如恩格斯所

---

① 原文无标点，此为作者添加。其中，"殃"指人死时最后一口气，俗称"殃气"；重丧，即家中又有一人死。阴阳秘传真本《三元总录》（万历四十六年六月二十四日书），广西民族出版社1993年版，第26页。

说："铁是历史上起过革命作用的各种原料中最后的和最重要的一种原料"；"铁使更大面积的农田耕作、开垦广阔的森林地区成为可能，它给手工业工人提供了一种极其坚固和锐利非石头或当时所知道的其他金属所能抵挡的工具"。① 正是由于铁的这种坚硬锐利的特性，而且它的使用又是人类生活史上一件了不起的具有划时代意义的大事。于是，在普通民众的观念世界中，"铁象征力量和正义"的理念非常广泛。在中国古代社会，人们常在河流和水坝沉入铁塑像，以此镇住水中之蛟，求得河水安宁。②

铁在西方社会文化观念体系中也具有非常重要的象征意义。在有关地球年龄神话中，铁代表的是以黄金时代为开端的一系列进程中的最后一步。在古希腊神话中，铁是战神玛尔斯的象征，古代人都认为恶魔、妖怪害怕铁，于是佩戴铁制的戒指和护身符。人们认为马蹄铁可以辟邪，用铁钉在地上画个圈可以驱赶恶魔，为避免草药失效必须用挖掘坟墓的铁器来采挖等。③ 可见，铁可驱魔、镇恶的观念是人类的一种集体心理表象。

然而，对于铁的这种古老信仰和崇拜又源自于何？归根结底在于它是人工技术的铸造产物。换言之，铁是文化的产物，其非同一般的驱邪、辟妖的力量即源自文化力量的彰显。这种文化力量的彰显在一些少数民族的创世神话中表现得最为明显。在冶铁技术出现较早且较为先进的南方地区，一些民族创世神话中直接将锻铁与开天辟地之初祖先神的文化功绩联系在一起，例如彝族的《彝文经》和民间叙事诗《勒俄特依》中就记录了阿尔锻铁神铸造四根钢叉交给天人，天人才得以开辟天洞；纳西族的《创世纪》讲，开辟大地的七姊妹最先掌握锻铁技术，在东西南北四方建立四根柱子；苗族

---

① 恩格斯：《家庭、私有制和国家的起源》，《马恩选集》（第四卷），人民出版社1974年版，第159页。
② 参见［美］W. 爱伯哈德《中国文化象征辞典》，陈建宪译，湖南文艺出版社1990年版，第163页。
③ 参见［德］汉斯·比德曼《世界文化象征辞典》，刘玉红等译，漓江出版社2000年版，第351页。

神话中专有一段《炼铸天柱之歌》的记述等①，皆是以锻铁技术的出现来比喻自然万物的诞生，比喻作为人类出现的原始先祖在改造自然过程中展现出来的巨大神力。

列维—斯特劳斯在对人类由生食转变为熟食的饮食习惯进行二元对立结构分析时指出，生和熟的区分在于一个是"自然的"，一个是"文化的"。②换言之，我们可以分别将"生"与"熟"看作"自然"与"文化"的象征。那么，人类运用人工技术对自然界中存在的铁矿石进行铸造、冶炼得到铁的过程，恰好反映出铁从"生"到"熟"的铸造过程。这种铸造无疑是文化的产物和结晶，它所体现出来的恰恰是人类认知自然、改造自然的无穷魅力与能力，而这种能力具有征服、战胜一切困难和邪恶的神圣特性。

前文已述，铧铁辟邪的象征意蕴一是源于铁的物理属性，二是因为它作为犁的重要组成构件被赋予的文化属性。这也是在多种铁制日常器具中，铧铁具有明显驱邪寓意的原因所在。犁是农耕文明的产物，也是最能体现农耕生产力的要素，更是划分农耕生产水平的标尺。从最初的"耒耜"和"石犁"，到"青铜犁""铁犁"和"直辕犁"，再到功能日趋完善的"曲辕犁"，任何一种犁具的出现都大踏步地推动农耕技术和农耕文化的前进步伐。

关于犁的功用，古书上也有记载。如宋代《农器图谱》中记载："犁，垦田器。释名曰：'犁，利也，利则发土，绝草根也。'利从'牛'，故曰'犁'。"对于犁耕的源起，最早可追溯到《礼·含文嘉》说，神农受"野猪拱地"的启发而"始作耒耜，教民耕种"。《山海经》又曰：后稷之孙叔平，始教牛耕。《墨子·尚贤子》中还有："昔者，舜耕于历山，陶于河濒，泽于雷泽，灰于常阳，尧得之服泽之阳，立为天子"之说。③可见，人们将犁的出现

---

① 参见［日］百田弥荣子《关于"踏歌"的锻铁来源——从神话·英雄叙事诗的视角考察》，苏依拉译，《广西民族学院学报》（哲学社会科学版）1999 年第 2 期。

② ［英］埃德蒙·利奇：《列维—斯特劳斯》，吴琼译，昆仑出版社 1999 年版，第 30—31 页。

③ 参见胡泽学《中国犁文化》，学苑出版社 2006 年版，第 151—154 页。

归功于人类社会早期文化英雄的天才创造，这既表达出人们对文化英雄的歌颂与崇拜，又标志着犁耕的开端即农耕文明的开端。

在东北鄂温克族流传着这样一则传说，霍列日神惹恼了雷神，雷神追赶他时，正好一个种地人的铧子掉了，霍列日神就钻到铧子里。后来铧子生锈，被人拾回家，霍列日神也因此被这家人给保留下来。① 如此看来，霍列日神是因为得到犁铧的庇护才得以保留下来。犁铧本是农耕文明的产物，在此却成为游牧民族先神的避难所，这无疑向我们展现出游牧民族的农耕化历史进程。在犁耕技术的引入和推广中，游牧民族完成从"生"到"熟"、从自然到文明的过渡进程。

第三节 "出黑"：满汉文化融合中的信仰冲突

"出黑"，辽东岫岩满族地区对丧葬习俗的俗称。"出"是解除、驱除的意思；"黑"代表煞气、丧气，带来厄运。所谓"出黑"，就是要驱除死者带来的煞气。通常，主持出黑仪式的人被称为"出黑先生"，他们懂得出黑的规矩、习惯。早期满族一直实行火葬，在生计方式改变，逐渐受汉族文化影响下也开始改变葬式和观念。"出黑"并非满族旧俗，而是在文化变迁中吸收了中原地区受儒家礼教影响颇深的汉族丧葬习俗内容，在一些具体仪式操演及信仰习惯方面还保留着满族文化和信仰的特殊之处，使汉族的出黑习俗成为满族丧葬文化的重要组成部分。

一 出黑：辽东满族的丧葬仪礼

据调查，辽东满族地区的出黑即丧礼仪式过程大致如下：

停尸：死者咽气前，为其穿好寿衣，也称"装老衣裳"，尤其忌讳"死者光着身子走"。然后，将死者移至由门板或几块木板临时做成的停尸排子上。若父母健在，排子不宜过高，其高度常与死

---

① 参见孟慧英《寻找神秘的萨满世界》，西苑出版社 2004 年版，第 152 页。

者年龄成正比，最高与炕齐平。等死者彻底咽气后，以铜钱纳入其口，俗称"含口"；以五谷杂粮或是铁珠、铁铧碎片盛在碟内压其胸口之上，并用红丝缚其双脚，俗称"绊脚丝"。死者左手握一面圈，俗称"打狗干粮"，右手执一秫秸秆，俗称"打狗棒"。据说黄泉路上有恶狗关，遇狗先喂干粮，再用棒击，可顺利过关。并将尸体用白单蒙面而盖。停灵室内，所有镜面用白布遮上。供在西屋西墙上的祖宗板、祖宗匣、香碟等用红布包好放在隐蔽处，三个月后再由孝子请回放好。

烧倒头纸、备倒头饭：此时，孝子跪在灵床前烧三斤六两纸，俗称"倒头纸"。灵床前放米饭一碗，上插三根筷子，俗称"倒头饭"。摆好五碗菜，点上长明灯，备好扒路鸡，五双筷子和五个酒杯。其中，扒路鸡即现杀母鸡，褪毛后用红线把头绑在鸡身上，鸡头要摆正，否则俗信头偏向哪边，哪边还会有丧事。

指路、报庙、送浆水饭：烧完纸后，孝子手拿扁担敲打烟囱，一边敲一边喊："西南大路，走好！"全家大哭，俗称"哭丧"。随后，长子在先，其他子女在后，手持内置蜡烛的灯笼，到村头土地庙"报庙"。一天三顿做好饭粥，送到庙上，俗称"送浆水饭"。回来路上，定要大声哭喊，让邻人知晓。有的人家还在门前立一木杆悬挂红幡，治丧期间，日出将红幡挂上，日落取下。若死者年龄较大，有的丧家会按死者年龄串一摞纸挂在门口，俗称"挂岁头纸"，邻人一看便知死者年岁。

入殓、守灵：布置好灵棚后，选吉时入殓。入殓前用棉花蘸水擦死者五官，俗称"开光"。将死者从窗户抬出放入棺材，在棺材四角放好铜钱或栗子树枝，取意生财生子。也有将死者心爱之物一并放入棺中。随后，全家人轮流在灵前烧纸守灵。盛装纸烧的泥瓦盆在起灵时由长子摔破，俗称"摔盆"，以示家中再无丧事和不幸。

摆祭、哭九肠：丧事第二天中午，孝子孝女传席摆供，俗称"请死人客"。丧家备好祭菜，大摆供席，贿赂阴间各路官差及其他鬼魂。祭菜数量有讲究，不管大盘小盘，必得凑够120道菜。孝子孝女跪成一列，将菜高高举起放在头顶，依次从每人头顶传到灵前供桌上。中午的摆祭是大席，亲戚朋友人数众多，又称"摆外祭""姑娘祭"，第一道菜必由姑娘顶上。晚上的摆祭又称"家祭"，即家里子女参加，第一道菜必由孝子顶出。家祭后，孝子孝女聚在灵前"哭九肠"。将棺材天（棺材盖）挪开露出小缝，孝子孝女开始"转棺"，围着棺材向左、向右各走三圈。然后，将所扎纸活、牛马等全部烧掉，并留人看守灵前的照尸灯一直长明。

起灵出殡：从死者去世当天算起，丧事通常持续三天，第三天一早出殡。出殡前，在死者生前所睡炕上、屋内扬撒铧铁碎片、五谷杂粮。然后，长子在择定的吉时"摔"盆后起灵。将一只公鸡拴在棺材盖上，俗称"引魂鸡"。孝子打红幡在前，亲友抬棺材在后，随后是纸扎车马及参加出殡的亲友。鼓乐手吹吹打打，边走边撒"买路钱"。到了墓地，按选好的方位掘墓，墓坑四角放四枚硬币、四个馒头或是面引子，在墓坑中间挖一小坑，用碗或瓶子装几条鱼放在坑内。然后将棺材下葬，孝子孝女用孝服兜土往墓里撒，众人将坟合上。并将"引魂鸡"放生。

圆坟、烧七、立碑：入土后第三天，死者的近亲属到坟前添土圆坟。之后逢七到坟上烧纸，直至"七七"。其间，死者子女及孙子女要服丧，百日之内"男不衣红，女不簪花"。此外，连续三年烧周年祭，上坟添土。三年后，选良辰吉日为死者立碑。通常，石碑和下面的座槽间放些铧铁碎片，若碑和槽不能完全重合，用铧铁碎片挤在缝隙中。

二 文化接触中的抗拒与排斥

据资料记载，"出黑"习俗源于汉族的丧葬习俗，但这一习俗最初传入辽东满族地区时，并没有受到当地人的认同和接受，而是表现出一定的抗拒与排斥。在辽宁省岫岩满族自治县岭沟乡西道村地区有一位故事家叫张文英，他曾讲述过一则故事名为《沙砾展的来历》[①]，讲的就是替人出黑的巫师被青天监除掉的故事。故事的

---

① 隋丽主编：《民间故事家张文英故事选》，辽海出版社 2012 年版，第 54 页。

开头是这样讲的：

> 沙砾寨那个地方原来不叫沙砾寨，叫沙砾展，那地方有个青天监的小子，把一个黑熊精给除了。黑熊精原来就是个巫师，要是谁家死人了，他给操办丧事，什么事情都少不了他，到处"出黑"赚钱，谁要不找他，他就想办法闹事，弄妖法妖术整你。
>
> 有这么一家子，丈夫上黑龙江，那时不叫黑龙江，叫上边外。都说边外好开荒，上边外开荒种田，打下粮食卖了，给媳妇送回家。为什么这么做呢？就是家里粮食不够用，两个人都在家，粮食不够吃，又靠租种财主的地，走一个人，剩下的粮食妻子就勉强够用。他上边外开荒，粮食就够用了，一举两得。等上秋了，媳妇就天天盼丈夫回来，这时候巫师就来了，说："你丈夫今天晚上必死无疑，你就准备后事吧。"就叫她准备什么东西。"明天我来给你丈夫出黑。"

媳妇不相信，就坐在门口，正好被一个路过的十来岁小孩儿看到。媳妇儿把事情经过讲给小孩，小孩告诉她解决办法。结果，在小孩的帮助下，丈夫平安归来，这小孩就是专门在皇宫里观察天文地理的青天监。在他收服黑熊精以后，临行前告诉大家："这地方周围四十里取名叫沙砾展，沙砾展这个地方死人就直接出殡，不用请阴阳先生了。"时间长了，叫着叫着就成沙砾寨了。

这则叙事中，"出黑先生"是由懂法术的黑熊精所变。他为谋取钱财，想方设法害人性命，深受当地人痛恨。青天监是官方的标志和代表，正是在他的帮助下才整治黑熊精，将出黑习俗取缔。从中可以看到，早期当地的满族人并不完全接收"出黑"习俗。当时的"出黑先生"并不是为丧家着想，而多是将"出黑"作为一种谋取利益的手段。于是，由官方出面将这种习俗取消，在沙砾寨一带不再有出黑习俗。

三　对出黑习俗的认同和接受

据调查，沙砾寨确有其地，是岫岩岭沟乡的一个满族村，距离张文英生活的西道村约 10 千米，张文英的舅舅就生活在沙砾寨。虽说出黑习俗在满汉融合的最初时期被禁止，但据村里老人回忆，自民国时期以来，满汉关系逐渐缓和，当地又开始流行出黑习俗。20 世纪 50 年代以后，西道村出现第一个满族"出黑先生"，生在孟家堡子，人称孟三先生。在张文英讲述的《孟三先生》故事中对满族出黑及出黑先生的由来有非常全面的解释：

> 孟家堡子出了个孟三先生，因为他排行老三，长得又黑，人们都称他三黑子，在早（以前）满族没有阴阳先生，满族家死人了，都要请汉族的阴阳先生。孟黑子是满族人，心想：满族人老丧了得找汉族的阴阳先生，明儿个我去拜师学艺，我去学阴阳先生。结果他就拜师学艺了，真就学成了，以后人就称他孟三先生。孟三先生会看风水，看阳宅，给人家出黑，样样都行。①

自民国以来，满族失去清朝时期的尊贵地位，与汉族的等级差异逐渐消失。尤其是 20 世纪 30 年代以来，辽宁地区被日本侵占，当时日本人将满族、汉族等民族都同样划分为"三等国民"。在这样的社会背景下，满汉文化越发融合，"出黑"习俗又逐渐被满族人接受。据张文英介绍，20 世纪 50 年代以后，在岫岩岭沟乡西道村附近地区一共出现四位"出黑先生"，除孟家堡子的孟三先生以外，还有赵家堡子的赵家先生，高家沟的高家先生，毕堡子的毕家先生。不论满族汉族，谁家"出黑"办事都请他们，请哪一位随主家的方便。当时"出黑"除了请"出黑先生"，还需要一个当地人给"出黑先生"做助理，帮忙写对子、路引和其他要写的物件，还

---

① 隋丽主编：《民间故事家张文英故事选》，辽海出版社 2012 年版，第 52 页。

要帮忙张罗事情。①

1966—1976 年，西道村"出黑"习俗一度停滞。20 世纪 70 年代末才日渐恢复。西道村原有的"出黑先生"，有的年龄太大，有的离开当地，有的不愿意再从事这种职业。于是，以前给"出黑先生"做助理的人担当此任，他们掌握"出黑"仪式的程序和禁忌，被当地人称为"土出黑先生"。现今，西道村每个居民组都有一两个"土出黑先生"主持出黑仪式，在现代"出黑"习俗中扮演重要角色。

---

① 被访谈人：张文英，男，满族，63 岁，鞍山市岫岩满族自治县岭沟乡西道村张家沟人。访谈时间：2008 年 8 月 20 日。访谈地点：岫岩满族自治县岭沟乡西道村张家沟张文英家。访谈人：闻良。

第七章　辽宁满族民间叙事中的
伦理观照

　　家庭是社会结构中的最小单位，也是进行生产生活、维系情感的重要纽带。在辽东满族民间叙事中，以家庭为主题的叙事内容非常丰富。这些叙事既反映满族早期的婚姻风俗，又展现出满族家庭成员之间的伦理关系及邻里朋友关系。尤其是在满族社会发展过程中，因为社会历史及其生产生活模式的转变，人们的婚姻观、伦理观发生巨大变化，这种家庭关系的变化深深地打上满族社会发展历史事件的烙印。在传统社会中，人们将多种家族关系、伦理关系诉诸民间口承叙事，通过民众的口头讲述记录婚姻关系和家庭生活，或隐晦或直白地表达自己的生活与愿望。

第一节　婚姻类型及姻亲缔结

　　"婚姻是维系人类自身繁衍和社会延续的最基本的制度和活动。"① 作为家庭建立的基础，部落的纽带，甚至是族群外部交往的关键筹码，婚姻从最初的族群繁衍逐渐演变成文化模式和社会组织等多重关系的复合体。古往今来，无论是作家文学还是民间口承叙事，婚姻都是叙述和传承中亘古不变的主题。用婚姻来展现人类社会的价值观、权力观、法规、风俗等文化属性，是诠释历史变迁与族群进化、表达民众情感及心理需求的工具。辽东满族民间叙事

---

　　① 钟敬文主编：《民俗学概论》，高等教育出版社 2012 年版，第 133 页。

中的婚姻主题故事，既有对满族先民社会原始婚姻类型的记录，也有对后世婚姻形态及两性伦理的映射，是对从原始落后走向文明进步的满族婚俗文化及家族伦理观念的多侧面展示。追溯历史的发展，满族的婚姻形态经历族内婚向族外婚的转变，即从最原始的杂婚，到血缘族婚再到族外的"一夫多妻"以及"一夫一妻"制婚俗的转变。

辽东满族的婚姻叙事既包含满族的文化特色，也囊括当地其他族群的文化特征，是它们在互动交往过程中产生的共同的文化产物。我们很难严格地区分叙事中哪些是满族文化的遗存，哪些是所谓"他文化"的印记。但是通过故事的情节脉络、人物形象以及其表现出来的叙事性格与文化精神，都可以反映出辽东满族民众对于自身族群文化的认同。

一　"只知其母不知其父"的杂婚

满族先民时代曾有过杂婚的历史，这在记录早期民族历史的满族说部"窝车库乌勒本"，如《乌布西奔妈妈》《恩切布库》《女真谱评》《扈伦传奇》中都有非常明显的记录。[1]

迁移到辽宁东部地区的满族后裔由于生活环境及社会情境的转变，虽然已经很少有对早期杂婚历史的直接描述，但在民间叙事中还是能够看到对早期"知母不知父"婚姻类型的隐晦记录与资料印证，如《布库里雍顺和他的八个兄弟》[2]《天鹅仙女》《额娘的由来》等都有三仙女误吞红果诞下满族先祖的情节。以《布库里雍顺和他的八个兄弟》为例，在谈到满族早期婚俗时，是这样讲的："三位仙女东游，到长白山天池，见那里风光景色比天上还好，就脱衣到天池里洗澡，上岸穿衣时候，一只黑毛白肚的大鹰，嘴叼一颗红果，落在三妹佛库伦的裙子上。佛库伦拣起红果，爱不释手，

---

① 参见江帆、隋丽《满族说部研究——叙事类型的文化透视》，中国社会出版社2016年版，第211页。

② 张其卓、董明收集整理：《满族三老人故事集》，春风文艺出版社1984年版，第3页。

但手拿红果没法儿穿衣系带，就把红果含在嘴里。一伸衣袖的工夫，红果'咕噜'一声，进肚了。佛库伦使劲儿咳，想把红果吐出来，可是越使劲儿，红果越往下坠。晚上，三位仙女在天池边的山阳坡住下，佛库伦觉得肚子特别疼，大姐恩古伦为她把脉，大吃一惊，'三妹有孕了'！"在满族早期社会，人们推行着"只知其母不知其父"的自由杂婚的婚姻形态，他们"男女杂游，不媒不娉"，任何男女可结为夫妻，没有年龄等级的限制，也没有固定的婚配对象。这样的婚俗映射到感生神话中，人们用吞食某物或者沾染某物来解释受孕的原因，包含着朴素的、原始的对大自然的崇拜和信仰。

与此同时，满族先民的婚姻习俗非常原始而古朴，在男女婚恋及嫁娶方面全无过多约束，颇为浪漫而自由。《晋书·四夷传》记载了满族先民肃慎、挹娄、勿吉人的婚姻习俗："将嫁娶，男以毛羽插女头，女和则持归，然后致礼聘之"；《魏书·勿吉传》也记载："初婚之女，男就女家，执女乳而罢，便以为定，仍为夫妇。"由于当时的满族处于母系氏族社会，女子在婚恋上有极大的主动权。在满族先民的婚姻缔结中，既没有父母之命，也没有媒妁之言，完全取决于"女和"，即由女方说了算，占据婚姻缔结的主导权。

二 "兄妹结合"的血缘婚

与汉族相似，早期满族经历同一氏族内部的婚姻杂交形态后，意识到这种婚姻方式不利于后代繁衍，于是出现排除不同辈分之间，即仅限于同辈分之间的兄弟姐妹之间的血缘婚，当地流传的神话叙事《兄妹造人》《姐弟成亲》《人的来历》中都有这类情节的记录。以满族三老人李成明讲述的《人的来历》为例，其内容如下：

很久很久以前，在一座高山底下，住着姐弟俩。姐姐叫鹨云，弟弟叫兜。他们没有阿玛，靠打柴养活家中的老讷讷。

有一天，鹨云格格和兜上山打柴，中午累了，倚在一个石头狮子身旁睡着了。一觉醒来，带的干粮没有了，姐弟俩很奇怪。第二天上山打柴，中午倚在石头狮子身旁又睡着了，醒来的时候，干粮又没有了。一连多少天都是倚在石头狮子身旁睡，醒来的时候，干粮都是没有了。

又一天中午，姐弟俩在睡梦中，石头狮子对他俩说："赶快醒来，快醒醒，要天塌地陷了。回去把你家能拿来的都拿来，能赶来的都赶来。"姐弟俩醒来跑回家告诉讷讷，讷讷说："石头狮子轻易不开口，开了口必然不能有假，咱们赶快走吧。"

姐姐收拾衣物，弟弟装种子，讷讷抓鸡抓鸭，忙了一阵赶紧往山上走。走了几步，姐姐想起村里人不知道，急忙回去告诉大伙。村民听了鹞云的话谁也不相信，都笑她是个傻子。奇怪的是，这时天上的百鸟，地上的走兽，河边的飞禽，都跟在她后面往上走。到了山顶，他们来到石头狮子的身前，石头狮子张开大嘴，说："进来吧！"鹞云格格领着鸟、兽、禽类，走进狮子嘴里去；兜扛着种子、粮食也走进去了。讷讷把鸡鸭鹅狗一个一个地往里扔，扔完还没等进去，石头狮子把嘴闭上了。

姐弟俩知道讷讷进不来了，哭了，哭也没用，只好领着禽兽接着往里走，走不多远见前面放了许多东西，细看，都是以前姐弟俩打柴时的干粮。鹞云和兜有了吃的，在石头狮子肚子里待了七天七宿，狮子又把嘴张开了。飞禽走兽见到光亮，飞的飞，跳的跳，一阵工夫都出去了。鹞云和兜把剩下的种子背出来，到外边一看，山下的村庄，房子，人和牲畜都没了，山上的花草树木也绝迹了，只剩下一些大岩石。他们俩拿出种子给飞鸟、走兽各分一粒，让它们撒到人迹到不了的高山里。又把剩下的种子撒遍大地。高山又绿了，飞禽又到处飞，走兽又到处走，只是人呢？可惜天底下只剩下鹞云和兜两个人了。姐姐犯愁地说："人从此绝世了。"弟弟说："咱姐俩配成夫妻吧。"姐姐说："我拿根针，在这座高山顶上等着，你拿根红线在对面那个山头，你要是能把红线纫上，咱俩就配成夫妻。"

弟弟拿着线心想，姐姐手里的针鼻那么小，相隔那么远，怎么能把红线纫上呢？正当兜发愁的时候，蚂蚁、蜜蜂、小鸟来了，说："我们能帮你的忙。"小鸟叼着红线，飞到鹗云的身边，蜜蜂怕姐姐看到它们在给弟弟帮忙，就在她眼前乱飞。蚂蚁钻进针鼻扯着红线爬了过去。

姐姐看红线纫上了，又对弟弟说："这还不行，山上有一盘磨，明天你滚上扇，我滚下扇，磨从山上滚到山下，如果两扇合在一起，咱俩才能配成夫妻。"弟弟听了姐姐的话，又难住了。正在兜独自犯愁的时候，山上的狼虫虎豹来了，说："我们来帮忙。"第二天姐弟俩到山顶上放开石磨顺着山势往下滚。石磨滚到狼的跟前，狼上前推一把说："差点把我打着。"石磨滚到老虎跟前，老虎推一下说："好险把我砸着。"石磨到哪个野兽面前，哪个野兽就推一把，一直推到山脚下，长蛇用身子一圈，把弟弟的那扇石磨圈起来稳稳当当放在了鹗云那扇石磨顶上。弟弟说："这回咱俩该配成夫妻了吧。"姐姐说："就照天意行事吧。"

姐弟俩成亲后，鹗云生了 10 个孩子，世上的人还是太少，一合计干脆用泥做吧。兜到山上抠来最好的黄泥，两个人一气捏了好几百个泥人。人多了记不住，就按着人的模样安排姓氏。泥人做好了，放在院子里晒。有一天忽然下了大雨，两个人一看不好，急忙往家里拾掇。因为拾得快，有的鼻子、眼睛、耳朵碰坏了，有的胳膊、腿撞断了。从那时候起，天下便有了残疾人。

据说现在世上的人，就是从那时候传下来的。

这则叙事中，一场灾难之后，人类社会中只剩姐弟二人。在弟弟的要求下，通过蚂蚁、蜜蜂、小鸟等动物的帮忙，姐弟俩通过考验终于结合，生下 10 个孩子，人类也由此传承下来。这则叙事至少向我们传达两个重要信息：一是人类历史上确实曾经存在兄弟姐妹之间通婚的血缘婚婚姻类型。血缘婚排除不同辈之间的杂交关系，只允许年岁相仿的同辈男女之间通婚。因为一个血缘家族既是生产单位，又是通婚集团，故又称这种婚姻形式为"族内群婚"。二是姐姐最初之所以没有答应弟弟的成婚要求，并提出难题，说明此则叙事的产生时间是在血缘婚被废除之后的族外婚时期，所以才对同氏族内部的兄妹成婚表示排斥，而把血缘婚这种行为视为神的安排，且不得不做的事情，这种描述也是对婚姻历史的另类记录。

三　"一夫多妻"婚姻形态

随着氏族外婚的兴起，母系制度逐渐衰落，父系制度取而代之。在辽末金初的女真时代，随着生产力的发展，男子逐渐成为生活资料的所有者，随着财富增加，男子在家族中的地位比女子越来越高，女子逐渐成为男子的附属品。对于女真男子来说，多妻是一种光荣，也是一种权力和财富的象征。例如神话《人参仙女额莫齐》中就讲道："女真人是多妻制，一个男人可以拥有许多老婆。当时，名震一时的古垟城主王杲，人称风流罕王，他已有大福晋和八个侧福晋。"当大福晋娅夏哈听说王杲想娶人参仙女时，"咯儿咯儿"一笑说："既然这人参仙女生儿子能当皇帝，你就娶她吧。"[1] 可见，当时妻子在婚姻中处于从属地位，对丈夫纳妾的行为不得不表示赞同。

在当地的满族民间叙事中，还有一些有钱有权的地方恶势力作男霸女、作恶多端的情节，也是对早期一夫多妻制婚俗的反映。比如《黑狐狸抢亲》中，黑狐狸化身为邪恶势力，"每年都要到村子里抢一个姑娘做媳妇，年底把媳妇吃了，第二年再抢一个"[2]。《笊篱姑姑》中的老王爷学着顺治帝搜罗天下的美女，据为己有。[3]

---

①　夏秋主编：《满族民间故事·辽东卷》（中卷），辽宁民族出版社 2010 年版，第 19 页。

②　张其卓、董明收集整理：《满族三老人故事集》，春风文艺出版社 1984 年版，第 58 页。

③　同上书，第 95 页。

"老王爷"是满族民间叙事中经常出现的形象,这一称谓与清朝时满族掌握中央政权有关。在与掌权阶层相对立的底层社会,民间常把"老王爷"当作邪恶和罪恶的化身。这类故事中,恶势力想纳漂亮姑娘为妾,漂亮姑娘利用聪明才智与恶势力做斗争,最终与自己心仪的男子结为夫妻。这既反映女性地位低下和作为男性附属品和财产而存在的社会现实,也传达出女性对男女不平等的一夫多妻婚姻制度的反抗,以及对美好爱情的追求。

四 转房婚俗

女真时代盛行"转房"婚俗,女真男子可以通过收继婚(转房婚)获得多位妻子。据《南朝北盟会编》记载:女真人"父死则妻其母,兄死则妻其嫂,叔伯死则经亦如之"①。当然,这里所说的"妻其母",并不是亲生母亲,而是父亲的妾。这种婚俗,有防止家族财产外流的功能,是原始群婚制的残余。《朝鲜李朝实录》记载的建州左卫酋长凡察之母吾也巨先嫁挥厚,后嫁挥厚的异母弟包奇,就属于收继婚。② 这种婚俗一直沿袭到清代。在前文提到的《先祭王杲后祭永陵》中就有对这种弟娶兄嫂的记载。大罕为让自己的媳妇生下真龙天子,就让媳妇在自己外出后与王杲住在一起,生下努尔哈赤。这在辽东满族地区,是非常流行的关于罕王身世的一种解释。从嫂子最初不同意的情节来看,此叙事产生的时间依然相对较晚,是后世对早期转房婚俗的回忆与记录。

五 "一夫一妻"制婚姻形态

到了清代,满族在婚姻上已基本实行一夫一妻,除皇室贵族中仍存在一夫多妻之外,普通满族民众大多恪守一夫一妻的婚制。在"一夫一妻"制的婚姻关系中,满族民间叙事讲述了很多异类婚和"门不当户不对"的婚姻关系。

---

① (宋)徐梦莘:《南朝北盟会编》,载《四库全书文渊阁本》,台湾商务印书馆1986年版。

② 吴晗:《朝鲜李朝实录中的中国史料》,中华书局1980年版。

（一）异类婚

在辽宁满族民间叙事中有很多异类婚姻故事，即心地善良、勤劳踏实的普通男子救助动物精灵，精灵为报答男子的恩情，自己（或遣其女）变成人形与恩人缔结姻缘，如《棒槌姑娘》《金鱼姑娘》《狐狸姑娘》等。在辽宁满族民众心目中，狐狸、猴、蟒蛇、老虎都可以变化成美丽贤淑的女子与人间男子结合。如桓仁满族故事家富查德生讲述的《狐仙女与八十二》，讲的是满族青年八十二因为心善慈悲与狐女胡凤仙结缘。虽然历经种种磨难，最终依然双宿双飞。类似情节在满族口承叙事中比比皆是，不仅是动物变成的精灵，还有很多其他生物甚至是器物都会幻化成人形，来到人间与普通满族青年谱写出一首首或喜或悲的恋歌。按照异类妻子的"属性类别"，大致可以分为"自然生物""器物""鬼魂"三类。

"自然生物"类异类婚叙事主要讲由动植物变化的精灵为报答人类男子的恩情与其缔结姻缘的故事，可以细分为"动物精灵"类与"植物精灵"类。"动物精灵"类妻子多是辽东地区常见的狐狸、梅花鹿等动物幻化而成。叙事大多以"报恩"为前提展开，二人成婚后总是受到男方家长（多是会法术的舅舅）的阻挠，经过一系列斗争，基本有两种结局，一是两人终成眷属，二是精灵妻子逝去或离去，如《狐狸精》《狐狸媳妇》《狐仙报恩》《狐仙女与八十二》《狐狸姑娘》《包海尼雅与梅花鹿姑娘》等。如《小白龙报恩》是典型的龙女报恩叙事类型，反映"动物报恩"母题。男主人公心地善良，乐于助人，同情弱者或有一技之长，无意中解救处于危难中的龙族成员（多为龙女），被邀去龙宫。在小白龙的指点下，男主人公索要一个不起眼的小物件，如箱子、花、贝壳、狗，等等。回到家后，这个小物件化身成美女为他操持家务。后来，男子和龙女结为夫妻。正所谓"有恩不报非君子"，"滴水之恩当报之涌泉"。民间叙事中的报恩讲究施与报的平衡，施恩者多是善良有德之人，是抑恶扬善、灭强扶弱的正义化身和象征形象。他们在得到报答后不是只顾自己富贵，而是与妻子一同为民除害，造福百姓。在他们身上，寄托着普通民众对人生理想和人性真善美的执着追求与美好愿望。"植物精灵"类妻子多是由辽东地区常见的山野植被变成。这类叙事一般不涉及"报恩",在情节脉络中流露出更为古朴原始的信仰痕迹,如《渔郎和红姑娘》《玉石姑娘》《柳树姑娘》《百鸟衣》等。《柳树姑娘》主要讲柳树姑娘与小伙得叶尔成亲,治好讷讷的病,智斗想要霸占自己的国王,最终帮助得叶尔当上国王。这类故事反映出满族青年希望求得贤妻、改变人生轨迹的诉求。

"器物"类异类婚主要讲述由生活物品等无生物变化成的精灵与人类男子结合的故事。这些生活物品变化成俊俏可人的姑娘,帮助社会下层的男青年摆脱艰难寂寞的单身生活。如岫岩满族故事家李成明讲述的《枕头姑娘》、沈阳东陵区满族故事家姜淑珍讲述的《风筝姑娘》等。《枕头姑娘》中德音太赌博输钱后找舅舅借50两银子,谎称自己娶媳妇需要用钱,舅舅去德音太家看新媳妇。枕头扮成新媳妇替德音太解围,与德音太结为夫妻,精心照顾德音太三年。然而枕头终究是异类,最后枕头姑娘帮助男子迎娶定亲姑娘的妹妹才算结局圆满。

"鬼魂"类异类婚的"女主角"多是死去女子的鬼魂或其魂魄附着的替身。辽宁满族民间叙事中,鬼妻的情形主要有两种:一种是妻子在丈夫离家多年后孤苦困顿而死,变成鬼后与丈夫一起生活,如《女鬼缠夫》《鬼媳妇》等;另一种是女鬼附身在纸人等物品上与人类男子结成夫妻,如《纸媳妇》《阴阳界》等。以《阴阳界》为例,讲的是一个父母双亡的小伙子,和已经出嫁的姐姐相依为命。小伙谎称自己娶媳妇,向姐姐借钱赌博。姐姐到小伙家里相看弟媳妇,小伙扎个纸人放在被子里,结果女鬼附在纸人上活了过来。克服重重阻碍之后,夫妻两人团圆,小伙从此不再赌博。在传统的万物有灵论观念下,满族先民将人看作自然界的一个有机组成部分,认为自然万物不但都有生命,而且相互联系,在一定条件下可以互相转换,从而带来命运的转变。

异类婚叙事往往给男主人公带来命运上的转机,传统社会许多穷苦男子娶不上媳妇的现象非常普遍,这就为异类婚叙事的出现奠定了基础。民间叙事总是把现实生活中完成不了的美好愿望放到叙事中去完成。于是，精灵以身相许，"让善良男子娶上媳妇"既是对现实婚姻状况的反面观照，又是对民众心理的精神补偿和安抚慰藉。民间叙事中这种对婚姻生活的描述寄托了下层青年对幸福生活的向往，得到下层民众的追捧而成为民众津津乐道的母题之一。

（二）"门不当户不对"的婚姻关系

在满族民间叙事中，穷小伙娶富家千金的情节也很多，如《泪滴玉杯》《兀向保与寒向保》《刻薄财主》《山铃铛》。其中，《泪滴玉杯》讲的是一个唱曲儿的穷小子布阿里爱上富家千金黄娥，在白胡子老头帮助下，两人最终结为夫妻；《兀向保与寒向保》讲的是心地善良的穷小子救助皇姑，最后与皇姑结为夫妻，当上额附（公主的丈夫）；《不爱财的豆腐儿》讲的是老财主要给女儿选一个福禄双全的女婿，女儿偏偏不信命，老财主很生气就将女儿许配给隔壁卖豆腐的小伙子。小伙子既聪明又善良，因迎娶财主家的女儿发了大财，四处行善施舍穷人。皇帝知道后，对卖豆腐的小伙子加以考验，最后封他到朝廷管理钱财；《小鞋匠入赘》和《五经六书》讲的是小鞋匠、小木匠歪打正着，答对员外等有身份地位人的招婿问题，被视为文化人而摇身一变成为有钱人家的女婿。

具有山林气质的区域生境带给辽东满族民众发展婚恋带来诸多不便。穷小子娶富家女的叙事，一方面是民众对于完满婚姻的希求，另一方面也说明当时的满族男青年难觅配偶的艰难处境。贫苦青年幻想通过婚姻改变穷困状态的心理需求，促使这类叙事得到广泛传扬。难觅配偶的原因是多方面的，无论是经济因素还是性别失衡问题，最终均受到区域生境的制约与影响。人类男性出生率高于女性也是人类社会中永恒的性别失衡的原因。所以，客观的自然与社会环境使民众需要承受并适应一定的心理落差，这些落差反映在民间叙事中也恰恰体现出区域内族群的道德伦理规范与文化精神诉求。这种诉求在男性为主导的民间叙事中日益强化了男性的主导地位，强化了女性在社会中的从属地位。

（三）旗民不交产、满汉不通婚

清代，满族在婚姻缔结上仍有一些禁俗，主要表现在四个方面：不准与汉族通婚；不准同一姓氏的人通婚；行辈不一不准通婚；不准童婚。清代初期和中期，这些禁令十分有效，满族民间都严格遵守"旗民不交产，满汉不通婚"的规定，婚姻只在本民族和蒙古族之间缔结，而且严格实行氏族外成婚，族内同姓不相联姻，父系亲属的子女间也不许通婚。尤其是关于满汉不通婚的禁忌，在满汉杂居的辽宁地区影响比较深远，无论是满族人还是汉族人对这一禁忌都有明确的认知和记忆，这在民间叙事中有很明显的表现。

在此，以本溪满族聚居地区流传十分广泛的《王大仙姑的故事》为例①，主要内容为：本溪满族自治县小市镇的上堡村上山城寨，寨主叫哈拉葛珊搭，汉人叫他王寨主。他有个女儿，和家里一个汉族的刘姓长工相爱。这事被王父知道后，王父处死刘长工，把王小姐骗到上山城寨柳沟后山活埋。王小姐没死，恰巧被一个骑牛人看到。骑牛人非但没救王小姐，还把这事告诉王寨主，结果王寨主再次把王小姐活埋。因为王小姐怀有身孕，被埋不久后生下一个女婴。后来，母女二人经仙人点化成仙，帮人们驱灾除难。王小姐总以一个满族老太太的形象出现，当地民众都称其为"王大仙姑"，称其女儿为"翠花仙姑"，并修坟建庙加以供奉。

在本溪满族自治县调查期间，收集到许多篇《王大仙姑的故事》异文。情节与上面记载大体相似，但细节略有变化。有的讲王小姐和刘姓长工相恋后，因为受婚俗禁忌的限制无法在一起，就约定私奔逃跑。但刘姓长工心里害怕，背信弃义，主动将此事告诉王小姐的父亲，导致王小姐被父亲活埋。因为王小姐心里有怨，死后化为鬼魂作祟于刘家。据说以后很长一段时间，村里的刘姓家族都没有好下场。还有的叙事里增添王大仙姑经狐仙相助，或是经修道

---

① 本溪满族自治县民间文学三套集成领导小组：《中国民间文学集成辽宁卷·本溪满族自治县资料本》（上），海城市报社印刷厂1987年版，第277页。

仙人点化而修道成仙的描述。在王姑祠"宣传手册"中的记录就属于后一种，里面讲到大仙姑小名"小根荣"，与刘姓长工相爱，后被王父发现。王父不仅坑害大仙姑，还掐死她刚出生的女儿。在大仙姑悲恸欲绝之际，"正巧这时铁刹山（本溪满族自治县境内名山）八宝灵光洞的'长眉李大仙'从这上方路过，就此点化了王小姐和她女儿，使她们成了'鬼仙'，从此治病救人造福一方"。据调查，这则异文是由一位来自铁刹山的道长整理而得，这位道长曾在王姑祠任过监院，并为王姑祠撰写"宣传手册"，现在网络上比较容易查到的有关"王大仙姑"的传说即是这个版本。与此同时，本溪满族自治县满族故事家金庆凯则是这样讲述的①，王老当家的没有亲手杀死女儿，而是让家中两个扛活的把王小姐带上悬崖。王小姐跳崖摔死，腹中女儿出生，被好心人救走收养。而后王小姐的鬼魂将全寨闹得鸡犬不宁，大家凑钱为她修庙，并供奉其为"王大仙姑"。而她的女儿长到十七八岁也不幸夭折，人们就将其供奉为"翠花仙姑"。

为何《王大仙姑的故事》在本溪满族自治县乃至整个本溪市城乡地区都非常有影响力？在王大仙姑信仰及传说流传的最核心地区，即现今的本溪满族自治县小市镇上堡村柳沟境内，1992年当地人筹资修建王姑祠。王大仙姑的信仰和显灵的传说越传越广，每逢农历三月初三、四月十八、七月十五、十月初一以及正月十五，王姑祠都会有较为隆重的祭祀活动。时至今日，王姑祠仍是当地颇具名气的民间祭祀场所之一，祭祀香火非常旺盛。在"王姑祠"内的碑文中对王大仙姑的由来有着较详细的记载，其内容可与民间传说相印证：

> 大仙姑，满族人，其名不详，为上山城寨寨主之女。传说她貌美心善，深得乡邻喜爱。因与家中长工汉人刘姓青年

---

① 夏秋主编：《满族民间故事·辽东卷》（中卷），辽宁民族出版社2010年版，第310页。

相爱，立下海誓山盟。然而他们并未冲破封建婚姻之牢笼，被其父以违背礼教家规而活埋于柳沟，竟为地下冤魂。此后其常与私生女显灵于世，舍药治病驱邪消灾。四方生灵多受其庇护，本地萨满奉其为王大仙姑，其女为翠花仙姑。每逢庙会之日，各方香客善男信女皆云集于此祭奠，有求必应，颇为灵验。祭奠仙姑，将希望寄托于斯，百年来已成为本地民间之习俗。①

　　这个石碑是 1992 年修立，碑文内容临摹于 20 世纪 80 年代王姑祠重建前的旧碑文。碑文中虽然没有"满汉不通婚"的说法，但却强调了王大仙姑的满族身份以及刘姓长工的汉族身份。无独有偶，在岫岩满族三老人之一李马氏讲述的《刻薄财主》中就明确提到"满汉不通婚"的戒律。该叙事主要是讲财主家的女儿与小长工私奔，财主去告官却被劝告，"我说你告不得，你就告不得。你想想，上面规定'旗民不交产，满汉不通婚'，你女儿跟民人跑了，这就是犯了戒律"②。可见，"满汉不通婚"的规定在当时有普遍的影响力和约束力。

　　在学术界，关于"满汉不通婚"的解释一直存有争议。有学者认为"所谓满族、汉族，都是今天的说法，清代号称'只问旗、民，不分满汉'，有的只是旗民之别。有关满汉通婚的政策，确切地说也都指的是'旗'与'民'"，还认为当时的政策是"旗人可以娶民女，旗女不得嫁民人"③。对于这种"不分满汉，只分旗民"的解释，在《本溪县满族史》中也有提道："绝大多数留在旗内的人依然是旗民不交产（不准互相买卖田宅），旗民不通婚（不准互相嫁娶），旗民不同刑（审刑机关不同，服刑办法不同），始终是旗民分治，严格地保持旗民这个不可逾越的界限。旗人却不分满

---

① 詹娜：《辽东王姑祠庙会调查》，《民俗研究》2002 年第 1 期。
② 张其卓、董明收集整理：《满族三老人故事集》，春风文艺出版社 1984 年版，第 293 页。
③ 定宜庄：《满族的妇女与婚姻制度》，北京大学出版社 1999 年版，第 331、334 页。

洲、汉军、蒙古而相互交产、通婚。"清朝入关前后，辽东地区的族群成分非常复杂，既有满洲旗人，也有早先归顺的汉族包衣，还有"投旗占山、垦荒种地"的关内移民。① 民间常讲的"满汉不通婚"指的即是"旗女不得嫁民人"的官方规定。随着社会的发展，"满洲八旗""旗民制度"等史实逐渐被普通民众所忽略，取而代之以"满汉不通婚"等民众常用说法，这些说法的存在也恰恰是对历史事件的底层记录和延续。

　　无独有偶，在新民地区流传着一则名为《满汉通婚》的叙事，主要围绕满族皇族小姐和汉族小伙之间的姻缘通婚展开。大致内容为：光绪初年，新民大民屯有个叫赵胜的小伙，长得帅，又能说会道，但因爱耍钱，二十多岁还没娶上媳妇。一天，在赌场输钱，差点被赌场庄家打折腿。幸亏被住在旁边的黄带子家小姐的舅舅救下。后来，赵胜为答谢皇族小姐，就搬到小姐居住的屯子附近，每天帮小姐家干活。因为从小学习武艺，成功赶走抢劫皇族小姐家的土匪。小姐和舅舅都相中小伙，舅舅做主，将小姐嫁给赵胜。因为满汉不能通婚的旧约，两人成婚后为躲避大官追责，举家搬迁，最后定居沈阳。

　　《满汉通婚》这则叙事的史料价值非常丰富，据讲述人王树铮说："这则故事我是在伪满期间（约 1940 年前后）听张家子杨展恩老人讲的，当年这位老人已 70 多岁，他是听赵胜本人讲的。有人问赵胜的年龄，老杨头说，赵胜比我大 20 多岁。"② 可见，这则叙事以当事人口述，再经过传承人的转述而传承下来。这种亲历性的人物生活经历作为叙事内容而呈现，具有很强的代入感。除满汉不通婚的禁忌外，通篇还体现出 19 世纪末 20 世纪初期辽宁地区生产、生活及婚姻观念的大量文化信息和历史内容，堪称当地普通民众日常生活记录的口述史。这些文化信息和历史内容具体包括以下几个方面。

---

　　① 李林等：《本溪县满族史》，辽宁民族出版社 1988 年版，第 68、63 页。
　　② 何晓芳主编：《辽宁省少数民族民间故事大系·满族卷》（下卷），民族出版社 2015 年版，第 692 页。

第一，对19世纪末20世纪初期，辽宁地区民间赌博之风及规约惯制的展现。受自然环境的制约，大半年的农闲时间，以及辽宁地区相对富庶的生活条件影响，辽东地区赌博习俗盛行。押骰子、看小牌、押会儿等"耍钱"娱乐非常流行。这则叙事开篇就交代当时赌博成风，以及赌博的规则。"这一天，赵胜和邻屯的徐三、宋四到外地去赌博，他三人一进牌九局，赵胜就坐在庄家的位子上推起了牌九。不到一个时辰，他腰里的现银和银票就输光了，只剩下眼前的碎银子。按赌场上的规矩，如果推牌九的庄家腰里没有钱，在打骰子之前应该说一声'地下钱儿'。庄家一旦赢了，就按摆在眼前的钱数吃输门的钱。假如庄家输了，也按地下的钱数去赔赢家，地下钱赔光了，其他赢茬都算白赢。赵胜虽说腰里没钱，可还总认为这把牌能赢。他万万没想到今天点儿低，地下钱输光了，还欠下十两银子的赌债，赢家都催他还银子。"赌场如战场，输钱必须要还。这才引出后来黄带子舅舅救赵胜的情节。

第二，对黄带子的来历及特权阶层生活的真实记录。据史料记载，自清太宗崇德元年（1636）规定，亲王以下宗室皆束金黄带，以示身份，黄带子就成为清宗室的别称。从黄带子涵盖的范围来看，黄带子就是皇族，但并不是所有的皇族都是黄带子。按清朝规定，从努尔哈赤的父亲塔克世算起，他的儿子，如努尔哈赤、舒尔哈齐等人的子孙，都称宗室，叫黄带子。与黄带子相对，还有红带子。即塔克世的哥哥弟弟，也就是努尔哈赤伯伯、叔叔的后代则称觉罗，叫红带子。与黄带子相比，红带子的血缘显然要远一些，其地位、权势、俸禄都无法与黄带子相比。黄带子是清王朝的中坚力量，从努尔哈赤统一女真各部落，直到皇太极建立大清，多尔衮护佑寡嫂幼侄入主中原，黄带子都起到至关重要的作用。因此，清初的黄带子堪称清王朝的四梁八柱，享有多种政治特权和丰厚待遇。例如，清廷规定，黄带子杀人不用偿命。一些"闲散宗室"无所事事，他们或手托鸟笼，或肩卧秃鹰，带着一帮家丁，横霸街头，以致普通百姓见到他们就远远绕开，不敢招惹。

在这则叙事中，黄带子的老先生救了赵胜之后，讲述者立刻交代说："这就得说说什么叫黄带子了。人们都知道，在新宾的永陵葬的是肇、兴、景、显四祖陵。显祖塔克世是清太祖努尔哈赤的父亲，他的后人都是以腰系金黄色的带子为标志，所以民间管他们叫黄带子，这些人大多是清政府里的大官。有的黄带子说：'我要是干了坏事，我的儿子就得去当七品知县！'可见，在黄带子里，七品知县是最没出息的小官。"不仅是黄带子，对黄带子小姐家的翡翠冠双眼花翎的阶层含义，讲述者也有交代。"姑娘父亲在世的时候是京城里的大官，不知道究竟是什么职位，只知道她家有翡翠冠双眼花翎，这就说明她家有当过一品大员的先人。因为清朝皇族里的一品官有了特殊功勋时，皇帝才赏赐给他双眼花翎。"此外，对于黄带子特权阶层的生活，民间的底层视角是这样记录的："姑娘的母亲给她相中的公子哥儿，虽说都是官宦人家的八旗子弟，可是这些人有的是大烟鬼，有的是不学无术，只知道玩鸟、架鹰、斗蛐蛐的纨绔子弟，小姐全相不中。"这与后期黄带子数量增多，一些人仗着持有特权而无所事事的现实非常吻合。

第三，对满汉不通婚的婚姻禁忌和婚姻观念的记录。叙事中皇族小姐因为看不上父母给介绍的对象，到二十五六岁还没有合适对象。舅舅看中改邪归正的赵胜，有意将小姐许配给赵胜。小姐面对这样的安排，尽管心里很高兴，但又有几个顾虑。姑娘说："赵胜是个人才，可人家才二十二岁，我都二十五岁了，人家能同意吗？"老先生说："我是幕僚出身，多年来看过很多小女婿娶大媳妇的婚姻，你和他才相差三岁，女大三抱金砖错不了！你们的婚事由舅舅做主！一会儿我问问赵胜，他要是没意见，趁今天这个黄道吉日，你们就拜堂成亲！"姑娘说："满汉不通婚这道关可怎么过呀？"老先生说："这都是宗室觉罗端架子的产物。论人才，凡是我见过的那些八旗子弟，没有一个能赶上赵胜的。他们除了摆阔、玩鸟、架鹰和斗蛐蛐之外，屁都不是。说到满汉不通婚，当年咸丰皇帝在圆明园里宠爱的四春娘娘，不就是汉族的女人吗?"就这样，小姐的疑虑被舅舅解除，小姐对舅舅有说不出的感激，二人悄悄举办婚礼后，就举家全迁。"皇族小姐和她舅舅为什么要匆匆忙忙地离开这个小屯子呢? 主要是为了躲避黄带子里的大官，怕他们以宗室小姐下嫁给民人有辱皇族尊严为由前来捣乱。不久，有个当大官的黄带子听说这位宗室小姐嫁给了汉族人，认为这是对宗室的侮辱，马上打发人骑马告诉他家的总管:'领人去抄赵胜的家!'"可见，当时皇族小姐嫁给汉人小伙被认为是有辱宗室。黄带子是特权阶层，为维护特权阶层的权力牢不可动，他们对于有损自己声誉和利益的事一律强行干涉，用霸道的方法加以制裁。无论他们做出多么越格的事情，知府和县衙都不敢过问。正如叙事当中所讲:"被抄家的富户也姓赵，他家的后人赵连山、赵连元和赵连仲如今依然住在张家子。有人问:受害人没有任何过错，却被抄了家，他怎么不到官府去讨个公道? 他哪知在那个年月，新民的抚民同知（清代的官衔，官阶比知县高）比抄家主谋的黄带子官小多了，他哪敢接状告黄带子的呈子?"

第四，对当时生活现状的如实反映和另类记录。叙事中，黄带子老先生在劝说小姐和赵胜完婚后说:"姐夫在世的时候曾经说过，大乱住乡，小乱住城。所以他临终的时候嘱咐老伴和女儿要去偏僻的乡村安家。果然，没多久，义和团兴起和八国联军进北京，住在北京城的宗室觉罗、王公大臣、高官贵戚、农商大贾和黎民百姓都遭到了洋兵洋将的祸害。这些年来，我对姐夫的远见卓识由衷地佩服。"停了一会儿，老先生又说:"如今帝俄的军队侵入东北三省，公开出卖枪支弹药，那些为非作歹的亡命徒买到冒烟的武器，再抢到马匹，就做起了无本的生意，这些败类集结在一起打家劫舍，成了马胡子，扰乱地方治安。清政府虽有八旗劲旅和绿营兵，也剿灭不了到处流蹿的马胡子，这就是小乱。看来在这个年月，咱们还是得到城市找个安定的住处啊。"这段叙事虽然在解释何为"大乱住乡，小乱住城"，但在老先生的阐释过程中，19 世纪末 20 世纪初东北地区的政治生态、社会生态等具有文化史价值的信息全都呈现出来，堪称对当时社会现状及社会发展史的全面展现和底层记录。

第二节　家族伦理与家庭角色关系

辽宁满族家族叙事既包含满族特有的家族传统，还囊括满族与其他族群交往中的观念互动。在日常生活的世代传承中，这些家族叙事逐渐成为"自文化"与"他文化"的融合和印证。在辽宁满族家族叙事中，家族内部的继承制度、性别定位、角色关系、伦理纲常等文化观念都有一定的反映。这些文化观念既反映满族民众的伦理道德诉求，又彰显满族民众对"自我"的内省以及对"他者"的审视。随着历史的发展与时代的变迁，满族家族内部的伦理道德观念也随之发生改变。

一　孝亲伦理

"养"与"孝"是民众孝道伦理观的核心问题。它反映的是父母对子女的义务，同时也反映出子女对父母的责任。满族民间叙事中父母与子女的关系体现在两个方面，一方面是父母对子女的爱，另一方面是子女对父母的孝。

父母对子女的爱是基于直系血亲关系的情感，是与生俱来、毫无保留的，满族故事中有许多关于讷讷、阿玛和孩子的故事，真挚感人，《哭儿石》便是其中之一。一个孩子在山中取宝物时，不幸被夹在石缝里，讷讷失去儿子十分伤心，哭了七七四十九天，一场大雨过后，讷讷变成一块石头。"人们给这块石头起名叫哭儿石，哭儿石旁边石头缝里夹的那块小石头，人们说那是孩子的脑袋。那背阴碴子底下老有两汪水，人们说是讷讷哭儿流出的泪水。"①

---

① 张其卓、董明收集整理：《满族三老人故事集》，春风文艺出版社1984年版，第77页。

"知女莫如母"，父母对子女的抚养和教导已经融入人的天性和本能之中，无须以成文的道德规范来束缚。所以，在满族民众的伦理观念中，更多强调的是子女对父母的孝顺。孝是中国家庭伦理的核心，也是满族家庭伦理中最基本的层次和最深层次的道德规范。报答父母恩情是人伦大义，是不可推卸的职责和义务。在辽宁满族民间叙事中，孝顺常常是衡量青年主人公品德修行的重要标准。故事中的主人公即便是生活贫苦也会尽己所能，从内心深处关爱父母，回报父母的养育之恩。那些善良孝顺的青年男子往往会成为村民赞誉的对象。主人公的善良孝道也会感动各种神灵，借助神力帮他娶到美丽贤惠的妻子，共同孝敬父母。正所谓"家和万事兴"，最后一家人过上幸福生活。如《蝈蝈绿宝石》讲的是在荷花葛珊（村子）里住着一个贪得无厌的巴彦额真（财主），家里雇用一个姓爱新觉罗的小羊倌。爱新觉罗没有阿玛，是讷讷将他养大，讷讷身体不好。年底，爱新觉罗拿着贪心财主给的十文铜钱在集市上买了一张画有白菜和蝈蝈的年画。慢慢地，爱新觉罗发现蝈蝈是否在菜叶上边可以预知天气情况。巴彦财主知道后，用十只羊把年画换到手，又因为蝈蝈预报不准确烧掉年画。爱新觉罗知道后，找到年画被烧的灶炕，挖出一块绿石头。这块绿石居然是个宝贝，在绿石的帮忙下，爱新觉罗和东海龙王的小女儿成婚，母子三人幸福地在一起生活。爱新觉罗之所以能成功娶到仙妻，主要是因为他善良孝顺。叙事中是这样描写的：爱新觉罗是个孝顺的孩子，他吃饭时从来都不吃饱，把省下的饽饽拿回家给讷讷（母亲）吃。讷讷见儿子精瘦，知道是儿子把饽饽省下的，就流着眼泪说："你天天跑山，可要吃饱。我不干活，弄点野菜也能填饱肚子。"爱新觉罗说："到了年根底下，我就能挣回一些钱。那时不光让你吃饱，还要买药给你治病。"可见，孝顺是小羊倌最优秀的品质。绿宝石作为避水珠正是为回报孝顺诚实善良的爱新觉罗，帮他娶到仙妻，改变他的生活轨迹。此外，《哑巴说话》讲的是一个孝顺的哑巴儿子上山打猎，遇到一只黑熊追他。眼看追到家门口，他用扎枪扎到黑熊。然后一路追赶黑熊，路上想叫人帮忙，情况十分紧急，哑巴竟然会说话了。① 这则叙事也非常耐人寻味，一个哑巴情急之下会说话，这更多的还是人们对善良孝顺的好心人的回报。

与孝子相对，生活中还有一些心地恶毒、不守孝道的晚辈。这些人不仅在现实生活中会遭到邻里亲友的一致排斥和谴责，在民间叙事中也没有好结局。例如《不孝的报应》《出家人为什么不吃葱、蒜、韭菜》等，这两则叙事的主题和情节非常相近，讲的是不孝敬父母的年轻人遭到谴责和惩罚。以《不孝的报应》为例②，主要讲一户人家，儿媳妇不孝顺公婆。婆婆想吃肉馅饺子，媳妇用变质的衣胞胎盘做成肉馅给婆婆吃。不过三天，外面一阵雷响，火球直窜，媳妇知道自己做错事，就向父母认错。可是火球围着儿媳妇直滚，最后，儿媳妇被雷劈，变成狗脸和狗身子。县官为教育别人，把她赶到集市上游街，告诉人们，这就是不孝顺老人的下场。正如当地百姓所讲："百行孝为先，万恶淫为本，孝顺老人是天经地义。我说你们不愿意听，人心不古啊，天道逆行，现在老为家奴，少为尊长，妻无夫权，子无父纲，老娘儿们打你一点辄没有。再早，老人管儿子，现在，儿子管爹，这是不合常理的。"③

"不孝子女遭雷劈"，这句俗语是辽东满族民众对年轻人进行孝道教育的乡规俗约与民俗劝诫。日常生活中，人们都希望自己的儿女有孝心。即使是遇到不孝顺老人的子女，人们也希望通过规劝、教育、警示等方式让他们痛改前非。以当地流传的《柳树讷讷》和《不孝子回头》为例，分别用柔性的劝善方式和刚性的警示手段教育子女要尽孝心、讲孝道。《柳树讷讷》讲的是讷讷

① 夏秋主编：《满族民间故事·辽东卷》（上卷），辽宁民族出版社2010年版，第95、414页。
② 同上书，第152页。
③ 被访谈人：罗万明，男，满族，81岁，本溪市桓仁满族自治县向阳乡爬宝山村村民。访谈时间：2009年7月24日。访谈地点：桓仁满族自治县向阳乡爬宝山村罗万明家。访谈人：李楠。

疼爱儿子,辛辛苦苦把儿子拉扯大,对儿子任劳任怨,"冬天她老早为宝贝疙瘩穿上皮袄,夏天,她手不离扇地为儿子扇风。儿子渐渐懂事了,学会了骂人和打人,她舍不得说一句,怕委屈了她的心头肉"。然而儿子却不孝顺。儿子在地里干活,讷讷给他送饭,他还要"给讷讷一牛鞭子",嘴里骂着"死老太太"。有一天,他看到树上大老鸹辛苦地喂小老鸹,想到讷讷把自己养大的艰辛,"动物还知道报答父母的养育之恩,我一个人还不如禽类",于是再也不打骂讷讷,对讷讷百般孝顺。① 这则叙事通过儿子看到老鸹反哺后幡然悔悟,以柔性的规劝方式引导子女尽孝。与之相对,《不孝子回头》讲的是刘二八岁时阿玛去世,讷讷领着他过日子,对他百般娇惯。长大后,刘二好吃懒做,对讷讷一点不孝顺,张口就骂,举手就打。娶个媳妇比刘二还浑,对讷讷更不好。一天,刘二铲地,看到树上大喜鹊辛苦地喂养小喜鹊,心生愧疚,发誓要孝敬讷讷。这时,讷讷来给刘二送饭,刘二看讷讷满头大汗,拎着锄头想去接讷讷。讷讷以为刘二要打她,就一头撞死在柳树上。讷讷死后,刘二用柳木刻个讷讷像供老祖宗(祖谱)上,每天磕头上供。媳妇看不惯,趁刘二不在家,把柳木像劈碎烧火。就在这时,一道雷电把媳妇劈死。② 这则叙事中,儿子和媳妇虽然一开始都对讷讷不孝顺,但讷讷死后,二人的表现差异很大。儿子心有悔意,媳妇恶性不改,这就直接造成一人安然活着,一人被雷劈死的不同结局。

在父母与子女的孝亲伦理中,暗含着"养儿防老"的心理诉求,养育儿子是为有朝一日儿子为自己尽孝,有着功利的付出与回报观念。《神医俄木列》中,讷讷病重,俄木列和都韦列兄弟二人一个医道高明,一个孝道感动神灵,最终治好讷讷的病。最后,讷

---

① 张其卓、董明收集整理:《满族三老人故事集》,春风文艺出版社 1984 年版,第105 页。

② 夏秋主编:《满族民间故事·辽东卷》(下卷),辽宁民族出版社 2010 年版,第203 页。

讪说："你哥俩都是我的好孩子，我没白养活你们一回！"[1] 传宗接代是满族家庭的首要功能，尤其对男丁的渴求是满族传统社会最为普遍的生育观念，这种生育观与满族的历史经历有密切关系。满族起兵东北，一统天下。作为统治阶层，清王朝在满族内部实行旗地和粮饷制度，旗饷制度曾在特定历史时期给满族民众带来相对稳定富裕的生活。这种旗饷制度主要是指努尔哈赤在女真人牛录的基础上创建的八旗制度。规定满族成员分隶各旗，兵丁编入各旗甲，平时生产，战时从征。凡八旗官兵子弟出生后皆由国家供给粮饷，八旗男丁每人均可分到田地。对于满族家庭来说，有男丁就有军籍，生男即为"添丁"，即可享受八旗俸银；无男则无俸。有男丁的人家，孩子成年后如能在八旗驻防机构中"当差"，不但有饷银旗地，还有一定的社会地位，这对满族家庭而言是一种很大的诱惑。

在这种制度影响下，人们希望家中人丁兴旺、多子多福，尤其是男丁数量越多越好。这种求子思想植根于民众心中，所谓"不孝有三，无后为大"。再加上人渐入老境，无儿无女则无依无靠。于是，表达民众"求子防老"心理的"怪孩子型"故事也有非常广泛的流传。如《枣核儿子》讲的是年迈夫妻没有儿子，上天赐予他们一个"枣核儿子"。枣核儿子聪明伶俐，帮助父母智斗县官大老爷。《人参娃》讲的是一对老夫妻中年得子，小姑娘为父母带来好运，得到一个大棒槌，从此过上幸福生活。可见，这类叙事中暗含着满族民众祈盼膝下有子、多子多孙、养儿防老等生育观念。

二　手足情义与幼子继承制

兄弟姐妹同父子关系一样，是家庭中至关重要的血亲关系。兄弟关系又称"同胞之亲""天合之情"，与父子关系同被视为"人之至亲"。反映在民间叙事中，两兄弟型故事是各民族最常见的叙

---

[1]　张其卓、董明收集整理：《满族三老人故事集》，春风文艺出版社 1984 年版，第 486 页。

事类型之一。在辽宁满族民间叙事中也有一些歌颂姐弟相亲、兄友弟恭的亲情故事，如《黑狐狸抢亲》中的弟弟和姐姐相依为命，互助互爱。然而，在现实生活中，受各种外在因素及利益制约的影响，兄弟姐妹之间的情感关系，尤其是兄弟之间的亲情并非都是和谐美满，也大多充满妒忌、斗争、迫害和残杀。满族民间叙事中的兄弟、姐妹关系充分体现这种生活状态，如《抢寡妇》《哥俩赶考》《哥俩取宝》《哥俩背河》《小叭狗儿》等。"两兄弟型"故事情节上大致可以分为"不忠的兄弟"和"百呼百应的宝贝"两种。前一种表现的是兄弟间的妒忌和仇恨，后一种则是描写弱势一方在"宝贝"的帮助下找到幸福，战胜强势一方。前一种基于对现实的反映，后一种则借助神奇幻想完成现实中难以实现的愿望。

以《吹笛子老二》为例，故事的开头是这样讲述的："长白山里有个村子叫佟家窝棚，听这名字就能想到这个村子里的人大部分都姓佟。其中有一家，父母都不在了，就剩下兄弟俩，佟老二多才多艺，爱唱歌，笛子吹得也好，就是爱喝酒这点不好。后来佟老大娶了媳妇，这媳妇总跟自个丈夫抱怨，你看咱家兄弟，也没个正经手艺，整天就知道喝酒，以后连个媳妇也说不上。总说总说，有一次就让佟老二听见了，心里明白了，嫂子这是嫌我啊。第二天一早拿着笛子背着酒壶就走了，与别人不同的是，别人都往山外面走挣钱去，他往山里面走。越走越深，走到没有人到过的地方，佟老二就把行李放下，搭了个马架子，白天吹笛子喝酒，晚上点一堆火接着吹，日子过得很自在。"① 后来，佟老二在山里救下一对经常听他吹笛子的母女，母亲为感谢佟老二就将女儿杨梅嫁给他。两人结婚后，生下一个儿子，日子过得非常好。后来，佟老大想方设法破坏二人生活，最终，杨梅离开家。佟老二知道杨梅并非普通人后，非常懊悔，独自带着儿子生活。

满族民间故事中"两兄弟型"故事的出现还与满族的"幼子

---

① 何晓芳主编：《辽宁省少数民族民间故事大系·满族卷》（下卷），民族出版社2015年版，第516页。

继承制度"有关。在财产继承制度上，对于世代以农耕为业的汉族来说，父子祖孙同财，是古已有之、一脉相承下来的习俗。儒家经典《仪礼、丧服传》："父子一体也，夫妇一体也，兄弟一体也……而同财。"家庭成员同财共居，名为同财，实际上由家长管理支配。父母在世时，儿子若"别籍异财"，不仅有悖儒家伦理，且为法律不容。唐律规定，对登记分户和分财产的子、孙判刑三年，处罚较私自擅用财产为重。倘若祖父母、父母明确地令子、孙分家，则被处以两年刑罚，但子或孙不论罪。后世封建法律沿袭唐律的规定，如《明律·户律》："凡祖父母、父母在，而子孙别立户籍，分异财产者，杖一百。"汉族封建制度刻意维护家长财产支配权，着眼于巩固封建家庭的经济基础，使之不因财产的分离而瓦解。这种观念的生成归根结底与农业社会的经济特点有关。农业生产以土地为基本生产资料，久而久之形成安土重迁、聚族而居的传统，推崇四世同堂的生活理念。外加传统小农经济势单力薄，为维护基本的再生产条件，抵御天灾人祸的侵袭，也需要尽可能长久地保持同财共居的状态。

与之相反，满族民众大多是父母在世时儿子分家别居。清太祖努尔哈赤 19 岁时，即从父亲家中分出，独自立户。《满洲实录》卷一记，分家时"家产所予独薄"。当时，努尔哈赤与弟弟舒尔哈赤为同胞兄弟，分家时薄于长、厚于幼正是满族传统习俗使然。在明代女真家庭中，普遍存在年长诸子"别居"和"各居"的现象；分居的次序是由长及次；唯有幼子与父母"同居"。[①] 当私有制度的胚芽在满族氏族社会的土壤上萌生并茁壮成长时，从这种古老的析居传统中演化出一种独特的财产继承法则——分家子与未分家子制度，或曰幼子继承制。这种制度曾风靡于北方通古斯语各渔猎民族中。满族长期以渔猎为业，逐水草而居，仍未脱离氏族制度的羁绊。家庭中流行长子析居、幼子守户的传统。满语中末子"费扬古"，又名"主家子"。"主家子"者，即"主父母之业"，当父母

---

① 《满洲实录》卷一，中华书局影印 1986 年版，第 9 页。

健在时，"与其同居止，俟其殁，则袭其最后的遗产"。① 长子析居、幼子守户，实际是一种起源于渔猎生活的习惯。它的社会功能在于最大限度地适应渔猎采集过程中分散经营、流动生产、辗转迁徙的需要，以及长期在野外生活时窝铺狭小的限制。无论女真人、满人，还是蒙古人，在他们实行这种制度时，作为财产的动产（牲畜、奴隶人口）比不动产（土地、房舍）更容易分配。随着诸子陆续成年建立家庭，从父亲那获得一份家产，而幼子最终成为父亲产业的继承人。这种习惯导致两个后果：第一，财产在家庭中不易积聚；第二，男子以所分财产为家业，年轻时就开始独立生活。这种分配不均的财产继承方式确立幼子在财产继承上的优势地位，因此遭到兄长的嫉妒。可见，满族民间叙事中反映的兄弟相残的社会事实与"幼子继承制度"有着重要的联系。

三 霸道的姑奶奶——姑奶奶当家

在传统社会，满族人家把出嫁的女儿称为"姑奶奶"，有时还把未出阁的姑娘也叫作"姑奶奶"。这不仅是晚辈或平辈人对家中姑娘的称呼，女子的长辈也会如此称呼她，"这在一定程度上传达了满族全社会对姑奶奶的尊待和敬意"②。时至今日，在辽东满族民间，人们还会夸奖家里灵巧能干的姑娘为"小姑奶奶"。这不仅是对姑娘的尊敬，更是对姑娘的一种夸奖和欣赏。

满族自古素有尊崇姑奶奶、重视内亲的习俗。满族社会之所以称家中的女儿为"姑奶奶"，是因为女儿在娘家的地位非常高。未出阁的女儿在家中受宠娇惯，不缠足，不受约束，从小就和男孩一起狩猎和劳作，很多旗人家里甚至由未出嫁的姑娘当家。出嫁时，娘家格外看重，提前备好作为陪送的丰厚嫁妆。婚礼当天，娘家兄弟和亲友亲自把姑娘护送到婆家，尽显关爱与重视；即使是出嫁后的女儿回到娘家依然备受优待，上至父母长辈下到亲邻密友，都会

---

① 贾敬颜：《民族历史文化萃要》，吉林教育出版社1990年版，第94页。
② 周虹：《满族妇女生活与民俗文化研究》，中国社会科学出版社2005年版，第217页。

陪着共享宴席、聊天玩乐。当娘家遇到纠纷时，姑奶奶要应邀参加，并有仲裁纠纷、处理家事的权利。甚至在老人家遇到困难时，只要姑奶奶回娘家救助，娘家的财物她几乎都可以处理。正如一位满族女性访谈人所讲：

> 我年轻前儿（时候）做姑娘那会儿，那是挺好，在家我讷讷对我好，嫂子也还行。后来出门了在婆家没少干活，你爷爷家（指自己的配偶）穷，啥也没有，我有空儿回家了我哥哥都给我拿点儿，啥事儿都和我说……后来我俩侄子因为分地打起来了，还得是我回去给他们拿事儿（处理），要不他俩能把房盖给掀开……公婆去世、小姑出嫁以后，姑奶奶回娘家就更容易了，有时候还能在家住十天半个月，吃得还好，要不就把孩子带着，到时候姑爷来接。①

尤其是和娘家娶进来的儿媳妇相比，姑奶奶养尊处优的特权地位表现更为明显。正如史料记载："旗俗，家庭之间礼节最繁重，而未字之小姑，其尊位亚于姑。宴居会食，翁姑上坐，小姑侧坐，媳妇则侍立于旁，进盘匜，奉巾栉惟谨，如仆媪焉。"② 这段文字对满族家族中三个女性的角色地位描述非常清楚：婆婆地位最高，与公公坐上座；未字小姑地位次之，坐在婆婆的旁边；而儿媳妇地位最低，只能站在一旁伺候大家进食。除去婆婆是家里的长辈，在姑嫂关系中，不管小姑子出嫁与否，嫂子都要毕恭毕敬、悉心照顾，尤其是对没出嫁的小姑子更得肩负起照料起居、生活陪伴、价值引导等责任，是家庭中仅次于公婆的、要悉心照料的对象。在辽东满族民间叙事中，如《姑嫂放燕》《姑嫂石》《韭菜沟的来历》《蚕姑的来历》等都是反映姑嫂相处及情感伦理的内容。

---

① 被访谈者：史春芳，女，满族，72 岁，辽阳市东京陵区人。访谈时间：2013 年 2 月 25 日。访谈地点：辽阳市东京陵区史春芳家。访谈人：王琨。

② （清）徐珂：《清稗类钞》（第五册），中华书局 1984 年版，第 2212 页。

正因为姑奶奶在娘家具有一定的特权，在民间叙事的描述和处理中，姑奶奶的权威有时候也表现得过分"霸道"，甚至有不合人情理法的情况。仅以辽东本溪地区流传的《大姑姐偷嫁妆》为例①，就活灵活现地刻画出一位霸道、不讲道理的满族姑奶奶形象，故事开篇是这样讲述的：

> 从前，碱厂有个小伙儿叫郭华，他与祁家姑娘祁玉定了亲。郭华的姐姐虽然出嫁了，但嫌爹妈陪送的嫁妆少，经常回娘家划拉东西。一来二去，娘家也给她折腾穷了，弄得弟弟郭华等了五六年也没娶上媳妇……郭华的姐姐见爹妈给弟弟准备了不少娶亲用的东西，非常眼气，她想来想去，打起了没过门的兄弟媳妇的主意。这天，祁玉正忙着绣结婚用的枕头套，见郭华的姐姐不知哪阵风给吹来了。她又是沏茶又是端瓜子，蛮恭敬地招待这个未来的大姑姐。大姑姐也不撇把，放屁的功夫，磕完了一盘子五香瓜籽，喝完了一壶茶。

仅从这段叙述可以看到，郭华的姐姐，即郭家的姑奶奶虽然已经出嫁，但在娘家依然占有重要位置。不仅是经常回娘家，而且回娘家还要"划拉"东西。几年下来，娘家的好东西都被她拿走了，以至于弟弟郭华一直没娶上媳妇。这种回娘家拿取财物的行为一直被郭华姐姐看成是理所应当、理直气壮的行为，而且没有受到家里人的制止或诟病，相反，应该说是在家人的默许和纵容下才长时间延续。娘家人之所以对郭华姐姐的行为视同不见，也是对满族姑娘在娘家有权威有地位的真实反映。更为霸道的是，郭华的姐姐不仅在娘家说一不二，而且对还没过门的弟媳妇也打起坏主意，尤其是对祁玉家里准备的嫁妆心生惦念。

"大姑姐回家，一边打着饱嗝一边对丈夫说：'我到孩子他舅

---

① 本溪满族自治县民间文学三套集成领导小组：《中国民间文学集成辽宁卷·本溪满族自治县资料本》（中），海城市报社印刷厂1987年版，第111页。

妈那儿一看，嫁妆尽是些好东西，你看这块布料是人家最次的，好东西多着哩。'说着，从裤裆里掏出一块布，打开看一看，里边还有两个金镏子（金戒指）。"随后，郭华的姐姐连续使出多条计策，唆使自己的丈夫将祁玉原本要接济郭华的值钱嫁妆全部偷走。洞房之夜的祁玉不明真相，看到郭华误解自己，竟气死了。此时，郭华的姐姐非但没有悔悟，贪婪之心更加肆无忌惮。"入殓这天，她看见兄弟媳妇带进棺材不少嫁妆，有金镏子、银耳环子、银镯子、金簪子，回到家就让男人盗墓去。"在媳妇的劝说下，丈夫来到坟地打开棺材，将祁玉的随葬物品甚至是贴身衣物全部盗走。因为开棺透风，祁玉居然活了过来。当着郭华全家的面，揭穿郭华姐姐和姐夫的所作所为，在大姑姐家找到自己被偷盗的东西。故事的结尾是这样说的，"亲戚总归是亲戚，也没把大姑姐怎么样，刨坟掘墓可犯了官法，大姑姐的男人让衙门给好一顿收拾"。由此可见，大姑姐即使犯了谋财害命罪，却没有受到实质性的惩罚，这在一定程度上反映出满族"姑奶奶"当家的历史与现状。

与此同时，满族家庭中未出嫁的女儿对于自己的爱情和婚姻也享有比较大的主动权和支配权。《大姑姐偷嫁妆》中祁家知道郭家贫穷，并没有不满意，反而"多次捎信：要是没有钱，婚事可以从简，娘家亲戚不会挑理的"。而且，祁家给祁玉准备好非常丰盛的嫁妆。祁玉知道郭华连结婚穿的新衣服都没有，主动要求郭华姐姐帮忙带些东西帮助郭华。大姑姐也恰恰是利用祁玉的这种着急、热情、主动、兴奋的心理而成功偷取嫁妆。

为什么满族姑娘在娘家如此受重视，即使是出嫁之后依然在娘家说一不二，被称为霸道的"姑奶奶"呢？这与满族人家对女儿的宠爱和尊重密不可分，满族女性比汉族女性拥有更高的家庭地位和社会地位。一方面，受母系社会遗风的制约以及骑射文化的影响，满族女性都是天足，自小不受过多约束，思想开放，在家庭生活中拥有较大的自主权。以女性为中心建立起来的姻亲关系网在满族社会关系网络中占主要地位，相对受封建礼教束缚较多的汉族妇女来看，满族女性特别是未婚女性地位较高；另一方面，满族统治者对八旗女子婚嫁的直接控制和干预是"姑奶奶"在娘家地位特殊、受到尊崇的最重要原因。清代一直到光绪年间都有在八旗中选秀女的制度，即使是普通八旗女子也要参加每三年一次的"选秀女"，接受朝廷的直接选阅。被选中"记名"者，日后都有可能许给储王阿哥们做福晋。满族姑娘通过选秀女极有可能一夜之间身份发生转变，使娘家备感荣耀。于是，上到名门望族，下至八旗平民之家，都对姑娘本人及姑娘的婚嫁问题格外看重。此外，"按雍正五年（1727）规定，须将记名数目请旨覆阅，然后凡三品以下官员之女，每月赏银一两，如记名过五年退出名者，著加恩赏银二十两；在五年内退出名者，停其每月赏银"①。满族人家的女儿自出生就会有自己的收入，这种经济上的保障也使她们能够享有较高的家庭地位。自然，姑娘在这样的生活氛围中就会受到格外的宠爱和尊敬。

四　会法术的舅舅——娘亲舅大

满族的姑奶奶在娘家享有一定的地位和特权，这是汉族姑娘无法可比的。然而，与汉族一样，在满族的家族历史发展中，"舅舅"的身份和权利蕴含着特殊的家庭伦理与婚姻观念。随着历史变迁，直至今日，满族社会还残留着母系社会时代的影子，而舅权在这种变迁中起到重要的桥梁作用。在满族社会中，舅权的体现非常突出，正所谓"娘亲舅大"。一方面，舅舅对外甥有看护与管教的职责，尤其是对外甥的婚姻大事有重要的决定和参与权；另一方面，在传统的满族伦理观念中，"一般舅舅家的女儿可以嫁给姑母的儿子，姑母做婆"②。在婚姻习惯上，"骨血正流可婚，骨血倒流禁婚"，即舅舅家的女儿可以嫁给姑母家的儿子，而姑母家的女儿却不能嫁回舅舅家与舅舅的儿子结婚。也就是说舅舅在一定程度上

---

① 定宜庄：《满族的妇女与婚姻制度》，北京大学出版社 1999 年版，第 226 页。

② 熊坤新、日晨、谭洪宗：《满族伦理思想析论》，《黑龙江民族丛刊》2013 年第 2 期。

还保留对外甥择偶的优先选择权。

与此同时，在辽宁满族民间叙事中，对"娘亲舅大"的记录和反映也集中在两个方面：一是舅舅在外甥择偶联姻及日常生活主事方面具有一定的权威性和决定权。如《枕头姑娘》中讲道，"外甥没了父母，舅舅不管谁管？"尽管舅舅家并不宽裕，但还是领着德音太治病，送粮，做衣裳。可见，舅舅在外甥生活中的重要地位与职责①。二是舅舅直接以反对者的形象出现，对外甥的婚姻强加干涉，结果却并不完全合乎舅舅的心意。以辽东地区流传的《狐狸精》为例，主要讲的是靠打柴为生的那小在冬天打柴时救下一个姑娘，把姑娘带回家后，讷讷非常喜欢，留姑娘住下。后来，姑娘和那小结婚，生下两个儿子，日子过得非常舒坦。但故事的转折就是舅舅的出现。"俗话说'不怕没好事，就怕没好人'。这一天，那小的亲舅舅来看看姐姐。他舅舅是个石匠，会些法术。舅舅临走时就告诉他姐，让那小明天去他那儿，有点事。第二天那小就去了。舅舅跟那小说'我看你那媳妇有点儿问题，她不是人，你在哪遇的这个媳妇'。那小就跟舅舅说了实话，舅舅更加确信外甥的媳妇不是人。"随后，舅舅说服那小，想到几个方法欲杀死媳妇，但都没有得逞。最后，"舅舅一看，软的不行，干脆来硬的吧，就把手咬破了，把血抹在斧子上，挥斧子向狐狸精劈去，只见一道红光。狐狸精一看不好，转身就跑，一手还拽一个孩子，舅舅就在后面追，那小也追了出去。那小年纪轻，跑得快，一会儿就追上了舅舅。前面出现了一条大河，他媳妇一手一个把孩子扔河里了，自己也跳了下去。那小一看，你们要都死了，我也不活了，也跳下去了。就见河里浮起四朵莲花，那小和媳妇、孩子坐在莲花上漂走了"。

这类叙事中，舅舅往往是会法术的和尚或道士，他们看出外甥媳妇并非普通人类以后，丝毫不考虑狐狸媳妇善恶与否，而是

① 张其卓、董明收集整理：《满族三老人故事集》，春风文艺出版社 1984 年版，第40 页。

想尽一切办法要除去这个异类，拆散外甥的这段婚姻。于是，舅舅千方百计说服外甥杀死媳妇，破坏外甥的婚姻和家庭。除上面提到的《狐狸精》以外，流传在辽东地区的《贤惠的狐狸媳妇》《枕头姑娘》《山神姑姑伴新娘》等都提到相似的情节和主题。在《贤惠的狐狸媳妇》中，王员外的儿子娶了前来报恩的狐狸媳妇以后，过上好生活。"这事儿很快就传出去了，传给别人不太要紧，传到他舅舅耳朵里，他舅舅是个和尚，有点半仙之体。"随后，舅舅劝外甥杀死媳妇。外甥虽然一开始听信舅舅的话，多次参与设计陷害媳妇。但在故事的最后，往往并没有达到舅舅拆散外甥婚姻的目的。相反，外甥幡然悔悟，得到媳妇的原谅，两人重归于好。

由此可见，舅舅干涉外甥的婚事是舅权的延续和体现。但舅舅的干涉最终多以失败告终，无疑又暗示舅权的衰败和消逝。从这个角度来看，叙事中的"舅舅"屡屡破坏外甥与妖精媳妇的婚姻，不仅是因为人妖殊途，更是因为舅权观念受到冲击。在《枕头姑娘》等故事中可以看到，外甥们往往是私定终身或是并没有邀请舅舅来参与婚事，这就足以说明舅权的衰落；外甥在舅舅的劝说下往往选择相信与服从，这也从另一个方面体现出舅舅的权威并没有骤然消逝。"娘亲舅大"的思想在民间还有一定的影响，只是由原来的"无条件服从"变成"有选择性的相信"，法术即是权力的变形。

五　作为财产的女人——随意买卖的寡妇

在满族社会中，"女人的身份无非是三种：未婚者、已婚者与寡妇"[①]。未出嫁的姑娘在娘家享受"姑奶奶"般的尊敬和待遇。结婚后到婆家，既要孝敬公婆，又要照顾小姑子和小叔子。但她们天性自由开放，精明能干，即使面对严厉的姑婆和无为的丈夫，满族妇女也能较为自如地应对生活中的种种挫折。但是，一旦丈夫去

---

① 定宜庄：《满族的妇女与婚姻制度》，北京大学出版社1999年版，第105页。

世，她们成为"寡妇"之后，满族妇女的生活就会发生翻天覆地的变化，进而陷入各种礼俗质疑与财产纠纷之中，甚至根本没有办法掌握自己的命运。通常，一个女人成为寡妇后往往只有三条道路可走。

一是殉情。即跟随自己的丈夫一起死去，这样可以保留好的名声，但出于寡妇本人意愿的殉情并不常见。

二是守节。即为丈夫保守贞洁，获得经济上和名誉上的保障。清朝政府将妇女守节纳入八旗制度中，对节烈妇女加以表彰的同时，为她们提供经济上的救济与帮助。但是这种经济上的补贴认定必须遵循一定的标准，"嗣后八旗寡妇，如有子嗣或已年至四十，方才给予半俸钱粮米石，其年未至四十，又无子嗣及近族者，不准给予"①。可见，没有子嗣或是孤苦无依的寡妇，生活则会相当困苦。特别是在清朝社会的中晚期，国家财力萎缩，对于满洲八旗内部的保障制度尚力不从心，更不用说那些地处关外并多为汉军旗的辽东满族下层民众。所以很多年轻的满族下层妇女在守寡后反而会选择殉死。与此同时，即使守节的寡妇在经济上可以勉强支撑，但是作为女人，她们要忍受现实生活与精神世界的双重压力，劳作辛苦却无人帮助，内心苦闷却无人诉说。在辽东地区流传着许多关于寡妇的歌谣，如本溪南芬区的《寡妇难》："五月里呀是小麦熟，遍地哪青苗啊青葱葱。人家有郎的是同去铲哪，利利又索索。小奴无郎谁给铲一锄啊，青苗泪洒露。隔壁的，孩子他叔叔，连问他三次啊他说没工夫。他有工夫啊到别处去做呀，不恋亲手足。看起来小叔子不抵奴丈夫啊，不抵奴丈夫。"②

三是再嫁。即另寻丈夫再婚，这样既可以得到生活上的保障，也会在精神上寻求一些慰藉。如辽东地区流传的《小寡妇歌》中唱道："十二月里又一年，老当家的一命呜呼归了天。空房贴上了那双喜字，双喜字照红了小寡妇那张呀脸。咿呼呀呼咿呼嗑，

---

① 定宜庄：《满族的妇女与婚姻制度》，北京大学出版社 1999 年版，第 134 页。
② 中国民间文学集成辽宁卷编辑组编：《中国民间文学集成辽宁卷·本溪市补遗资料本》，本溪市印刷厂 1987 年版，第 515 页。

小奴我可要自打算盘。"① 但是，在传统社会中，能找到合适的对象并打着自己的如意算盘的寡妇再嫁却并不多见。很多寡妇再嫁多是迫于生活所迫，几乎没有选择的余地，甚至会被婆家当作财产一样随意买卖。

以国家级满族民间故事传承人金庆凯讲述的《卖寡妇》为例，故事以两兄弟型情节为主干。哥哥和弟弟结伴挖参，在山崖下找到一棵大棒槌。弟弟下到山谷底挖参，哥哥为独吞山参只把人参拽上来，将弟弟留在山崖下。回家后，哥哥谎称弟弟掉下悬崖摔死，并与妻子商议把成为寡妇的弟媳卖给邻村的财主当通房丫头。然而，弟弟并没有死，被好心的大蛇救下后返回家中，正赶上接亲的队伍来迎娶新娘。哥哥和嫂子一看弟弟回来了，羞愧难当。邻村的买主得理不让人，结果老大媳妇被抬到财主家做通房丫头，哥哥嫂子得到应有的报应。

在满族的传统社会里，妇女总是被视作夫家的私有财产，特别是在其早期生产力低下且人口不足的情况下，女人一旦嫁入一个家庭（一个氏族）就很难再离开，即使她的丈夫去世，她很有可能会被家中的小叔或是其他男性晚辈收入房中，这种"收继婚"是通古斯各民族共有的早期婚姻制度，满族也不例外。但是在满族社会中收继婚制度是有严格的制度和规则的，并且存在"唯尊者不得下淫"的禁忌，就是说家族中小叔可以娶寡嫂，而大伯不可以娶弟媳。所以同样是纯正满族的桓仁故事家富查德生讲述的《马寡妇开店》② 中，马寡妇的丈夫当兵战死，她和小叔子在开店唱蹦蹦戏（指二人转）时"好上了"。而《卖寡妇》的故事中，显然狠心的大哥并不能对弟媳有这样的企图，所以干脆行使他的家长权利将其作为财产变卖掉。

随着清朝入关及政权的稳固，满族受儒家伦理道德的影响，

---

① 中国民间文学集成辽宁卷编辑组编：《中国民间文学集成辽宁卷·本溪市补遗资料本》，本溪市印刷厂1987年版，第511页。

② 夏秋主编：《满族民间故事·辽东卷》（上卷），辽宁民族出版社2010年版，第16页。

对待寡妇再嫁的问题也有所转变，"从一而终"的贞洁观逐渐成为主流的纲常伦理。很多妇女也主动接受这种"儒化"的洗礼，所以叙事中的弟媳"哭天喊地不上轿"。但是在满族民间，特别是像辽东这样远在关外的满族社会中，即使在儒家礼教的渗透下还是保留一些满族固有的婚姻观与伦理观。如清原地区流传的《孙子媳妇给爷爷找对象》讲，一个富户满族人家全家突得急病，最后只剩下孙子媳妇和爷爷两个人生活，孙子媳妇想方设法使爷爷重新娶妻生子。① 故事将孙子媳妇为年高 70 多岁的爷爷找对象的目的交代得很清楚：

> 这爷爷已经 70 多岁了。这孙子媳妇就犯愁了，你说爷爷这么大岁数了，我呢，是个寡妇，我年轻，我可以再走一家，可这片家业咋办呀。这孙子媳妇娘家人就给她出道儿了，说："你给你爷爷再找个对象，要再生个男孩不就有希望了吗？"
>
> 孙媳妇说："爷爷你看咱这个家，就咱公媳俩，一个你一个我，你明儿岁数再大一大，有一天走了，这份家业咋办呀？""我死了，你怎么办我就不管了。"孙媳妇说："爷爷，这是你家几辈赚下的家业，不能姓外姓，要那样我对不起你们。有个道儿，你能不能听？"

在故事中无论是孙媳妇还是爷爷，抑或是孙媳妇的娘家人对这个年轻寡妇想要再嫁的态度都很宽容，甚至每个人都觉得这一行为理所当然。因为在当地民众看来，孙子媳妇与爷爷长时间生活在一起显然是有悖伦理的，作为孙媳妇和年轻的寡妇"再走一家"无可厚非。同时，她还机智地化解掉家族财产的问题，正如她对爷爷说的，"这是你家几辈赚下的家业，不能姓外姓，要那样我对不起你们"。从中可以看出当时满族民众还保留着"寡妇具

---

① 夏秋主编：《满族民间故事·辽东卷》（中卷），辽宁民族出版社 2010 年版，第362 页。

有与诸子平分家产的权利"①，所以孙子媳妇才会说出"家业姓外姓"的话来。而她通过为爷爷娶妻的方式成功化解这个家庭的经济与道德两大难题。爷爷也"不负众望"，在婚后第二年生下儿子，使家族香火延续。

> 有些故事你听着好像很悬乎，可能现在也不理解。卖寡妇？那自己媳妇你能说卖就卖吗？过去真就卖过，我妈就给我讲过这事，（是）我妈的奶奶，就是我的太姥姥（的故事）。我太姥爷死得早，死的时候我太姥姥当时才30多岁，带3个孩子。我妈告诉我，说我太姥姥晚上睡觉剪刀都在枕头底下压着，就怕谁给她卖了，给她吓的。我说，"那怎么说卖就卖了，自己没有权（决定）？"她说，"那不行，那是一个家族。"我妈姓贺，这个老贺家在沙河沟的贺家堡子，那是一大家族，你这个家族一旦男的家族成员死了以后，这个家族就有人出来张罗给你卖了。
>
> 一是怕（家产）落在寡妇手里，二是卖点儿钱，换点儿粮，另外过去这个女的一嫁到男方家以后，基本上很多和娘家就彻底失掉联系了，交通闭塞，通信闭塞。另外嫁过来又比较贫穷，你要回去一趟，走路也走不了，雇车又雇不起，所以这样基本上都没联系了。你像我太姥姥，听我妈讲，她家是沈阳什么地方的，嫁给我太姥爷以后，一直到我太姥爷死，一直到她自己本人死，都再没有回过娘家一趟，过去那是非常严酷的。所以她就怕人给她卖了，娘家没人来帮她忙，你孤身弱女子卖到别人家族里头，你再喊什么那都是太渺小了……那时候的卖寡妇确有其事。虽然有些是故事，你看小故事里头能够看到历史。②

这是在叙事采录过程中，本溪满族自治县一位故事家在提到

---

① 定宜庄：《满族的妇女与婚姻制度》，北京大学出版社1999年版，第20页。
② 被访谈人：詹克书，男，满族，66岁，本溪满族自治县小市镇人。访谈时间：2016年1月20日，访谈地点：本溪市本溪满族自治县小市镇詹克书家。访谈人：詹娜。

《卖寡妇》时讲述的一段家史，正是对这段历史的最好印证。

第三节　交友规范与邻里伦常

满族社会重仁义，讲伦常。尤其是在与汉民族文化不断交流融合过程中，更加注重亲友、邻里之间的相处之道和伦理纲常。所谓"在家靠父母，出外靠朋友""远亲不如近邻，近邻不如对门"的交友规范一直制约并影响着人们的交友与交际。

一　在家靠父母，出外靠朋友

俗话说，"在家靠父母，出外靠朋友"。"朋友"是满族民众最基本的社会关系之一，是人们依据自身的生存需要和遵循的道德准则选择特定对象建立起密切的人际关联。严苛的生存境遇造就了满族区域社会互帮互助的优良传统，朋友之间的交流相处因而具有契合社会实际的合理性与深刻性。民众的朋友伦理在很大程度上可以视为普通的人际交往伦理。首先，满族民间叙事中的朋友理念强调朋友之间在生活情境中的互助互惠。其次，满族民众注重朋友之间的真诚和义气。"两老友"型故事通常叙述两朋友结伴外出，一方因私欲谋害另一方，被害者听到神灵或动物的对话而摆脱困境、获得财富，害人者效仿却受到严厉惩罚。如《兀向保与寒向保》讲的是两位朋友一同出行，寒向保试图抢功，陷害兀向保，最终没有得到好的下场。故事起源于现实生活中实际利益的诱引，既突出主人公之间的朋友关系，也赋予故事与生活语境密切相关的伦理意义。

演绎动物（偶尔也涉及植物）之间或人与动物间友谊的故事也是满族民间叙事揭示朋友关系的重要角色。在叙事中，动物往往超越自然习性，拥有人类的意识和情感。《猫和狗》中猫奸诈狡猾，狗忠厚老实。在某种程度上，动物叙事是人们日常生活与人际关系的具体反映和写照，有着更为深远的艺术魅力。此外，满族民间叙事中还有很多人和动物之间友谊的描述。如《狗找伴》讲的是狗欲寻找朋友共同生活，因而结识多种动物，却因对方或狗的自身缺陷而分离。最后，狗仰慕人的胆识和力量，人也欣赏狗的特长与本领，二者成为忠实朋友。满族文化中，朋友相交，人们推崇的是义气，故事中常常宣扬的是"为朋友两肋插刀"的重义思想，以义为道德标准评判朋友之情，重义轻利，知恩图报。

二　远亲不如近邻，近邻不如对门

俗话说，远亲不如近邻，近邻不如对门。历史上，满族及其先民主要生活在吉林、黑龙江地区。在漫长的历史时段里，这一地区多处于荒野未开、群山未辟的状态。在我国中原地区已是城镇林立、通衢八达的清代，这里还只有为数不多的城镇，且极为简陋。满族在这一时期的狩猎生产，其组织结构及习俗惯制是以近亲血缘集团及姻缘、地缘关系交织在一起的重要生产单位。《满洲实录》卷三中记载："前此，凡遇行师出猎，不论人之多寡，照依族寨而行。""族"指家族，"寨"即村屯。前者是近亲血缘集团，后者多为地缘、血缘、姻缘关系交织在一起的。在这样的生产单位中，除血缘、姻缘关系外，地缘关系在生产生活中也发挥着重要作用，由地缘关系建构起来的邻里关系正是人际关系的重要组成部分。

例如《格达和巴哈》讲的是格达和巴哈两家在一起落户，成为邻居。"那时，都是外地来的，没有什么亲属，一家家隔得远，同住在一起，就相处得亲近，比亲戚还亲，不论谁家有大事小情，都要互相帮忙赶礼。"故事生动而鲜明地反映出邻里之间赶礼的往来问题和矛盾冲突，反映出更深层面的道德伦理观念和社会人情冷暖。"格达巴哈两家，起初条件都不好，相互拿的东西就比较微薄，尽管这样，互相往来，显得很活泛。日子长了，两家的财富逐渐增多，谁家办事再拿不点儿东西就显得小气，怕人笑话，失了脸面，就一回一回地加码。从小打小闹，发展到两家比，你拿的东西用人挑肩扛，我就用车拉。两家就这样较劲，没了当初的感情。"由于两人互相攀比，原本正常的礼尚往来却破坏了邻里之间的感情。再往后"巴哈家出了个败家子儿，吃喝嫖赌，五毒俱全。那家有了败家子儿，什么家财，也经不住败腾，不出几年，巴哈家败落得只能维持活命了。哈达家还是财主，自古就是有钱人家喜事就多，巴哈家穷了，赶礼也不能像以前那样大了"①。于是两家从此再不往来。

　　在乡村社会，个体村民的社会地位很大程度上是由其人际关系决定的，社会结构就建立在以个人为中心的流动的人际关系网络上。"赶礼"的故事体现出满族民间社会关系网络的建构和维系，"赶礼"既能使正常的亲邻关系得以维系，同时也会因逾越常规而使邻里关系发生断裂。

---

　　① 夏秋主编：《满族民间故事·辽东卷》（上卷），辽宁民族出版社 2010 年版，第214 页。

结语　底层记忆与正史记录：言说历史的两种路径

作为人类自产生以来就存在的交流记录方式——民间口承叙事，自其产生起就具有创作的集体性、讲述的口耳相传性、传承的生活性以及内容叙述的幻想性等突出特征。它源发于生产生活、流传于口头语言、满足于精神需求，被民众视为日常生活不可缺少的一部分，长期以一种无意识的自发状态在民众生活中集体创作和世代传袭。作为一种生活方式，民间口承叙事不仅具备娱乐大众、教化百姓、心理补偿等多重文化功能，同时还具有记忆过去、讲述历史的独特文化史价值和意义。古往今来，民间口承叙事不仅随时记录和反映社会民众的思想愿望、历史评价、生活态度和审美倾向，同时还发挥口述历史的记述使命，与"正史"一同鉴证特定生存空间下民众的生活经历与心路历程。这种将民间口承叙事作为狭义历史表述的重要手段去关注和探讨的研究取向，与新史学观的研究思路颇为契合。

20世纪初期，随着研究视域的不断扩宽，历史学领域出现质性变革。即旧的以官方政权、政治更迭、言官记录、重大事件、英雄人物为主导的历史记录观逐渐被怀疑，新历史主义文化思潮随之出现。新历史主义文化理念是对传统的历史主义和形式主义的补充，带有明显的批判性、消解性和颠覆性等后现代主义特征。新历史主义强调，人们对历史的理解向来是带有双重属性的，既可以是"历史事实"，也可以是"历史故事"。从历史科学视角出发，历史是真实发生的故事；从叙述历史故事的视角出发，历史可以是从真实发生的历史事实中派生演绎出来的，带有虚构、想象和叙述色彩的历史故事。站在文化承载者的视角看，历史既应该是社会中上层的历史事实，还应该是社会中下层普通大众想象和理解历史事实的历史故事，只有包括"历史事实"与"历史故事"的建构和解读才构成完整的历史。正如有学者所讲，新历史主义回归的既不是旧的历史主义，也不是历史唯物主义，而是吸收后结构主义，尤其是福柯的"知识考古学"和"谱系学"的一些成分，力图把传统历史观与现代文化批评结合起来。它同马克思主义文学历史观既注重对"文本"的认识，又注重对社会现实的深刻体验与透辟分析是大相径庭的。实际上，它倾心的是"大历史"中"小历史"的存在状况，是以一种"边缘化"的策略将历史带入文学，或者说是一种以"微观政治"取代"宏观政治"的理论方法和叙述策略。①

可见，在新历史主义理念视域下，真正的历史是包含两部分的：即英雄人物在大历史观下发生的历史事实和普通民众在小历史观下叙述的历史故事。作为历史记忆的民间口承叙事恰恰是以"边缘化""微观政治"特征而存在，堪称能够展现绝大多数普通民众小历史存在状况的叙述策略和阐述方式。在与大历史相对立和相响应的互动过程中，历史事实有了被叙事和被解读的机遇和可能，历史故事也因此向人们展开多元化的思维空间和展演场域。

一 作为社会记忆和历史记忆的民间口承叙事

美国学者保罗·康纳顿认为，人类的记忆既包括属于个体官能的个人记忆，还有为社会成员所共享的那部分记忆——社会记忆。②所谓社会记忆，一般是指人们在生产实践和社会生活中所创造的一切物质财富和精神财富以信息的方式加以编码、储存和重新提取的过程的总称。其深层内涵在于，它是人类主体能力和本质力量对象化结果的凝结、积淀和破译、复活的双向活动，它是人作为实践主

---

① 董学文：《文学的历史观与"新历史主义"》，《黑龙江社会科学》2006 年第 1 期。

② ［美］保罗·康纳顿：《社会如何记忆》，纳日碧力戈译，上海人民出版社 2000年版，第 3 页。

体对历史的形成和发展起来的主体能力和本质力量进行确证、保存、占有和延续的内在机制。①

当然，在不同社会空间和生活背景下，人们在生产实践和社会生活中创造的物质财富和精神财富不一样，其整理、储存和重新提取信息的过程也不一样。正是因为不同民族对各自所处的自然环境、生态资源的认知经验和实践逻辑不同，才构成多元化的人类文化类型。在传统社会，不同文化类型下的生产创造、经验积累和信息传递等活动，绝大部分都是以口承叙事的模式传播和传承的。在辽东满族生活的特定自然生境与资源条件下，满族民众创造和传承的民间口承叙事，作为民众集体的社会记忆和历史记忆被一代代传承下来，其中不仅蕴含着独特而深厚的文化内涵，还表现出强烈的尚武崇文的民族意识和族群精神。当然，在人与自然、社会和个体的交往中，这些民间叙事还更深刻地反映出在自然生存压力下，满族民众对自然生境、族群历史、社会变迁、族际交往以及婚姻家庭等方面的独特认知和切身感悟。

从社会记忆的视角来看，传说故事正是一个族群对相似性认同的一种主观信念，一种特定范围内的共同记忆。② 辽宁满族民间口承叙事是满族人的共同记忆，它不仅是满族文化、历史、宗教、伦理和习俗等有关先民生活经历和心理经验的口头叙事方式，更是辽东这"一方水土"上的民众在特定历史阶段内生活风貌和心路历程的真实展现，是对以文字方式记录的正史的有力和必要补充。郭沫若先生曾经说过："过去的读书人只读一部二十四史，只读一些官家的或准官家的史料。但我们知道，民间文学才是研究历史的最真实、最可贵的第一把手的材料。因此，要站在研究社会发展史，研究历史的立场来加以好好利用。"③ 满族民间口承叙事正是以这样一种不同于文字的口传方式，从不同侧面描绘出滋养满族及其先民

---

① 江帆：《满族生态与民俗文化》，中国社会科学出版社 2006 年版，第 190 页。
② 参见万建中《传说记忆与族群认同》，《广西民族学院学报》2004 年第 1 期。
③ 郭沫若：《我们研究民间文学的目的》，转引自中国民间文艺研究会《民间文艺集刊》第一册，上海文艺出版社 1950 年版。

女真人的这片土地，即辽宁东部地区的社会发展历史画卷。

为何民间口承叙事可以成为区域历史的记载工具，可以成为与"历史事实"并重加以研究的"历史故事"。按照保罗·康纳顿的解释，他认为，"社会记忆之所以存在就是因为它能够使当下的秩序合法化，我们对过去感兴趣很大程度上是因为我们对当下的关注，也就是说存在于某种社会秩序中的每位参与者都必须要有属于他们所共享的、共同的那部分记忆，并在实际的操演中保持和传承"。这种社会记忆的保持和传承除了依靠实际的操演或者纪念仪式外，无文字的历史传承或者口述史也是一个重要方式，"非正式口述史的生产，既是我们在日常生活中描述人类行为的基本活动，也是全部社会记忆的一个特征"。① 于是，辽宁满族民间叙事作为辽东社会秩序下每位参与者都拥有的共享记忆的口头记述和反映，在一次次的叙事讲述活动中将其传达的区域历史与文化信息不断地记忆、强化和表述。这种体现群体历史和记忆特征的个人叙述内容，在被拉回并归位到群体的区位历史场域下时，它的存在、表现及张扬力度将无限被放大，通过多维度、多向度个性叙述的展现，势必会折射出整个社区的发展历史。

可以说，辽宁满族民间叙事是关于辽东满族底层民众的文本，它承载的是辽东区域社会底层民众与自然、与社会、与人类自身接触过程中的磨合和历程，它体现了满族民众对本民族文化渊源的追溯和认同，也体现了本族群文化面对外族群文化的包容和反思。面对掌握话语权的上层社会历史记录，满族底层民众将自己置身于这一参照系当中，以区域文化内部角色的底层视角发声，在满族文化和社会发展的进程坐标中标识并强化自己的真实存在与主体地位。这样的位置就决定了辽宁满族民间叙事，一方面不可能全然脱离族群和区域正史，彻底被正史记录所淹没；另一方面又彰显出满族底层民众的内心世界和思想资源，成为与正史并存的底层历史叙事中

---

① ［美］保罗·康纳顿：《社会如何记忆》，纳日碧力戈译，上海人民出版社2000年版，第40页。

的浓重一笔。于是，在挖掘、采录并解析辽宁满族民间叙事时，不能仅从单一的类型、主题、母题、情节、程式等文本标准来分析，还应该从民间叙事所呈现的记录历史和记忆过去的史学信息和价值出发，这就要求我们要立足叙事本身及叙事背后的主体资源，打开叙事文本所潜藏的历史气息与时代脉络，让这些民间叙事文本爆发出应有的能量与活力。

二 两种言说路径的合力与分力

在新历史主义史学观的理念下，官方记录的正史与具有口述历史特征的民间底层记忆同样发挥着记录历史和诠释意义的价值。这两种言说历史的方式，犹如两条通往同一终点的不同路径：一条路的铺设是按照官方统一要求、体现上层阶层意志的思路修定，路径更显整齐；另一条路则是根据底层大众实际的行走路线和心理诉求而展开，路径略显随性不规则化。两条路径向着同一目标延伸，在推进的过程中，有的部分会有交叉叠加、有的部分会有偏差。有的路径因为重叠而视域开阔，有的路径因为偏离而曲径狭长。多数情况下，不规则路径的覆盖里程更宽泛，携带景色更丰富，更迎合绝大多数底层民众的视角和心理，带给人们非同寻常的感悟和体会。

民间口承叙事即是底层民众随性而不规则化的口述历史的一种展现，通过对辽宁满族民间口承叙事的史料价值的挖掘和剖析，可以清晰地刻画和复原出辽宁满族民众的族群发源及区域文化发展史。这种底层记忆途径另辟蹊径，与正史记载互成合力和分力，共同完成当地文化史的建构和书写。所谓合力，即指底层记忆通过民间口承叙事不断强化正史上曾经涌现的事件或情绪，为正史的记录做加法；所谓分力，即指底层记忆通过民间口承叙事不断删减或滤出不被底层民众所接受和认可的历史事件和族群情感，为正史的记录做减法。只有这种合力与分力、加法与减法互为补充，才能将社会大众引入历史文化发展的深处，以文化主体视角真正地呈现完整的、多元的、丰富的、接近原生态的族群展演和区域文化发展历史。

三 作为加法的民间口承叙事：与正史的互补、互释与互印

作为加法存在的民间口承叙事，主要体现在对正史记录的补充、印证和诠释上。前文已述，从新史学观的视角出发，通过对民间口承叙事中深蕴的历史文化信息进行观照与解读，可以获取大量与正史记录相关的信息。正如有学者所说，"如果将民间叙事也视为一种历史记忆，那么，作为'历史本文'的投影，辽东满族民间故事诸多情节和事件都充满了经验性和历程感，有着大量可与正史形成'互释互证'的情节。"① 这种充满经验性和历程感的民间口承叙事在以往的满族文化史建构中常常处于被忽略的缺失状态。然而，正是这些逐渐被人们有意或无意淡忘的、被边缘化的、被驱逐到历史记忆深处和社会生活隐秘处的东西，才更有挖掘的价值，更具有新史学思维的意识。民间口承叙事与正史的互补、印证和诠释，主要体现在以下几个方面。

第一，在历史事件的记录上，民间口承叙事一方面可以弥补正史记录的不足或单一，另一方面还可以从底层视角印证历史记录的真实性，对历史记录展现出应有的底层性和多元性。通过对辽宁满族民间叙事作为区域历史记录方式与策略的解析，可以看到，辽宁满族民间叙事为满族民众及其后代展示出祖先渊源、族群的英雄和历史、族群生计方式、认知策略、民间信仰以及家庭伦理等生活的多侧面、多维度的长时间段历史画卷。通过这幅画卷，我们能看到满族民众早期生产生活中的各个人文景观，如女真各部落之间的争锋角逐、努尔哈赤创建八旗制度、建州女真与明王朝之间的马市交易、八旗兵丁率领妻儿老小屯垦戍边、出售旗地的清朝贵族没落生活、旗民不通婚的婚姻禁忌、传统动物信仰的衰落以及满族霸道的姑奶奶等。对于这些正史记录下来的历史事件，辽宁满族民间叙事中几乎都有涉及或是镜像式呈现。而且，对于辽宁满族民众来说，

---

① 江帆：《满族民间叙事的文化素质与文本张力——谈〈满族民间故事·辽东卷〉》，《满族研究》2011 年第 2 期。

这些真实发生的历史并非正史寥寥几笔的简单存在，也更非无关紧要的无用记录。相反，这是他们实实在在的生活与日常，是他们在历史长河中存在过的人生印迹。与正史一样，他们也有发出声音和记录历史的权利。于是，底层民众按照自己记录历史的原则和策略去呈现另一类口述历史。即对于正史没有记录或是不便记录的，民间口承叙事要通过底层视角去记录；对于正史中有记录但不翔实不全面的，民间口承叙事要对它进行弥补和校正。与受到意识形态、精英意识、道德伦理、历史编纂原则四道筛子过滤制约的正史记载相比，民间口承叙事作为底层大众的日常生活方式，它更贴近生活、贴近真实、贴近最为本能的民众诉求，这使它常常显现出非同寻常的爆发力和想象力，使其对历史的记忆和理解展现出极为必要的底层性与多元性。只有将历史"本文"与辽宁满族民间叙事"文本"并置，于二者的关联中寻找互补、印证、叠合、传承的要素，才能真正建构起完整而全面的满族区域文化历史。

第二，在历史人物性格的塑造上，民间口承叙事可以抛开正史中片面、单一的刻板记录，从多侧面丰富人物性格和人物形象，使历史人物性格更饱满而真实。以努尔哈赤人物性格的塑造为例，正史记载中努尔哈赤总是以神武决断的英明形象出现，字里行间也都是他统一族群、开创清王朝的丰功伟绩。但是由于民间叙事不受官方或主流社会价值取向的囿限，在表现草根社会及普通民众人生经历、内心情感和矛盾冲突方面，能够尽可能地释放其描摹人性的本能激情和多元展现。所以在辽宁满族民间叙事中，将采录到的罕王传说按内容的纵向时间罗列，可以清晰地勾画出努尔哈赤从出生、童年、历练，一直到成为一代帝王、建功立业的生命周期和"英雄式"叙事程式。在努尔哈赤的成长叙事链条中，这位被亲切地称为"罕王"的千古帝王变换着各种面目，一方面他频频被幸运之神光顾，另一方面他也承受着命运的波折；有时候他是机智勇敢的"小罕子"，有时候他是世故狠辣的"老罕王"。在这些性格角色的不断置换和人物事迹演变长链的延展铺陈中，一个性格丰满、阅历复杂的帝王英雄形象跃然呈现。这一形象的出现在一定程度上也迎合了特定历史时期统治政权的意识塑造和主题打造，既突出满族民众对族群发展历史的认同和理解，也表达出"草根阶层"独特的历史态度与审美意象。

第三，在民间习俗或地方风物的阐释和传播上，民间口承叙事把民俗、地名的来历与英雄人物建立关联，既可以增强民俗传播的信服力和说服力，又可以强化族群认同感和归属感。特殊的族群风俗大量地存在于民众的日常生活当中，对于这些风俗习惯的来源，底层民众往往要给出权威而合宜的解释。这种解释最常见的表达方式即是将习俗与英雄人物或官方权威相关联。如在辽宁满族民间叙事中，满族人为什么不吃狗肉、满族人为什么要祭索罗杆、满族人为什么先祭王杲再祭永陵、满族人如何发明大酱块等多种风俗习惯的由来都与努尔哈赤有关。与此同时，辽宁满族地区，尤其是努尔哈赤的故乡——新宾，很多地名传说的源起也与努尔哈赤有关，如《兴兵堡的来历》《欢喜岭上夫妻团聚》《柜石哈达的来历》《萨尔浒大战地名的传说》《羊台、和睦与木奇的来历》等，都是努尔哈赤在此起兵征战时留下的地名。正如当地人所讲，这些地名听着没意思，但来头很大，都是当年老罕王给起的，明显可见当地人对努尔哈赤的拥护和爱戴。这种将底层风俗或地方风貌向上提升，与官方权威、英雄人物建立关联的解释策略，不仅可以增强民俗存在的合法性和真实性，有利于民俗传播，还体现出底层民众对族群英雄的认同和接受。

底层民众记录历史的立场多是秉承眼光向下的视角，展现普通民众在历史事件及历史进程中的存在感及心理诉求的表达。这种眼光向下的底层视角，在通过民间口承叙事记录和传播历史的过程中往往遵守一定的原则。一方面，在对重大历史事件或英雄人物进行记录和塑造时，底层民众想方设法将其由上至下、拉回到民众的日常生活当中，将重大历史事件融入民众的日常生活，将英雄人物赋予普通人的情感和经历，以此拉近官方上层社会与底层民众间的距离，增强族群后代对族群英雄或重大历史事件的亲切感和认同感；另一方面，在解释风俗习惯及地方风物由来时，底层民众又善于将普通的民俗、风物自下而上，提升到重大历史事件或精英人物经历当中，建立与英雄人物或上层社会间的关联，以期为风俗习惯的流传、地方风物的普及提供必要而权威的解释和支撑，强化风俗的制度化依据。正是通过这种有意识地将英雄历史向下拉入民众的日常生活，将风俗向上提升至官方解释的双向互推过程，底层民众的存在价值和表述力量得到彰显，民间口承叙事也实现与正史记载的互相弥补和互相印证。

四　作为减法的民间口承叙事：底层记忆的梳理与选择

作为减法存在的民间口承叙事，主要表现在对正史记载的梳理判别和选择性记录。民众对历史事件的记忆是有选择的。正如英国学者霍布斯鲍姆所讲到的：在口述历史时期，"历史事件的传递总是要漏掉许多年代"，"与其说记忆是记录，倒不如说它是一个选择的机制，这种选择在一定范围内经常变来变去"[1]，对于历史而言，"历史不仅是过去的事实本身，更是指人们对过去事实的有意识、有选择的记录"[2]。这种选择性一方面表现为不同观念、不同利益、不同立场的群体对同一事件所展现的记忆内容大多并不相同；同时，在利益相同的同一群体中，历史记忆的选择性还表现为对历史事件记忆的不均质性，即有些事件虽经时代的流逝却依然被广大民众所记忆，而有些事件则随着时间的流逝而消失，或者永远也不被人们所提起。例如，辽东地区底层民众因为身份立场的不同对于王杲的记忆也有不同。历史上，王杲多次骚扰破坏马市交易，向明朝官兵宣战，这在女真人及其后代眼中是英雄、英勇和英明之举，为部落声势壮大、完成统一奠定非常坚实的基础。然而，在当地的汉族百姓看来，王杲几乎是烧杀抢掠、无恶不作，甚至是近似恶魔的坏人形象，民间叙事中将他塑造成吓唬孩子的怪兽。直到努尔哈赤建立清朝统治政权以后，王杲作为努尔哈赤的外祖父被正史

---

① ［英］埃里克·霍布斯鲍姆：《史学家——历史神话的终结》，马俊亚译，上海人民出版社 2002 年版，第 238 页。
② 葛剑雄：《历史学是什么》，北京大学出版社 2002 年版，第 71 页。

记录。此时，民间关于王杲不良形象的传说才逐渐被淡忘、舍弃乃至消失。即使人们偶尔提到，也多会附上对王杲的真实身份不清楚之类的话语，以消解对王杲不良形象的影响。民间口承叙事正是通过这种手段使历史上的底层民众有意不愿记忆的历史事实进行减法式的删除，使口述历史和正史记录达到相对的平衡状态。

综上所述，辽宁满族民间叙事是满族及其先民以满族特定的历史与生境为背景建构起来的，是满族及其先民在与自然和社会的多维对话中逐步完善的，是满族及其先民以口传方式记述的族群历史。在历史上北方民族复杂的生境演替中，辽宁满族民间叙事夯实和传递出满族关于祖先与族群的历史记忆，有效地强化了族群认同，增强了民族凝聚力，实践了建构国家和民族历史记忆的文化功能。作为口述的历史，辽宁满族民间叙事记录和传承下来的必然是经过当地民众记忆的洗礼和有意识的选择，是在族群和区域历史发展过程中需要强化并被后代记忆和流传下去的信息。这些信息作为区域文化底层民众的集体选择和内部发言，它经常是上层"历史事实"容易遗漏掉的信息，是充满开放性、多元性、包容性、全面性的底层"历史故事"。

参考文献

《满洲实录》，中华书局影印 1986 年版。

《新宾满族自治县概况》编写组：《新宾满族自治县概况》，民族出版社 2009 年版。

本溪满族自治县民间文学三套集成领导小组：《中国民间文学集成辽宁卷·本溪县资料本》（上中下），海城市报社印刷厂 1987 年版。

丹东市元宝区三套集成领导小组编：《中国民间故事集成辽宁卷·丹东市元宝区资料本》，丹东印刷厂 1987 年版。

定宜庄：《满族的妇女与婚姻制度》，北京大学出版社 1999 年版。

葛剑雄：《历史学是什么》，北京大学出版社 2002 年版。

关嘉禄、佟永功译：《旧满洲档·天聪九年五月初六日》，天津古籍出版社 1987 年版。

韩耀旗、林乾：《清代满族风情》，吉林出版社 1990 年版。

何晓芳主编：《辽宁省少数民族民间故事大系·满族卷》（上下卷），民族出版社 2015 年版。

桓仁县民间文学三套集成领导小组编：《中国民间故事集成辽宁卷·桓仁资料本》，桓仁县印刷厂 1987 年版。

江帆：《满族生态与民俗文化》，中国社会科学出版社 2006 年版。

江帆：《民间口承叙事论》，黑龙江人民出版社 2003 年版。

江帆、隋丽：《满族说部研究——叙事类型的文化透视》，中国社会出版社 2016 年版。

江帆、王志勇、宋有涛主编：《山林·人·文化——辽北山区生态民俗与可持续发展研究》，辽宁教育出版社 2008 年版。

金毓绂主编：《辽海丛书》，辽海出版社 2009 年版。

宽甸县民间文学三套集成领导小组编：《中国民间故事集成辽宁卷·宽甸资料本》，宽甸县印刷厂 1987 年版。

李林、侯锦邦、朴明范等：《本溪县满族家谱研究》，辽宁民族出版社 1988 年版。

李燕光、关捷主编：《满族通史》，辽宁民族出版社 2001 年版。

刘守华主编：《中国民间故事类型研究》，华中师范大学出版社 2006 年版。

刘小萌：《满族的社会与生活》，北京图书馆出版社 1998 年版。

孟庆宇主编：《新宾满族故事》，新宾满族自治县文化局 2009 年版。

彭勃：《民族知识丛书》，民族出版社 1985 年版。

祁连休：《中国古代民间故事类型研究》，河北教育出版社 2007 年版。

清原县志编委会：《清原县志》，辽宁人民出版社 1991 年版。

孙敬之主编：《东北地区经济地理》，科学出版社 1959 年版。

孙文良主编：《满族大辞典》，辽宁大学出版社 1990 年版。

吴晗：《朝鲜李朝实录中的中国史料》，中华书局 1980 年版。

夏秋主编：《满族民间故事·辽东卷》（上中下卷），辽宁民族出版社 2010 年版。

杨宾：《龙江三纪》，黑龙江人民出版社 1985 年版。

杨念群、黄兴涛、毛丹主编：《新史学：多学科对话的图景》，中国人民大学出版社 2003 年版。

张贵杰、景殿龙主编：《本溪满族民间故事》，民族出版社 2010 年版。

张其卓、董明收集整理：《满族三老人故事集》，春风文艺出版社 1984 年版。

赵世瑜：《大历史与小历史：区域社会史的理念、方法与实践》，生活·读书·新知三联书店 2006 年版。

赵展：《满族文化与宗教研究》，辽宁民族出版社 1993 年版。

中国民间故事集成辽宁卷编委会编：《中国民间故事集成·辽宁卷》，中国 ISBN 中心 1994 年版。

周虹：《满族妇女生活与民俗文化研究》，中国社会科学出版社 2005 年版。

［俄］史禄国：《北方通古斯的社会组织》，吴有刚等译，内蒙古人民出版社 1984 年版。

［法］阿尔诺德·范热内普：《过渡礼仪》，张举文译，商务印书馆 2011 年版。

［法］罗伯特·赫尔兹：《死亡与右手》，吴凤玲译，上海人民出版社 2011 年版。

［美］阿兰·邓迪斯：《民俗解析》，户晓辉编译，广西师范大学出版社 2005 年版。

［美］保罗·康纳顿：《社会如何记忆》，纳日碧力戈译，上海人民出版社 2000 年版。

［美］克利福德·吉尔兹：《地方性知识》，王海龙、张家瑄译，中央编译出版社 2000 年版。

［英］埃里克·霍布斯鲍姆：《史学家——历史神话的终结》，马俊亚译，上海人民出版社 2002 年版。

［英］安东尼·吉登斯：《现代性与自我认同：现代晚期的自我与社会》，赵旭东、方文译，生活·读书·新知三联书店 1998 年版。

董学文：《文学的历史观与"新历史主义"》，《黑龙江社会科学》2006 年第 1 期。

高荷红：《记忆·书写：满族说部的传承》，《贵州民族大学学报》（哲学社会科学版）2016 年第 5 期。

高荷红：《满族说部的地域及家族传承》，《贵州民族大学学报》（哲学社会科学版）2017 年第 4 期。

江帆：《辽宁民间故事及其类型特征论析》，《民间文学论坛》1997 年第 2 期。

江帆：《满族民间叙事的文化素质与文本张力——谈〈满族民间故

事・辽东卷〉》,《满族研究》2011年第2期。

江帆:《满族说部叙事的隐性主题与文本意义——以〈雪妃娘娘和
包鲁嘎汗〉为例》,《民族文学研究》2012年第4期。

漆凌云:《性别视角下的满族三仙女神话》,《文艺争鸣》2013年第
2期。

万建中:《传说记忆与族群认同》,《广西民族学院学报》2004年第
1期。

詹娜:《辽宁满族民间故事的讲述历史与现状探析》,《民俗研究》
2011年第2期。

詹娜:《辽宁满族民间文学的史料价值探析》,《文艺争鸣》2013年
第2期。

詹娜:《满族民间故事家金庆凯及其个性讲述探析》,《满族研究》
2013年第2期。

詹娜:《民间口承叙事与农耕技术传承——以辽宁满族民间柞蚕放
养叙事为例》,《民族文学研究》2013年第3期。

詹娜、江帆:《满族说部传承人的文化特质与叙事旨向》,《西北民
族研究》2013年第2期。

王琨:《族群叙事中婚姻的"言说"——以辽东满族民间婚姻故事
为对象》,硕士学位论文,辽宁大学,2014年。

后　记

　　本书系笔者承担的 2012 年国家社科基金青年项目《民间叙事与区域史建构——辽宁满族民间叙事的文化透视》结项成果。课题进展过程超出原来计划安排，前后耗时将近五年时间，其中既有自己不甚勤勉、略有拖沓之因素，更有想把它研究深入透彻、做好做精的妄大决心。由于能力所限，总觉得还有许多未能说完也未能说透的事情，但又无从悉数道出，只能留给后续的研究和思考。虽已付梓，但心里仍有许多遗憾和不安。

　　笔者系满族人，出生在辽宁省本溪满族自治县，从小就在辽东山区这片土地上生活和成长。自从事民俗学专业学习和研究以来，一直沿袭"家乡民俗学"的研究传统，将辽宁区域民俗、社会文化作为自己的学术"自留地"。多年来，凭着对民间文化的执着和热爱，我的调查足迹遍布丹东、本溪、桓仁、岫岩、清原、宽甸、朝阳、喀左、铁岭、北票、新民、盘锦等辽宁各地乡村和城镇。调查主题也涉猎极广，有满族民间叙事、谭振山民间故事、何钧佑锡伯族叙事、辽西蒙古族民居、辽西古遗址、辽河流域民俗、辽宁各民族传统节俗、非物质文化遗产传承保护以及乡镇公共文化服务体系建设等。这些调研成果已经先后结成调研报告、出版成书、发表为期刊论文等。

　　在辽宁这片大的民俗文化圈中，笔者对聚居在辽宁东部地区的满族民俗文化尤其感兴趣。笔者对辽东区域社会的认知理解，对辽东民俗资源的观照掌握都有比较深刻而丰富的积累，这种文化主位优势也让自己对辽东山区有着独特而深厚的依恋之情。笔者的硕士学位论文、博士学位论文分别以辽宁满族姻亲关系的缔结与维系、农耕生产技术的传承与变迁为研究对象，对辽宁满族民俗系统的建构与呈现进行多维度、多视角的探讨。2006 年，满族民间故事成为国家级非物质文化遗产项目；2008 年，作为项目保护单位的辽宁省民协组织成立"满族民间故事"项目组。按照国家有关部门确立的"不仅要实地调查采录'活态'的民间讲述作品，还要立体地调查其传承的情境"的科学而严格的保护标准要求，满族民间故事项目组在辽东地区的清原、新宾、本溪、桓仁、岫岩、凤城、沈阳东陵等满族聚居地展开深入调研和普查活动。整个调研分 7 个小组，前后历时约半个月，运用现代影像设备和技术手段，共采集 700 余则满族民间故事。笔者受邀参与此次调查，正是在这次调研活动中，有幸结识了金庆凯、黄振华、查树源、肇恒昌等一批非常优秀的叙事传承人。他们在讲述过程中表现出来的对传统民间文化的真切热爱，对民俗传承的高度责任感与使命感一次次地震撼了我，使我在调研中不仅领略到满族民间叙事在辽宁地区的巨大蕴藏量，同时还深刻体会到，"讲故事"作为民众的一种日常生活方式，一直在辽宁满族民众日常生活中"有温度"的存在和传承。这种民间叙事在民众生活中表现出来的巨大生命力，点燃了笔者对满族民间叙事的喜爱之情和研究志向，以至在后来的科研和教学中对国内外民间叙事的研究热点及研究取向都投以极大的关注。直到 2012 年获批国家社科基金项目的资助，笔者又有机会对满族民间叙事进行全面而深刻的研究。整个项目的调研、写作乃至最终完稿过程，既是对热情诚恳、真切质朴的辽宁满族同胞的精神回馈，也是对笔者曾经非常熟悉的满族民俗文化的又一次理性"深耕"。

　　本书的完成首先要感谢笔者的博士生导师北京师范大学万建中教授一直以来的鼓励和支持，使项目的开展、成果的产出成为可能。与此同时，真诚地感谢硕士导师辽宁大学的江帆教授。作为满族民间叙事研究的资深专家，江帆老师不遗余力地将其掌握的满族叙事文本、叙事传承人、叙事研究成果等所有相关线索及文献资源倾囊相授，从项目的最初设计，到研究进程的开展、实践调研，再到项目的文本成稿，都给予笔者非常有效而全面的指导。这些中肯且颇具创见性的建议不仅减轻了笔者的调研难度，还极大地提升了本书的学术深度。感谢中山大学博士生王琨，沈阳师范大学硕士研究生高杨倩，辽宁大学硕士研究生祝何彦、冯姝婷为项目研究提供相关资料，并做好部分前期准备工作。感谢湘潭大学漆凌云副教授、沈阳师范大学詹丽博士对项目开展的支持、关注和鞭策。最后，尤其要感谢为本书提供大量素材和田野材料的众多辽宁满族民间叙事传承人，是他们的坚守与传承使辽宁满族的口头传统与民间记忆没有中断，在我们回眸传统、重拾乡愁的今天能够真正识察其蕴藏着的巨大文化价值和资源转换可能。此中尤为值得提及的是生活在辽宁省本溪满族自治县偏岭镇泥塔村的国家级满族故事传承人金庆凯，他是笔者最早接触到的优秀满族故事家，他豁达开朗、睿智幽默，虽然生活困苦却始终乐观向上，尤其是他对传统文化传承的责任感和使命感，为笔者日后的生活和工作提供重大的启示和影响。今天，老人不在了，唯愿老人在天堂一切安好！

在此谨向所有对这一课题的实施开展给予帮助的人表示感谢，正是诸位不计付出的参与与鼎力相助，方使本书有了这样一份成果得以呈现。由于笔者能力有限，书中难免有不当或遗憾之处，还请谅解。

詹　娜

2019 年 3 月 27 日

于辽宁沈阳